美智子さまご出産秘話

奥野修司

朝日文庫

本書は、二〇〇六年一〇月に講談社文庫より刊行された『皇太子誕生』を改題・再編集したものです。

本書に登場する方の肩書・役職名などは取材当時のものです。

美智子さまご出産秘話●目次

写真（とくに断りのないもの）朝日新聞社

美智子さまご出産秘話

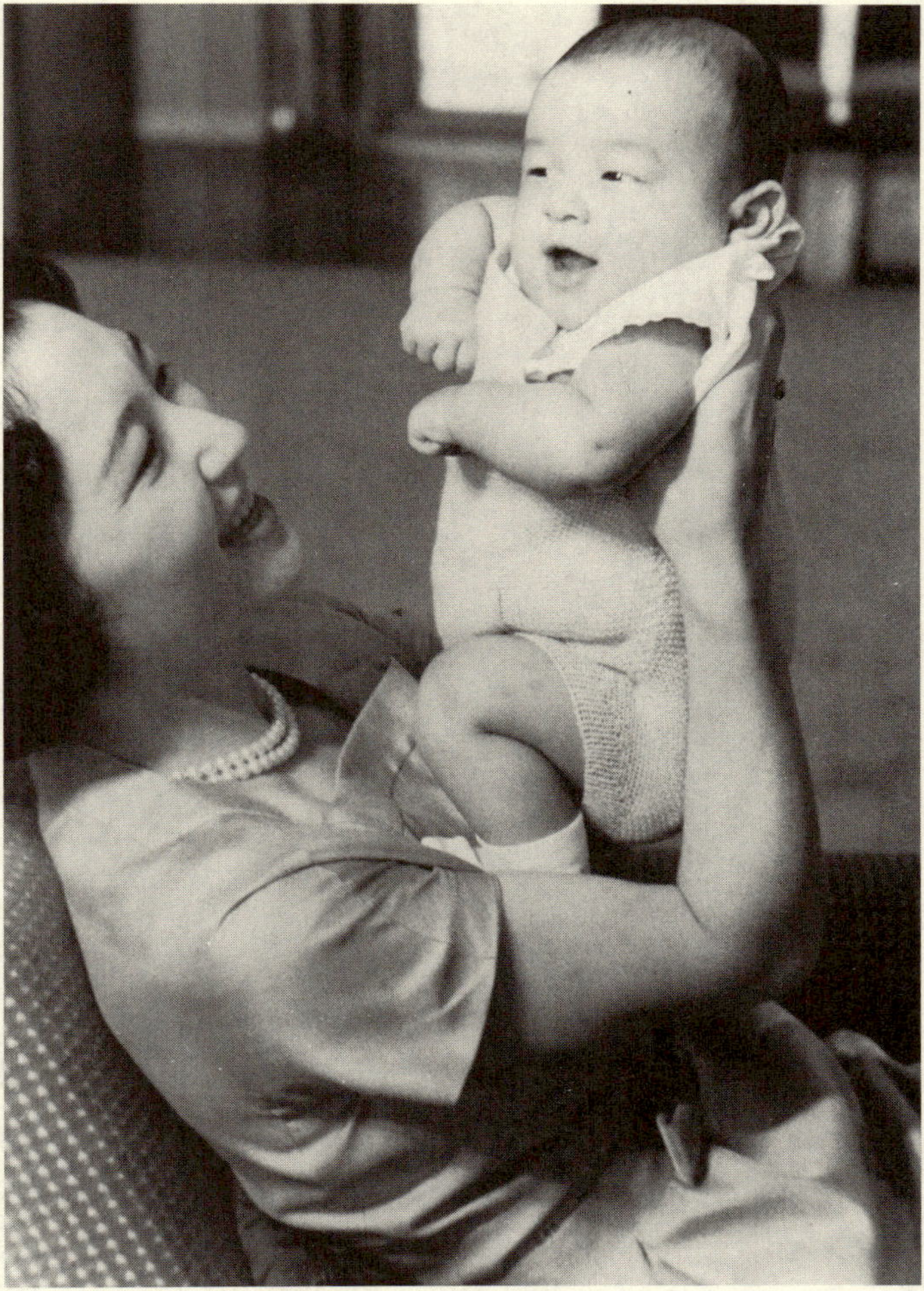

1960年6月、お箸初めの儀を迎えた浩宮と美智子妃（写真提供・宮内庁）

プロローグ

今も昔も、出産は女性にとって重要な仕事であることには変わりがない。ただ、皇太子妃のそれが民間人と決定的に違うのは、皇位継承者を出産することにある。戦前のような戸主制度や家父長制は基本的になくなり、その頂点に立っていた天皇制もずいぶん変わったが、この一点だけは今も不変である。

憲法第二条によって「皇位は、世襲」と決められているように、天皇に課せられた最大の公務は皇位を継承することにある。皇位継承権のある皇嗣《こうし》以外に天皇になることはできない。

さらに「皇統に属する男系の男子が、これを継承する」（皇室典範一条）と定められているかぎり、皇室にとって男子の誕生は何よりも優先される。もしも男子が誕生しなければ、皇室そのものが存続できなくなり、日本の象徴が失われることになるからだ。

古来、皇統を絶やさないため、さまざまな工夫がなされてきた。たとえば「皇室の藩《はん》屏《ぺい》」といわれる宮家を創設して、いわば皇統のスペアを準備したのもその一つだ。天皇に側室を認めてきたのも、親王誕生の可能性を広げるためであった。実際、天皇の半数は側室から生まれ、近代でも大正天皇まで五代続けて側室から生まれている。それでも何度か危機に直面したほど、皇位継承はむずかしい。

近年、皇室典範を改正して、女性天皇を容認すべきとの論議がさかんになったのは、皇位継承者の枠を広げることによって、来るべき「皇統の危機」を回避するためである。親王にのみ皇位継承権を与える方法は、いずれたちゆかなくなるかもしれない。英王室のように男子優先なのか、あるいはベルギーやオランダのように第一子を皇位継承者とするのか、あるいは皇籍離脱した宮家を復活させるのか、いずれにしろ皇室典範は改正されるだろう。ただ皇嗣が男性であろうと女性であろうと、皇室の出産には「万全の安全性」が求められることはいうまでもない。「万全の安全性」とは、「絶対の生」があって成り立つ。たとえ一〇〇〇グラム以下の超未熟児（超低出生体重児）であっても死にいたらしめることは許されない。死は母である妃を塗《と》炭《たん》の苦しみにおとしいれるだけでない。血の系譜によって成立する皇室を危うくさせ、ひいては日本の医療そのものが問われることにもなるからだ。

万分の一にも失敗やミスが許されないだけに、これまでも、おそらく想像もつかない〝世紀のプロジェクト〟がすすめられてきたはずだ。

いったい皇室における出産とはどういうものか。一般人のそれにくらべてどこがちがうのか。太古から連綿と受け継がれてきた皇室の慣習やしきたりのなかで、いったいどんな医師団がどのような基準で選ばれ、いかに構成されるのか。しかし、われわれがそれを知ろうとしても、深い森の中からは何も聞こえてこない。

皇室というのは先例にこだわる世界である。いったん先例ができれば百年河清《かせい》を俟《ま》つがごとく変わらない。伝統やしきたりが太古の代から継がれてきたのもその一例だが、裏を返せば、過去を知ることで現在の皇室を知ることにもなる。つまり、美智子妃（現・上皇后）がいかにして出産されたかを知れば、雅子妃、紀子《きこ》妃の出産もおよその見当がつくというわけである。

当時、御用掛《ごようがかり》として医師団の筆頭に就任したのが小林隆東大産婦人科教授であった。浩宮《ひろのみや》（今上天皇）のときはまだ医師団という明確なかたちをとっていなかったが、礼宮《あやのみや》（秋篠宮）のときは流産を経験されたあとだから本格的な医師団を組んだ。そして、当時とすれば最先端の医療機器を備え、最良で最高の医療設備で美智子妃を迎えたといわれる。

最先端の医療機器を準備したと聞いて、そのことに疑問をはさむ人はいないだろう。いまや当たり前のことだからである。しかし当時はそうでなかった。新しい医療機器に対するある種の偏見が、かれら医師団の行く手を阻んだからだ。

最近では未熟児の生存率が向上して、一五〇〇グラム未満でもほとんど助かるようになったが、それでも専門病院によっては死亡率が「ゼロから三〇％」（平成十八年厚労省調査）まで差がある。けっして「無事出産」を約束されているわけではない。まして浩宮が誕生した昭和三十五年（一九六〇年）まで遡れば、超未熟児ならまず助からず、助かっても脳などに障害が残ることが多かった。皇室の出産に「万全の安全性」という足《あし》枷《かせ》をはめるなら、それは未熟児の問題を解決することだったのである。

かつて「未熟児は生きて生まれればそれでよし」といわれた時代から、「未熟児は助かるもの」という認識に変化していく過程には、ＭＥ機器の普及があったといわれる。

ＭＥはメディカル・エンジニアリングの略称で、読んで字のごとく医療分野における電子工学のことをさしている。エレクトロニクスが医学とドッキングしてＭＥ機器というこれまでにない医療機器を誕生させるのだが、これが医療現場に普及していくのは一九六〇年代からだった。

やがてここに患者を「継続監視する」という発想が生まれ、母胎と胎児の状態を常時モニタリングする装置が開発された。そのひとつが、たとえば分娩監視装置である。

最近でこそＭＥ機器といえば、生体に電磁波や超音波を照射してその反射や透過度を電気的にとらえる断層撮影装置などを指すが、当時は胎児の心音や心拍数をやっととらえることができた時代であった。

それでも近代的な医療をめざした当時の医師団は、美智子妃のためにこれらの装置を準備したいと考えたはずである。だがこれに強く反対する勢力もあった。

出産は人類の誕生とともに繰り返されてきた自然の営みであることから、とかく他の医療にくらべて軽く見られがちであった。ME機器の助けなどなくても女性は子供を産むことができるというわけである。「出産時の生理的現象は、外科手術に準じるぐらいの観察をすべきだ」という考え方はまったくなく、ただ生きて生まれればよしとした風潮が当時を支配していた。

ME機器を積極的に導入しようとする〝新勢力〟と、これに反対する旧態依然とした〝旧勢力〟の対立。美智子妃の出産というプロジェクトは、このせめぎ合いのなかで動いたはずだ。はずと書いたのは、当時の新聞や雑誌を開いてみても、出産に至る過程について書かれたものは皆無だからである。

美智子妃の出産は、いわば国家的プロジェクトであった。

このプロジェクトを動かしたのは、医師であり看護婦であり、そして宮内庁の職員たちであった。けっして表にあらわれず、黒衣《くろご》に徹した彼らがいかに奔走したのか、あるいは奔走しようとしたのか、その痕跡を知りたいと思っていたところに、ある人物を介して目崎鑛太《めさきこうた》氏の〝メモ〟なるノートを託された。

私が勝手に『目崎ノート』と呼んでいるこのメモは、市販のB5判ルーズリーフノートをタテに五分割し、それぞれを「月日」「時間」「場所」「姓名」「摘要」にわけて綴《つづ》られていた。いつ誰とどこで会い、その内容はどうであったか、理路整然と仕分けされ、目崎氏の几帳面な性格をかいま見せている。さらに時間も、たとえば〈PM0：30～PM3：20〉と細かく記されているあたり、「宮内庁ではめずらしく豪放磊落《ごうほうらいらく》な性格」といわれた割には、意外と慎重に事をすすめる堅実派であったことをうかがわせる。

では、目崎鑛太氏とはどういう人物か、美智子妃出産に重要な役割を果たしたと思われるのにあらゆる紳士録や人事興信録を繰《く》ってみたがどこにも載っていなかった。平成九年十二月二十二日に九十歳で死去したとき、新聞の訃報欄にこう紹介されただけである。

〈昭和24年6月から34年3月まで宮内庁病院産婦人科医長。その後も非常勤で産婦人科医長などを務めた。親族によると、皇后さまが皇太子さま、秋篠宮さま、紀宮さまの三人を出産されるのに携わった〉（『産経新聞』平成九年十二月二十三日付）

おそらく目崎鑛太という名を知る人もごく少数にちがいない。しかし、かつて宮内庁では、〝宮内庁病院のヌシ〟ともいわれ、その名を知らない者はいなかったという。笑い方といい酒の飲みっぷりといい、なにもかも豪快なところが、ただ目の前に座っているだけで頼もしく思えてくる、そういう印象を与える人だった。

目崎鑛太氏は明治四十年五月二十九日に東京の神田で生まれた。五人きょうだいの長男だった。

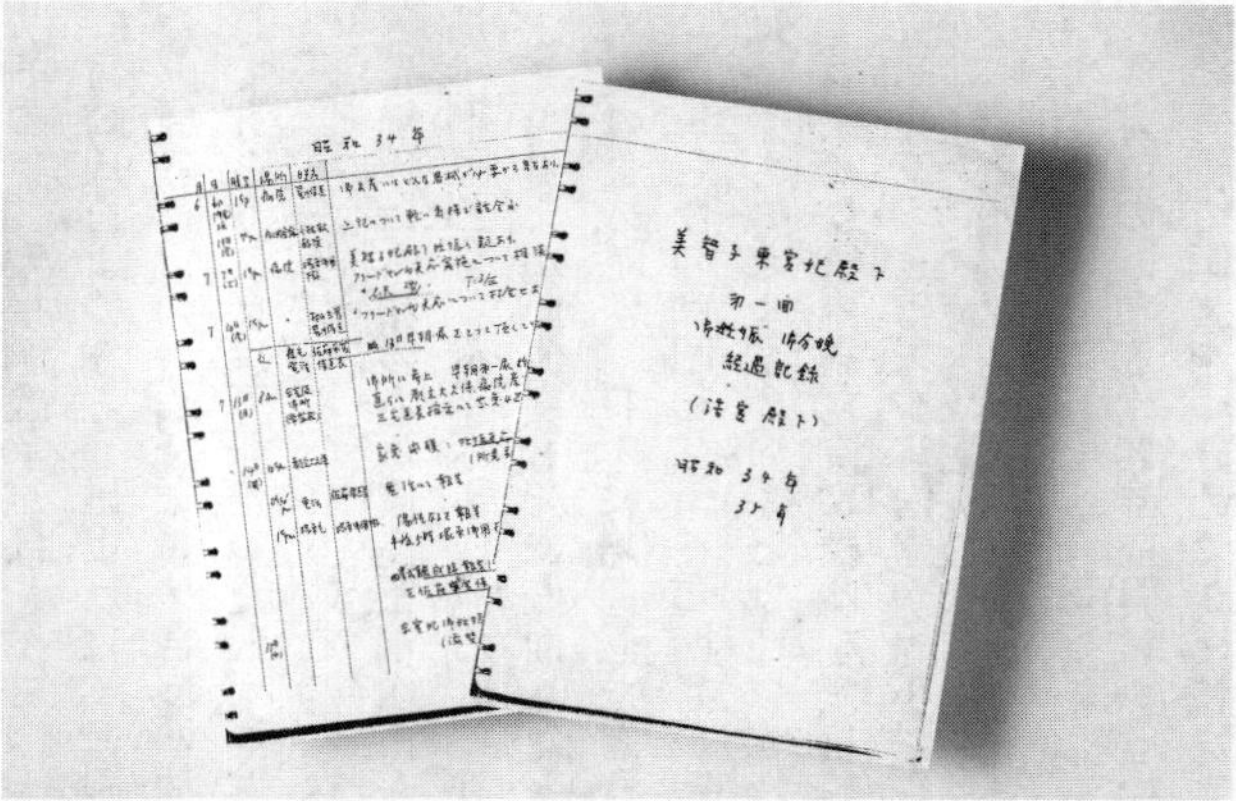

目崎ノートの一部

　生前、目崎氏から聞いたところによれば、「絶対合格するといわれた高校受験に失敗し、やむなく昭和医専（現在の昭和大学医学部）にはいった」という。ここを卒業したのは、中国大陸に日本の傀儡《かいらい》政権である「満州国」ができた昭和七年（一九三二年）である。目崎氏はこの医専の第一回卒業生だった。卒業後は東京警察病院や東京市立大久保病院（現・都立）、東京鉄道病院（現・JR東京総合病院）の医師を歴任したあと、三十四歳になった昭和十六年三月、宮内省互助会病院の産婦人科副医長として迎えられた。目崎氏を呼び寄せたのは、昭和医専の恩師である水原豊氏（昭和医専創立時の教授）、というより俳人の水原秋桜子《しゅうおうし》だった。水原氏は当時の互助会病院の産婦人科医長でもあった。

その年に太平洋戦争がはじまる。

目崎氏をよく知る人によれば、敗戦が色濃くなるなか、目崎氏は自ら予備隊に志願したという。宮内省病院（現・宮内庁病院）産婦人科副医長という立場なら、兵役を免除してもらうことは可能だったはずである。それを自ら志願したというところに、目崎氏の硬骨漢ぶりがあらわれている。

目崎氏は本籍のある広島県福山市から広島陸軍病院に入隊した。そして昭和二十年一月、軍医としてボルネオに渡る。終戦はボルネオで迎えたが、わずか七カ月の間にジャングルのなかで何度も死に直面したという。そのせいかどうか、志願したときは真っ黒だった髪の毛が、日本に帰還したときは灰色に変わっていた。

復員したのは昭和二十一年四月。戦場ではよほど辛い思いをしたのか、帰国してからはいっさいボルネオのことは口にしなかった。

ふたたび宮内省病院に復職した目崎氏は、昭和二十四年に産婦人科医長となる。

昭和三十三年末、宮内庁が縮小されることになり、宮内庁病院からも数人の職員がリストラされることになったが、肩たたきを命じられた目崎氏は、「自分は小さいながらも医院を開業しているから生活に困らない」といって自ら辞表を提出した。「御成婚」一カ月前の昭和三十四年三月にいったん退官したが、宮内庁からの要請でその後も非常勤の肩書で医長をつとめることになった。正式に退職したのは平成元年（一九八九年）、八十二歳のときだった。まさしく目崎氏の一生は、宮内庁病院とともにあったともいえる。

この間に目崎氏は、産婦人科医長として浩宮、礼宮、紀宮《のりのみや》と、美智子妃の出産すべてに立ち会ったが、このメモはそのときのものである。

目崎氏はなぜこのようなメモを書き遺したのか、故人となった今は確認する手だてはない。ただこれを読むかぎり、医師としてよりもむしろ、病室の改造や医療機器の導入といった、どちらかといえば事務方の責任者としての備忘録のようである。

ただそのなかには、これまで公にされなかった、美智子妃の出産にかかわるさまざまな出来事が記されていた。浩宮誕生の際の明仁皇太子や美智子妃の嬉々としたご様子、皇室始まって以来初の病院出産にあたって、宮内庁病院と東大の医師をはじめとする関係者のさまざまな苦悶と苦闘、そしてより安全でより確実な出産のために皇室の慣習と格闘しながら東奔西走する目崎氏の姿である。

私はこのメモを開きながら、これまで明らかにされなかった多くの事実がさりげなく鏤《ちりば》められていることに興奮を隠せなかった。

もっともメモだけに、誰が読んでもわかるほど懇切丁寧に書かれているわけではない。戦前生まれの産婦人科医だからドイツ語で書かれた部分もあり、さらに難解な医学用語や単なる符丁だけのところもある。なかには、走り書きのため判読に苦しむような文字もあった。それは、このメモが他人に見せるために書かれたものではないからだろう。いまや『目崎ノート』に登場する人物の大半は彼岸に去っており、まさしく歴史の中に埋没する寸前に発見された一級の資料といえる。これを歴史的史料としてこのまま埋もれさせてはならないと思った私は、目崎氏が綴ったこのメモからこぼれ落ちたところを埋めようと、当時の関係者を順に訪ね歩いた。皇室における出産がどのようなものであったか、この機会をはずしては明らかにできないと思ったからである。

これは『目崎ノート』をもとに、私が多くの関係者を取材し、証言を集めて構成した、二人の皇子と一人の皇女誕生の物語である。と同時に、皇室の「御出産」というプロジェクトを動かし、それを成功に導いた黒衣たちの奮闘ぶりを伝える物語でもある。

注・本文中、『目崎ノート』からの引用はゴシック体で表記し、（　）内、明朝体の注釈は、引用者によるものです。

第一章　世紀の慶事

2月23日（火）
PM８：00　皇太子初対面
PM８：30　応接室（産科病室）
皇太子、小林御用掛、東宮職幹部、柏木婦長、目崎、後藤、杉本　シャンパンにて乾杯。

浩宮《ひろのみや》が誕生した昭和三十五年のこの日、宮内庁病院三階の産科病室を改造した一室に、美智子妃の出産にかかわった医師や看護婦、それに主だった東宮職幹部が、父となった若き明仁《あきひと》皇太子を囲んで親王誕生を祝った。

ここ宮内庁病院三階は「御料病棟」といわれ、天皇家をはじめとする皇族専用の「御料病室」があった。南側に「御静養室」と呼ばれた陽当たりのいい部屋があり、美智子妃はこの部屋で休まれていた。「無事御出産」の大役を果たした医師たちが集ったのは北側の応接室だった。十畳ほどのその部屋で、皇太子と「無事御出産」をお祝いするために医師たちは互いに肩をたたき合い、あるいは手を握り合いながら満面に喜びをあらわしていた。

皇太子が宮内庁病院に駆けつけたのは午後六時十分である。佐藤久東宮侍医長から三

○分間ほど美智子妃と赤ちゃんの容態を聞かれ、まず天皇と皇后に報告するため住まいである御文庫へと向かわれた。ふたたび病院に戻られ、生まれたばかりの浩宮に対面したあと、彼らの前に姿を見せられたのは午後八時三十分である。ざわざわと揺らいでいた空気が一瞬にして静まり、かわりにぴんと張りつめた雰囲気がまたたく間に部屋中に満ちていった。

その場にいた医師たちは、いっせいに若い皇太子の動きを追った。

皇太子は背広にネクタイ姿だった。髪の毛は梳《くしけず》られたようにきれいに分けられ、襟《えり》のどこにも乱れたところはなかったが、睡眠不足がはっきりとわかるほど腫れぼったい目をしていた。しかしそんな疲れも忘れたかのような皇太子の笑顔は見る者に清々しさと充足感を印象づけた。

そのときだった。どこからともなく「おめでとうございます」という声があがった。こぼれる笑みを隠しきれない皇太子は、歩みを止め、ゆっくりと周囲を見渡すと何度もうなずかれた。そして「ありがとう」と、一声高く彼らをねぎらった。

やがてそれぞれが手にしたグラスにシャンパンが注がれると、皇太子を囲んだ彼らからいっせいに祝杯があがった。

浩宮が生まれたのは、午後四時十五分だった。

誕生の瞬間、泣き声が聞こえず、分娩室で待機していた人たちの顔がこわばったこともあったが、たちまち元気な産声が聞こえ、一同はほっと胸を撫で下ろした。

浩宮は、東大産婦人科の柏木登美乃婦長の手から杉本毅医局員に手渡され、新生児保育器に移された。やがて杉本氏の「お元気でどこも異常なし」という声が聞こえると、その場にいた医師や看護婦たちから、「ああ」といっせいに安堵のため息がこぼれ、張りつめた空気が一瞬にして消えた。

皇位継承順位第二位の親王誕生だった。

このとき皇太子二十六歳、美智子妃は二十五歳だった。


その一〇カ月前の昭和三十四年四月十日、東京の空は抜けるように青く晴れ上がっていた。当時、小学生だった私は、母といっしょにテレビの前で釘付けになっていた。あれは皇居外苑だっただろうか、沿道には幾重にも重なった人の波がうねり、それぞれが手にした日の丸の小旗がせわしなく動いていた。陽炎《かげろう》のせいか、ときどき彼らの姿がゆらゆらと揺れた。その前を、華麗な六頭立ての馬車が、軽快なひづめの音をたてながらすすんでいく。緊張しているのか、アナウンサーの声が幾分うわずっているように聞こえた。私が目を皿のようにしてみていたのは、「皇太子御成婚パレード」だった。

経済白書が「もはや戦後ではない」と高らかに宣言したのは昭和三十一年だったが、わが家の〝戦後〟が終わるのは、それから三年経ったこの日だった。マイカーこそなかったものの、床の間にテレビが鎮座していたからである。

敗戦ですっかり落ち込んでいた日本経済を、一気に戦前の水準まで押し上げたのは昭和二十五年にはじまった朝鮮戦争だった。特需ブームは、神武景気と呼ばれる未曾有の好景気を呼び、戦後の食うや食わずの生活から、やがて「黄金の六〇年代」といわれる大衆消費社会に向かわせる。明仁皇太子が結婚した昭和三十年代は、まさしく光り輝く高度経済成長期の入口であった。

未曾有の好景気は国民の生活水準を一気に押し上げ、テレビ、電気洗濯機、電気冷蔵庫の、いわゆる〝三種の神器〟が庶民の手に届くようになった。巷で「家庭電化時代」という言葉が流行したのもこのころである。狂瀾怒濤《きょうらんどとう》の経済成長から、やがてGNP（国民総生産）世界一の経済大国をめざしてまっしぐらに突き進むエネルギーを胚胎《はいたい》させていた時代だった。

なんという雑誌だったかすっかり忘れてしまったが、私は母が読んでいたそれをこっそり見て驚いたことがあった。そこには美智子妃の写真が載っていたのだが、私が目を輝かしたのは、美智子妃ではなく、その前の清潔そうなダイニングキッチンだった。小学校五年生か六年生であった私は、一度でいいからこんな台所で食事をしてみたいと、寝ても覚めてもそのことばかりが頭の中を駆けめぐった。

ダイニングキッチンに憧れたのは私だけではなかった。昭和三十二年七月、日本ではじめてダイニングキッチン付きの公団住宅ができるが、ここに入居するのは宝くじをあてるよりもむずかしいといわれたほどである。日本中がダイニングキッチンに憧れていたのである。

それと同じく景気の山を駆けのぼるように、その頃のテレビの普及にはめざましいものがあった。テレビ放送が開始されてから昭和三十三年十月までに、一〇〇万台程度しか普及しなかったテレビの受信契約台数が、翌年四月の御成婚直前には一気に二〇〇万台に達する。さらに半年後の十月には三〇〇万台を突破するのである。

この数年間に、テレビ時代のシンボルともなった東京タワーが完成し（昭和三十三年）、日本教育テレビ（現在のテレビ朝日）やフジテレビをはじめ、ローカル局も含めて一四局のテレビ局が開局した。

皇太子妃が正田《しようだ》美智子さんに決定する数日前には、五万円の〝格安〟テレビが出現して話題を呼んでいた。当時は十四型の白黒テレビですら一台でサラリーマンの給料数カ月分に匹敵するこの値段だった。それほどの高額商品が、〈毎年ほぼ二倍ずつの躍進で今年度は百二十万台を突破しそうな勢い〉（『朝日新聞』昭和三十三年十一月二十三日付夕刊）だった。

現在でいえば高級車を購入するに等しいテレビを、日本中が競って買い求めたのは、四月十日の「皇太子御成婚パレード」、というより「ミチコさん」と呼ばれた才色兼備の皇太子妃をひと目見たいがためだった。

敗戦という挫折感がまだ尾を引いていた時代に、颯爽《さっそう》と登場した美智子妃は、ピューリッツァー賞を受賞したジャーナリスト、カイズ・ビーチ氏のいう〈戦後民主主義の象徴〉であると同時に、日本人の希望そのものだった。それが〝ミッチー・ブーム〟となって全国に伝播《でんぱ》し、彼女をひと目みたいという衝動がテレビに結びついたのである。

公害、安保闘争、東海道新幹線の開通と、昭和三十年代を象徴する出来事はいくつもあるが、わが家の〝戦後〟が終わったという意味で忘れられないのがテレビであり、そのテレビを通して見た「皇太子御成婚パレード」であった。

高度経済成長の波にのったとはいえ、ひとりの女性の登場が、日本人の生活を変え、日本を戦前から引き離すモーメントになったことは間違いない。下世話ないい方をすれば、当時の日本人にとって美智子妃は、戦後が生んだ最大のスーパースターだったのである。

明仁皇太子の「お妃選び」がはじまったのは昭和二十六年だが、本格的な選考は昭和三十年の秋からである。

それまで皇室の妃は皇族か身分の高い旧華族から選ばれるのが常識であった。明治四十三年（一九一〇年）に制定された皇室親族令にも、皇后の出自は「皇族又ハ特ニ定ムル華族ノ女子」でなければならないと定められていた。「特ニ定ムル華族」というのは、近衛、九条、二条、一条、鷹司《たかつかさ》の「五摂家《せつけ》」と、久我《こが》、三条、西園寺、徳大寺、花山院、大炊《おおい》御門《みかど》、今出川、広幡、醍醐の「九清華家《せいがけ》」のことである。

明治天皇の昭憲皇后は一条家、大正天皇の貞明皇后は九条家、そして昭和天皇の香淳皇后は旧皇族の久邇《くに》家の出身であった。だからこそ、明仁皇太子の妃も、当然のように旧皇族か旧華族十四家から選ばれるものと信じられていたのである。

皇室法規のほとんどは、GHQの命令で昭和二十二年五月に廃止された。皇室親族令もその例にもれない。が、新しく定められた法令に該当する規定がない場合は「旧令に準じて処理すること」となっていたことから、当時のマスコミは、「皇室が冒険するはずがない」として旧華族に皇太子妃候補のターゲットを絞り、久邇家、北白川家、伏見宮家など、適齢期の娘がいる旧皇族令嬢に注目した。なかでも北白川肇子さんは、皇太子妃に正田美智子さんが決定したのちもマスコミからマークされていたほどだ。

皇太子妃の選考は、この旧華族を対象に、宇佐美毅宮内庁長官、田島道治前長官、鈴木菊男東宮大夫、黒木従達東宮侍従、小泉信三博士の五人ですすめられたが、それは〝超〟がつく極秘のプロジェクトであった。

この選考委員の中心人物は、元慶應義塾大学塾長で東宮職参与の小泉信三博士だった。

ちなみに宮内庁には〝皇室参与〟という正式な職はない。天皇から呼ばれたときに参内する、いわば〝天皇の相談役〟のようなものが参与である。すべて私事だから天皇と参与がどんな話をしたかは宮内庁も知らない。もちろん無料奉仕だった。

小泉博士が東宮職参与を拝命したのは昭和二十四年四月。当時十五歳の皇太子に帝室論を進講するための教育掛だった。以来昭和四十一年に死去するまでの一七年間、「反共理論の経済学者」「偉大なる良識人」であった小泉博士は、体当たりで皇太子教育に没頭し、皇太子の人格形成に深い影響を及ぼしたといわれる。

各新聞社では、旧華族の家庭を対象に、適齢期の女性をリストアップし、消去法で絞り込んでいた。当時、朝日新聞記者で、司法記者クラブから急遽《きゆうきよ》宮内庁記者クラブ遊軍として派遣された佐伯晋氏によれば「大学ノートに一〇〇〇名ぐらいピックアップし、すでに二〇〇名ぐらいまで絞り込んでいた」という。

ところが、旧華族の令嬢たちは、「お妃候補」にあげられた途端に、そそくさと婚約を決めることで逃げていった。

戦後の自由な空気を味わった旧華族たちは、自由のない皇室を知っているだけに娘を嫁がせたくなかったのだろう。とはいえ、「皇室の藩屏」といわれた旧華族は、正式に結婚を申し込まれたら断りきれない一面もあった。唯一、面目を失わずに断ることができるのは他家との婚約や結婚だった。

候補に擬せられた途端に次々と圏外に去っていき、皇太子が「一生結婚できないかもしれない」と級友にこぼされるほど、「お妃候補」の選定は困難をきわめた。これをくつがえしたのが昭和天皇だったといわれる。「なるべく血縁の近いものは避けたい」として選考の範囲を広げることを示唆《しさ》したのである。それは生物学者として、熟考を重ねられた結果だったにちがいない。

小泉参与は、旧華族に見切りをつけ、選考の枠を民間に広げた。

昭和三十一年夏、皇太子は暑い夏の陽射しをはねかえすように軽井沢・千ヶ滝テニスコートで白いボールを追っていた。相手は元宮内大臣牧野伸顕《まきののぶあき》の血を引く学習院高等科三年生の林富美子さんだった。昭和天皇のご意向を受け、選考枠を広げた結果、最終的に絞られた女性だった。

このテニスの対戦は非公式なお見合いといってもよかった。

テニスコートの裏では、ステッキを手にした小泉信三博士がさりげなく皇太子の試合を見ていた。そして安堵するように試合の途中で退席し、もと来た道を引き揚げていった。

どのマスコミも、旧華族の北白川肇子さんを本命とみていたから、林富美子さんは噂にものぼらずじまいだった。

しかしそれからしばらく経って林家は、旧財閥の三井家との縁談があることを理由にこの申し出を辞退した。小泉博士らが目論んでいた皇太子妃選考は暗礁に乗り上げてしまった。皇太子は落胆の色を隠しきれず、周囲が気を揉むほどの落ち込みようだったという。

皇太子と正田美智子さんとの出会いはこの翌年の夏だった。昭和三十二年八月十八日、場所は同じ軽井沢のテニスコート。そして林富美子さんと同じように、皇太子は正田美智子さんと対戦した。のちに〝世紀の出会い〟と呼ばれるこの試合は偶然だったのか、あるいは仕組まれたものだったのかはわからない。ただこのときの対戦には肝腎の小泉博士の姿はなかった。

テニスはダブルスのトーナメント形式ではじめられたが、予想外の展開となった。皇太子のペアは四回目で美智子さんと対戦した。誰もが皇太子の勝利を確信しているなかで、アメリカ人の少年と組んだ美智子さんのペアにじりじりと押されていき、ついには皇太子の組が負けてしまったのである。

このとき浜尾実元侍従も、スタンドから皇太子に声援を送っていた。

「殿下がボールを打ち込んでも打ち込んでも、美智子様は足がお速いからぽーんとボールを返してこられるわけです。私は殿下が絶対に勝つと思っていましたから、つい『だめだなぁ、何やってるんだろ』と口走ってしまいましてね。すると二段ばかりスタンドの下の席から、それは品のいい奥様が、申し訳なさそうに頭を下げられたんです。隣りに座っておられた田中耕太郎最高裁長官から、その方が美智子様のお母様だということをそのときはじめて聞きました」

負けた皇太子は、意外にも嬉しそうだった。試合のあと、皇太子と正田美智子さんは正式に引き合わされた。

このときの出会いで深い印象を持たれたのだろう、秋も深まった十月二十七日、皇太子は調布市飛田給《とびたきゆう》の日本郵船テニスコートにあらためて美智子さんをお誘いした。

翌年二月、皇太子妃の選考に行き詰まっていた小泉博士に「正田さんも調べてみたら」とすすめたのは皇太子自身だった。遅々としてすすまなかった皇太子妃の選考が急転直下の早さで滑り出すのはこのときからである。そして三月、小泉博士ら五人の皇太子妃選考委員は小泉邸に集まり、正田美智子さんを皇太子妃の第一候補と決定する。

五月にはいると、皇太子妃の有力候補に正田美智子さんの名前があがっていることが一部のマスコミにキャッチされた。前出の佐伯晋朝日新聞記者もそのひとりである。リストアップした一〇〇〇名以上の女性を一人ずつチェックしていく途中で偶然つかんだ情報だったという。

「こちらが勝手にリストアップした家に取材に行き、『ばかもん！』と怒鳴られたこともありました。そんななかで、ある学習院出身のお嬢さんの家に行ったときでした。そこの母親から『うちはだめよ。叔父さんが破産しているから』といわれたのですが、話し好きな方でしたから一〇日に一度の割で通っていたのです。これが重要な情報源になりました」

五月のある日、その夫人はこういった。

「お妃候補が絞られてきたみたいよ。旧華族ではなくて民間企業の社長の娘さんのようね。聖心女子大出身で、美人で、英語が堪能らしいわ」

かなり具体的な情報だったが、残念なことに彼女は、そのお妃候補が誰なのか名前までは聞いていなかった。

重要な情報だと思った佐伯氏は、社に戻ってキャップに報告した。キャップは候補者名をリストアップした大学ノートを引っぱり出し、腕組みをしながら一時間ほど睨《にら》みつけていた。やがて「わかった！」と叫ぶと、佐伯氏を呼んだ。

「佐伯、ちょっと来い。おまえがいうのはこの女性しかない」

それが正田美智子さんだった。

「美智子さんのお父さんに会いに行け」

佐伯氏の恩師が、たまたま美智子さんの父英三郎氏と一橋大で同期だったことから、さっそく紹介状を書いてもらって日清製粉本社を訪ねた。

「お妃候補なんてとんでもない。夢のようなお話です」

日清製粉の社長室で英三郎氏は言下に否定したが、どこかしら困惑している様子が見て取れたという。佐伯氏は「無理もない」と同情しつつ、記者の直感で「あの口振りから何もないことはない。あの話は本当なんだ」と確信した。

謝辞を述べて同社を退出しようとしたところ、玄関口で秘書に呼び止められた。

「ちょっとお話ししたいことがあります」

英三郎氏の秘書と佐伯氏の二人は近所の喫茶店に足を運んだ。このとき佐伯氏は、美智子さんのテニス姿を撮った写真が、皇太子から正田家に送られてきたことを秘書から打ち明けられた。

この写真が東宮職員写真展に出品されたことから、美智子さんがお妃候補になっているらしいとの噂が正田家にも聞こえていた。このため両親は困惑し、悩んでいることを、秘書はそっと佐伯氏に語った。

やがて、毎日新聞の清水一郎記者も正田家に接触しはじめた。

六月十二日、東宮で小泉博士らと皇太子とのあいだで、正田美智子さんを唯一の皇太子妃候補とする方針を確認したが、正田家にはまだ何も打診はしていなかった。

民間から妃を立てることは、いにしえにはあっても近来は例がない。そこで小泉博士らは、さしあたって解決しなければならない問題を二点に絞った。ごく当たり前のことだが、それは（昭和）天皇皇后のご了解と正田家の承諾だった。

天皇皇后への説得には宮内庁の首脳陣があたったが、なかなか思うようにはかどらず、立腹された皇太子は両陛下に直談判するという場面もあったという。

難航したのは皇后の反対があったからともいわれる。だが、反対したのは皇后だけではなかった。旧華族や皇族の大半が民間妃を歓迎していなかった。

戦前まで、彼らは天皇家の血の受け皿として存在していた。藩屛といわれたのは、男子継承による万世一系の血を途絶えさせないための策であった。それがいきなりないがしろにされたのである。怒りは彼らの体内で渦巻き、やがて沸騰していった。その矢面に立たされたのが正田美智子さんだった。

旧法どおりに旧華族から選ばれると考えていた人たちを守旧派と呼ぶが、彼らは美智子妃誕生までにさまざまな抵抗を試みた。それがことごとく失敗に終わると、そのエネルギーは美智子妃を陰に陽にいじめるという陰湿な方向へと転化していった。その中心になったのは、「皇太子妃は学習院出身者以外にない」と信じていた常磐会《ときわ》だったともいわれるが、実際には常磐会の名をかたった皇族とも伝えられる。

この当時、常磐会の会員になる資格は、戦前の女子学習院（大正七年以前の学習院女子部を含む）の出身者にかぎられていた。同じ学習院でも戦後にできた女子短大や学習院女子部は認められなかったというように、特権意識と排他性が常磐会を支えていた。いってみれば女子学習院の同窓会にすぎない組織に強大な発言力があったのは、良子《ながこ》皇后（香淳皇后）をはじめ高松宮妃や秩父宮妃といった皇族がそれを支持していたからであった。

とはいえ、守旧派が具体的にひとつの反対勢力といったものを形成していたわけではなく、どこにもあるように新しい時代に立ち向かう保守層の不安と抵抗が、民間妃への反発となってあらわれたともいえなくもない。吉田茂元首相でさえ、民間から美智子妃が選ばれたと聞いたとき、にわかに不愉快な表情を見せたという。

守旧派の抵抗を示す傍証としてしばしば引用されるのが『入江《いりえ》相政《すけまさ》日記』である。この年の十月十一日にこんな記述がある。

〈東宮様の御縁談について平民からとは怪しからんといふやうなことで皇后さまが勢津君様（秩父宮妃）と喜久君様（高松宮妃）を招んでお訴へになつた由。この夏御殿場でも勢津、喜久に松平信子といふ顔ぶれで田島さん（かつて「皇太子の結婚のお相手を選ばれる範囲は当然元皇族が第一候補にあげられる」と語った田島道治初代宮内庁長官のことか）に同じ趣旨のことをいはれた由〉（カッコ内は引用者）

さらに十二月二十二日の記述。

〈松平信子、宮崎白蓮が中心となつて今度の御婚儀反対を叫び愛国団体を動かしたりした由〉

ちなみに天皇皇后が、正田美智子さんを皇太子妃とすることに了承したのは八月十五日である。すでに決定したにもかかわらず、そのことに納得できないばかりか、覆そうと工作しているのだから驚きである。

『入江相政日記』には、〝ミッチーいじめ〟の顔ぶれとして、香淳皇后、秩父宮妃、高松宮妃、そして松平信子の名前がしばしば登場する。言葉をかえれば、彼女たちは敗戦によって日本の国が変わりつつあることを認めたくない人たちであった。なかでもその中心的役割を果たしたのが松平信子常磐会会長だったといわれる。松平信子さんは元宮内大臣、参議院議長の松平恒雄夫人で、貞明皇后の御用掛でもあった女性である。というよりは、秩父宮勢津子妃の実母といったほうがわかりやすい。彼女の意を受けて動いたのが牧野純子東宮女官長ともいわれた。牧野女官長は松平信子会長の姪だった。

美智子妃に向けられた刃は、浩宮を身ごもられたあとも変わらなかった。精神的にも追いつめられていった美智子妃は、昭和天皇との会食までもキャンセルする事態になっていったと元東宮侍従の浜尾実氏はいう。

「当時は毎週水曜日に定例御参内《ごさんだい》がありましてね。夜の六時頃に両殿下が皇居にいらっしゃって、二時間半ほど両陛下とお食事をされるのです。侍従は中に入れませんから様子はわかりませんが、伝え聞くところによると、両殿下がいろいろお話しになることに陛下は『うん、うん』とお聞きになるのですが、皇后様は美智子様がお話しになると絶対にお返事をなさらない。妃殿下は居づらくなり、精神的にもお辛いものだから、体調が悪いということで御参内をお断りになったことがありました。

そのうち参内のお断りが度々《たびたび》つづくようになり、あの温厚な天皇陛下が、そんなに来るのが嫌ならもう来るに及ばないとお怒りになったのです。もし私が上の立場だったら、『殿下、ほかの六日間は妃殿下がお休みになられても結構です。たった二時間半ですから歯を食いしばってでもいらっしゃったほうがいいですよ』と申しあげたと思います。でも殿下はやさしいというか世間知らずというか、『そんなに嫌なら行かないでもいいよ』とおっしゃったんです。美智子様は浩宮様のご妊娠以前も以後も、そして礼宮様ご誕生以降も欠席されることが多かったですね。それだけお辛かったんだと思いますが……」

実際に守旧派による美智子妃いじめは執拗だった。すでに表沙汰になったものでも、婚約発表時の「白い手袋事件」、義宮（常陸宮正仁親王）をキリスト教徒にするのかと疑われた「聖書事件」など、さまざまな「いじめ」が伝えられてきた。

生後一九日の浩宮を抱いて宮内庁病院を退院したときもそうだった。

このとき迎えの車に乗られた美智子妃は、女官長から浩宮を受けとると、新聞記者の求めに応じて窓ガラスを静かにおろされた。浩宮の顔を少し外に向け、自らもカメラに向かって微笑まれたのだが、これが民間妃に反対してきた守旧派の感情を逆なですることになる。皇室では妃が親王を抱く習慣がないことから、彼女たちはいっせいに「はしたない」と反発し、さらに車の窓ガラスを開けたことについても、「お寒い中を、もしも親王様がお風邪でもひかれたらどうするんでしょう」と、皮肉をこめていった。そして必ずこうつけ加えることを忘れなかった。

「だから東宮様がおかわいそう」

東宮様とはもちろん明仁皇太子のことである。

もっともこうした噂は出所が明らかでなく、常磐会が関係しているかどうかは不明である。

皇位継承者である浩宮を産むという、皇太子妃に課せられた責務を充分に果たしたことですら、守旧派にとっては問題外だった。つまり、いじめの理由は何でもよかったのである。〝平民出身〟の皇太子妃ということだけで、その所作言動のすべてが気に入らなかっただけのことなのだ。

話を元に戻すが、皇太子妃の選考がはじまっても、小泉博士らはこれら守旧派に情報が漏れることを恐れて何も知らせなかった。皇太子妃候補が民間の令嬢に絞られていることがわかれば、まとまる話もまとまらなくなってしまうと考えたからである。松平信子さんが、美智子妃内定を知ったのは、皇室会議で婚約が正式に決定する三日前だったといわれる。

皇太子妃に民間の正田美智子さんが選ばれたとき、一部で「皇室のクーデター」ともいわれたのは、皇族を含めた守旧派にとってそれだけ衝撃が大きかったからだろう。

〝偉大な野次馬〟といわれた評論家の大宅壮一は、皇太子妃が正式に決定したときの常磐会の落胆ぶりを次のように紹介している。

〈発表の日、東京目白の学習院では、女の先生たちが、前もって事情はうすうす知ってはいたものの、やはり意気消沈して、お昼の弁当にもハシをつけなかったものが相当出たらしい。

それにもまして大きなショックをうけたのは、女子学習院のOB、すなわち「常磐会」の古い会員たちである。彼女たちの多くは、ひどくプライドを傷つけられて、「いかに皇太子さまのご希望とはいえ、ご遠慮してお断り申しあげるべきだった」という意見が、有力会員の間を支配したという。同会理事の肩書をもつ某老女のごときは、いたってテレビ好きで、特に皇室関係のニュースときたら、画面にかじりつくように見入っているのだが、この日に限り、テレビにお尻をむけて、一日中スイッチを切りっぱなしにしていたという。

こういった空気を察してか、ある先生は「常磐会」幹部の前におずおずと出ていって、「わたしたちの教育がいたらなかったのです。まことに申しわけありません」といいながら、ハンカチで眼をぬぐったとか〉（『週刊朝日』昭和三十三年十二月二十八日号）

その一方、正田家は困惑していた。父正田英三郎氏は日清製粉のオーナー社長で資産家でもあるが、娘を天皇家に嫁がせるなど分不相応であると考えていた。また母親である富美子さんの不安は、関係者によれば「民間の娘が、皇室という別世界に行って幸せになれるだろうか」というものだった。正田家の家族会議も、そして日清製粉の役員会議も、結論は「御辞退」だった。

昭和三十三年八月十八日から宮内庁と正田家の正式な交渉がはじまるが、美智子さんは渦中から身を遠ざけるために五四日間の世界旅行に旅立つ。当時はまだ海外旅行は自由化されておらず、パスポートを持っている人も五万人ほどにすぎなかった。自由化されるのは東京オリンピックが開かれた昭和三十九年である。現在では年間二〇〇〇万人近い日本人の海外渡航者も、昭和三十四年はわずか九万二〇〇〇人余りだった。ドルの持ち出しを制限されていたから、海外渡航者といってもそのほとんどが商用のビジネスマンである。海外旅行など、庶民にとっては夢のまた夢であった。そんな時代に、たとえ渦中から身を遠ざけるためとはいえ、自由に世界旅行ができる身分に驚かざるを得ない。

帰国後の十一月二日、正田家はあらためて箱根の富士屋ホテルで家族会議を開いた。

ここに伝説化した話がある。それによれば、このときの家族会議は美智子さんの兄巖氏の強い反対意見で「御辞退」を決定したという。それを聞いた皇太子は落胆し、皇太子から打ち明けられた友人の織田和雄氏が、「柳行李《やなぎごうり》ひとつで来てください」という口説き文句を皇太子に教える。皇太子から電話でその言葉を聞いた正田美智子さんは、大きくこころを揺さぶられ、そしてついに結婚に同意したというものである。

しかし、元朝日新聞記者の佐伯氏によれば、「十一月三日の夕方、富士屋ホテルのロビーで美智子さんにインタビューすることができたのですが、このときすでに皇太子妃になる決心をされていました」という。その決意を、言葉こそ控えめだが、こう表現したそうである。

「もし私がどんな方とごいっしょになることになっても、それはその方ご自身が、ほんとうに私の結婚の理想にあてはまる方だからということです。私はこれまで私なりに結婚の理想や、理想の男性像というものをもってきました。その理想を、ほかの条件に目がくれて曲げたのでは決してないことを……」

柳行李ひとつ云々の話は、実際にそういう会話があったかどうかは別にして、民間から皇室に嫁ぐ正田美智子という一女性のシンデレラ物語を鮮やかに彩るエピソードである。いわば〝世紀の恋の物語〟のハイライトであった。

昭和三十三年十一月十二日、正田家から正式に結婚承諾の返事が伝えられた。そして十一月二十七日、皇室典範第二八条によって選任された一〇名の議員によって皇室会議が開かれ、全員一致で皇太子妃を正田美智子さんと決定する。

昭和三十四年四月十日、熱狂的な歓呼の声を受けて、「御成婚」の馬車は春の陽射しのなかをゆるゆるとすすんでいった。

この挙式に計上された国家予算は二三七七万四〇〇〇円。その内訳は、祝宴費が一九〇八万五〇〇〇円で行啓費が五八万一〇〇〇円。行啓費は結婚後、ご夫妻で伊勢神宮、神武天皇陵、大正天皇陵、貞明皇后陵に参拝される経費である。その他東宮仮御所の修繕費を含めた関連経費が四一〇万八〇〇〇円だった。

「柳行李ひとつ」という切り札が事実だったとしても、実際には柳行李ひとつというわけにもいかず、結局美智子さんは、六トントラックで三台分もの荷物を持参して嫁いだ。当時の金額で二〇〇〇万円とも五〇〇〇万円とも噂された〝お支度品〟である。婚約直後に聖徳太子の肖像がはいった一万円札が登場し、小学校教員の初任給（基本給）がそれ一枚にも満たない九〇〇〇円だった時代、これは途方もない金額だった。

当時の高尾亮一皇室経済主管は、この日のために、内廷費（天皇家の私的生活費）を節約して約五〇〇〇万円を蓄えたと伝えられている。戦後、内廷費は国家予算から支給されることになったが、一口に五〇〇〇万円といっても昭和三十四年度の内廷費全額に匹敵した。これを五年で蓄えたとしたら、毎年二割ずつカットしてきたことになる。天皇家では、私的活動費である内廷費から、毎年一割程度を予備費として蓄えているが、これを運用するのは大蔵省出身の皇室経済主管だった。当時は高度経済成長期に向かう過程にあった。あるいは株券や公債の売買による資産運用がなされたのかもしれない。

この五〇〇〇万円は、十二単《じゅうにひとえ》をはじめご婚礼衣装の補修や手入れ、それにローブ・デコルテや金銀のパンプスの購入費、さらにティアラ（宝冠）の製作費にあてられた。現在の費用に換算すれば、少なめに見積もって、ひとりの皇太子妃が誕生するために、およそ一〇億円の費用がかかったことになる。

それから二カ月、新しい皇太子妃の「御懐妊」が報告される。挙式の費用にはとどこおりなく準備をすすめてきた高尾経済主管も、まさかこれほど早くおめでたになるとは想像もしていなかった。宮内庁総務課ＯＢにたずねると、「二、三年後には御懐妊の可能性があるやもしれず、御成婚の行事がすんだら大蔵省と交渉しないといけないねと話し合っていた矢先でした」という。宮内庁もあわてたにちがいない。

しかし美智子妃の「御懐妊」は、皇太子職としてはもちろん、皇太子家の家長として「新しい家庭の建設」を夢見ていた皇太子を喜ばせた。

かつてジャーナリストの児玉隆也は「皇太子への憂鬱」というレポートのなかで、〈大宅壮一は生前、天皇、皇太子の職業論にふれて「天皇や皇太子は国家や民族のマネキンである」とたとえた。私が皇太子というマネキンに衣裳を着せるなら〝マイホーム〟という衣裳しかない〉と書いている。昭和天皇は「天皇職」という顔しか見せなかったのにくらべ、皇太子にはもうひとつ、「マイホームパパ」という顔があった。

皇太子は、「家庭を持つまでは、絶対に死んではいけないと思った」と美智子さんにいい、学友たちに「自宅から通勤し、仕事が終わったらわが家に帰る。そういう生活をしたい」と夢を語ったという。このマイホームへの強い憧憬は、「幼いころ、両親と離れて傅育官《ふいくかん》相手の孤独な生活を強いられてきた反動」（浜尾元侍従）ともいわれる。だからこそ、美智子さんとの結婚が成立したとき、皇太子は「憲法で保障された両性の合意による結婚」を高らかに宣言し、結婚後のマイホームの建設を夢見たのである。妻の「御懐妊」は、この夢の第一歩としてこれほど祝福されるべきことはなかった。

同時に「御懐妊」は、美智子妃にとってまた別の意味でも重要であった。

それは、皇位継承者に恵まれるかもしれないということである。〈妃の存在理由は嗣子を産むことであり、王女を産むたびに、それは妃が失敗したことをはっきりと証拠立てることになるのである〉（『天皇ヒロヒト』）という、イギリス人作家レナード・モズレーの言葉を持ち出すまでもなく、あるいは皇室典範第一条〈皇位は、皇統に属する男系の男子が、これを継承する〉を引用するまでもなく、皇太子妃に課せられた最大の務めは親王を出産することである。皇位継承は血族の男子のみに限定するという、明治以前にはなかった慣習を皇室典範で規定した条項は、戦後になってもそのまま生きていた。

昭和天皇のとき、照宮成子《てるのみやしげこ》、久宮祐子《ひさのみやさちこ》（二歳で薨去《こうきょ》）、孝宮和子《たかのみやかずこ》、順宮厚子《よりのみやあつこ》と四人の内親王がつづいたため、皇后は「女腹」と評され、昭和天皇は真剣に側室をすすめられたという。

旧華族でも学習院出身でもない美智子妃にとって、「御成婚」後も菊のカーテンの内部は思った以上に風当たりが強く、〝美智子妃いじめ〟はますます激しくなっていた。内親王なら、さらにどんな風評が立つか知れたものではない。また、逆に親王なら、守旧派に対する強烈なパンチとなって皇太子妃としての立場は確固としたものになる。誕生するのが親王か内親王かによって、美智子妃の置かれている立場も変わってくるという、きわめて微妙なものだったのである。

美智子妃の出産は、翌昭和三十五年（一九六〇年）三月上旬と発表された。それは、「黄金の六〇年代」の劈頭《へきとう》を飾る、「世紀の慶事」であった。

それにしても、私たちはこの日の美智子妃の出産について、どれほどのことを知っているのだろうか。マスコミを通じて知るかぎり、美智子妃は何事もなく「無事御出産」されたということだけである。果たしてそうだったのだろうか。

それまで皇族の出産といえば、「御静養室」と呼ばれる宮中の産室で出産するのが慣例だった。御静養室というのは皇族の病気や出産のとき使われる特別な建物で、昭和天皇も、明治三十四年（一九〇一年）四月二十九日、青山の東宮御所内にあった御静養室でお生まれになっている。明仁皇太子も、御所内の「産殿」においてであった。

ちなみに明仁皇太子が誕生した瞬間を、モズレーは次のように描写している。少し長いが、美智子妃の出産と比較するためにも引用する。

〈一九三三年十二月二十二日、皇后は宮中の御所のお住居を出て、出産のために建てられた特別の館（産殿）まで歩いて行かれた。陣痛が始まったのである。子供を出産されるまで皇后が召される絹のナイトガウンを着るのを二人の産婆が手伝った。産婆たち自身も身を洗い、神官に「きよめ」てもらっていた。医師が立って待っていた。寝台の側の箱の中に絹の綱があったが、これは陣痛が激しくなり呻き声を立てたくなったとき、皇后がこれをつかんで引っぱられるためのものである。

産室の外の小さな控えの間に、牧野伯と湯浅倉平宮相の、二人の老人が座っていた。産室に医者と産婆以外のものの出入することを許さず、赤ん坊が生まれたときこれを調べて、すり替えなどが行なわれなかったことを、証明するのが彼らの任務であった。これから長時間寝ずの番をしなければならなかった。四人のお子さんを産まれた後だから、皇后の出産は軽いだろうと思われたかもしれない。しかし見込み違いだった。陣痛は激しく、長びいた。赤ん坊の泣き声が聞こえたのはほとんど二十四時間後であった。その時の二人の老人の顔の表情こそみものであったに違いない。それは彼らすべてにとって、事実の判明する瞬間であったからである。

ほどなく産室のドアが開いて医者が出て来た。そして牧野と湯浅に〝入れ〟と合図した。産婆の一人が赤ん坊の産湯《うぶゆ》を終えたところで、彼女はご覧なさいと赤ん坊をさし出した。湯浅宮相は一目見てから、くるりと回れ右をした。斎衣《さいい》の袖をこうもりの翼のようにぱたぱたさせながら、彼は御苑をつっ走って天皇のご住居に行き、直ちに拝謁を求めた。天皇は書斎にいられたのでそこへ案内された。

彼は入口のところでひざまずいて頭を垂れた。

「陛下、申し上げます。皇后さまが日嗣ぎの御子をお産み遊ばされました」と彼はいった。

天皇は長い間彼を眺めていられた。それから申された。

「それは確かか」

確かであった。まぎれもなく男の子であった。

この知らせは待ち構えている新聞記者たちに伝えられ、号外が刷り始められた。皇居の石垣の上で、そして全国の各都市で、サイレンが鳴りはじめた。二回、皇子のご誕生を知らせる二回であった。

危機は終わった。天皇には皇子が生まれた。

日本は皇位継承者を得たのであった〉(『天皇ヒロヒト』)

御静養室という特別の部屋で出産するという悠久の伝統に対して、美智子妃の出産は皇室はじまって以来といわれた病院での出産だった。

ではなぜ「御異例」ともいわれた病院出産になったのか。小児科医で当時の東宮侍医長でもあった佐藤久医師は、昭和三十七年に著した『浩宮さま』の中でこう記している。

〈天皇陛下の第一皇女であられた照宮さま（故東久邇成子《ひがしくにしげこ》さん）は、赤坂離宮内でご誕生になったが、以後、陛下が皇居にお移りになった後は、第三皇女孝宮さま（故鷹司《たかつかさ》和子《かずこ》さん）はじめ、どなたも皇居内でご誕生になっている。当時、両陛下の御常御殿とは中庭をへだてた別棟があって、これを皇子室とされ、この棟から渡り廊下で結ばれた一棟に、御静養室というのが建っていた。さいわいにこの一棟は戦災をまぬがれて改築のうえ、現在は義宮さまがお住まいになっている。

この御静養室というのは、とりもなおさず御病室のことで、両陛下はじめご不例のさいは、いつもご使用になっていた。御静養室の一部には、当時としてはあらゆる最新の設備を整えたりっぱな外科手術兼分娩室ができていて、皇后陛下のご出産は、毎回ここであそばされたのであるが、戦後はながくご用のない関係から、物置き同様の運命におかれていた。あらゆる設備も、進歩した近代医学の前には、ご使用にたえぬまでに古びてしまったのである。

さればといって、当時両殿下がお住まいの渋谷の仮御所では、はなはだしくお手ぜまで、御産室にあてるべきお部屋も設備もなく、ご出産の安泰を期するわけにはゆかず、必然的に、一般と同様に病院でご出産ということに決定をみたわけである〉

渋谷区常磐松《ときわまつ》（現・渋谷区東）にあった御用邸は、もと東伏見宮邸であったが、昭和三十年に宮家が断絶した後は皇太子の東宮仮御所として使われていた。佐藤氏はこの仮御所が手狭で老朽化していたから出産の場所が宮内庁病院になったのだという。しかし手狭といっても敷地は一万九八五四平米《へいべい》もあった。新しく御静養室を増築することは可能だったはずである。ではなぜそうしなかったのか。ある宮内庁元事務官によれば「予算がなかった」のだという。その結果として宮内庁病院が選ばれたのだが、そのことはまた、アメリカ文化の流入で増えつつあった病院出産をさらに加速させ、美智子妃は戦後を象徴する女性としてその印象を強めていくのである。

この出産のために、当時とすれば最先端の医療機器と、そして最新の医療技術が結集されたことはほとんど知られていない。まして医師を含めた裏方の苦労などに関心を払うマスコミなどどこにもなかった。当時は、医療の現場でＭＥ（medical electronics）という言葉がようやくつかわれ始めたころだった。それは、自宅出産から病院出産へ、あるいは熟練した助産婦の手からＭＥ機器へと、昭和三十年代は出産の形態が大きく変貌しつつある端境期《はざかい》でもあった。

その背景にエレクトロニクスの急速な普及があったことはいうまでもない。エレクトロニクスは生活道具を変えただけではなかった。医療分野にも積極的に取り入れられ、医療そのものを変えつつあった。それまでの出産を中世とすれば、まさしくこのときから近代がはじまったともいえた。

当然、こうした新しい医療技術が美智子妃の出産に反映されなかったはずがない。なぜなら、当時の未熟児死亡率は、いまとちがって格段に高かったからである。

出産そのものは、正常な分娩であるかぎり、自宅から病院に変わってもそれほどのちがいはない。問題は正常でない出産の場合である。病院での出産にメリットがあるのは、異常分娩や早産児もしくは未熟児が生まれたときに適切な処置ができるかどうかにある。ところが当時の日本では、出産する場所が畳からベッドに変わっただけで、病院で産むことにそれほどのメリットはなかった。その理由は、出産を補助すべき医療機器が普及していなかったことと、専門のドクターや看護婦が少なかったことにある。

実際、医師たちの未熟児に対する意識も低かった。『周産期医療の実際』（坂元正一監修）によれば、〈いかに分娩を終了させるか、ともかく生きて生まれればよし、母体に危険があれば児の犠牲もやむを得ない〉といったきわめて消極的なものだったという。

昭和三十年代の中頃までは、一般の病院で異常分娩や未熟児が生まれると手の施しようがなく、なりゆきに任す状態だった。そもそも「エコー」のような道具もないから、胎児が未熟児かどうかも診断できなかった。昭和四十二年に宮内庁病院産婦人科副医長に就任した小林博医師によれば、「あのころは未熟児かどうかの判断は子宮底長を診断して推測するしかなかった。経験とカンですね。そのほかにX線で骨盤を計測しても推定できましたが、いまのようなデジタル画像ではなく、放射線の線量も多いためにできるだけX線撮影は避けました」という。

仮死で生まれたら、口の中の羊水をカテーテルというストロー状の管で吸い出したあと、赤ちゃんの足の裏や背中を叩いて刺激を与えたり心臓をマッサージするというごく単純な蘇生術が行われていた。

それで助かるならよし、助からなければ母親は「運がなかった」と諭された。

死産で泣き崩れる母親に、

「また元気な赤ちゃんを産めばいいじゃないですか」

と放言する医者もいたという。

昭和二十一年から始まったベビーブームで、昭和二十二年二六七万人、昭和二十三年二六八万人、昭和二十四年二六九万人と、毎年二五〇万人以上の赤ちゃんが誕生した。終戦の年に七二〇〇万人だった日本の人口が、五年後の昭和二十五年には八三〇〇万人と、一一〇〇万人も増加したのである。ところが、昭和二十年代初期で、生後二八日未満の新生児と生後一年未満の乳児をあわせ、約一割ちかい赤ちゃんが死んだといわれる。二五〇万人の一割といえば二五万人である。

さらに未熟児となると、これよりもはるかに死亡率が高くなる。昭和二十四年で二〇〇〇グラム以下の未熟児は三人に一人は死亡し、一五〇〇グラム以下なら一〇人のうち九人以上も死亡している。

さらに無事生まれても、脳や身体に障害が残ることも少なくなかった。未熟児、黄疸、新生児仮死は脳性マヒの三大原因だったのである。

当時の日本における未熟児医療は、世界的レベルにくらべ、「一〇年から一五年は遅れていた」（馬場一雄現日本大学名誉教授）といわれる。

後述するが、赤ちゃんの死亡率が減少する背景には、閉鎖型保育器と蘇生器（陰陽圧式レスピレーター）と、そして当時の産科領域でME機器を代表する分娩監視装置の普及があった。この三つがかろうじて揃ったのが昭和三十五年の浩宮誕生のときだった。これによってお産が大きく変化したといわれる。なかでも未熟児医療に大きな役割を果たしたのが閉鎖型保育器だった。

蓋《ふた》のない箱のようなこれまでの開放型保育器を一新したのは、一九四七年（昭和二十二年）にアメリカのエアーシールズ社から発売されたアイソレッド（閉鎖型保育器）である。それは、赤ちゃんのいる空間を外気と遮断するという画期的なものだった。

WHO（世界保健機関）は日本の未熟児医療を改善させるため、昭和三十年にこのアイソレッド型二台と開放式のアームストロング型一〇台を日本に寄贈した。

美智子妃の出産にこそ立ち会わなかったが、未熟児で生まれたときのために別室で待機していた馬場一雄氏によれば、「強制換気式で温度と湿度が細かく調整できるという点で、WHOから寄贈されたものは、現在（平成十二年当時）のものと基本的に変わっていない」という。ちなみに馬場氏の名前が一般にまで知られるようになるのは、山下家の〝五つ子ちゃん〟の主治医になってからだが、それはとりもなおさず馬場氏が、当時の未熟児医療の第一人者であったからである。

昭和二十四年から墨田区の賛育会病院に勤務していた馬場氏は、国産の保育器をつくろうと試行錯誤で設計図を描いていた。その馬場氏が昭和三十一年に高津忠夫東大医学部小児科教授の招聘《しょうへい》で外来医長兼講師に就任する。未熟児室設立の準備をするためだった。

日本でもようやく未熟児医療の研究がはじまったのである。

保育器の要《かなめ》は保温である。未熟児を温かい羊水のなかで生活していたころに戻してやろうという、きわめて自然な発想から出発したものだったが、理論的にもそれほど間違ってはいなかった。

温かくおだやかな羊水のなかからいきなり外気にさらされるというのは、水中で生活していた生命が陸上にあがって肺呼吸をはじめるようなものである。肺が未発達の未熟児は、環境の激変に順応できずに呼吸障害をおこしやすい。だから酸素不足になりやすい。温めることで未熟児の新陳代謝を抑え、同時に酸素の消費量も減らそうというわけである。

最初は湯の中に新生児を直接いれて温めたりしていたが、やがて容器を二重壁にし、湯を壁の間で循環させるという間接的保温法にすすんでいった。

未熟児医療の思想は日本にも伝わり、戦前は湯たんぽで温めたり、たどんで温めたり、あるいは電球で温めるといった木製の保育器もつくられた。これらは基本的に温めるというだけのものである。保育器というより、保温箱といったほうがぴったりだった。

これら開放型の保育器は蓋のない箱のようなものだから、基本的に細菌の感染を防ぐことができなかった。開放型の保育器には限度があったのである。これを変えたのが完全閉鎖型の保育器だった。保育器内を外気と遮断し、フィルターで細菌を濾過した温かい空気を器内に送り、モーターで強制的に循環させたあとふたたび外へ逃がすというものので、これによって保育器は画期的といっていいほど進歩した。

一九五八年、WHOは未熟児を、

①出生時体重二五〇〇グラム未満の児。

②出生時体重不明の時は妊娠九カ月以前に出生した児。

③出生時体重、妊娠月数に関係なく医師または助産婦が未熟児と判定したとき。

と定義づけた。未熟児という言葉が普及するのはそのころからである。

中村医科工業（当時は中村医科器械店）の元専務で、保育器の歴史について論文も書いている佐川和萬氏は、当時の未熟児対策をこう語っている。

「WHOは、二五〇〇グラム未満の、生きて生まれた赤ちゃんを未熟児と定義したのですが、それをきっかけに、日本でもようやく未熟児対策がはじまったのです。当時は病院に保育器がなかったので、各保健所に簡易保育器を五台ずつ置いてそれを病院に貸し出そうということになった。そのためにはどこの保育器を置くか、厚生省は各社を競争させ、最後にアトムメディカル社と中村医科が選ばれたのです。アトムは保温にヒーターを使っていましたが、中村医科は電球を利用しました。理由は、酸素を送ってもヒーターの部分が密閉されているので安全なことと、電圧を変えることで温度の調節もできたからです。当時のヒーターは温度調節が不安定でアトムは苦労していたようです」

美智子妃が出産された昭和三十五年は、こうした保育器があちこちで普及しはじめたころで、それでも当時は楽観できないほど未熟児死亡率が高かったと、馬場氏はいう。

「二〇〇〇グラム前後の赤ちゃんなら油断できないなあ、一五〇〇グラムならちょっと危ないぞという感じでした」

ちなみに昭和三十五年度日本小児保健学会から発表された「未熟児の致命率（4割未満の死亡）」に次のような数字が報告されている。

一・〇kg未満……………九二・三％

一・〇～一・五kg未満……五六・五％

この数字を、左の平成三十年度の早期新生児死亡率（一週未満の死亡）と比較してみると、昭和三十年代の「未熟児の致命率」がいかに高い数字かわかるだろう。
一・○kg未満……………六・七％
一・○～一・五kg未満……二・一％
一・五～二・○kg未満……○・八％
二・○～二・五kg未満……○・一％
一・五～二・○kg未満……二二・七％

〈1950（昭和25）年に、（出生千人に対し）27・4であった新生児死亡率が、1960（昭和35）年には17・0〉（馬場一雄「新生児医療の歩みと展望」『周産期医療研修会研修ノート』所収）にまで低下したのは、未熟児で生まれた赤ちゃんを救おうという医師たちの努力と、そして分娩監視装置に代表されるＭＥ機器の発達が数字にあらわれた結果だともいえる。

この時代の主な新生児の死因に、「出生時仮死」による死亡があった。仮死は運よく助かっても、脳性マヒを伴うこともあって多くの親たちを嘆かせた。これらをなんとしてでも防ぎたい。これこそ美智子妃の出産の準備にあたった医師や看護婦たちの願いだったのである。

未熟児の死亡を防ぐには〈胎児危険の予知と胎児予後の改善〉が大きく影響するといわれる。〈胎児危険の予知〉とは、子宮内の胎児の健康状態を監視することによって、胎児がいつ危険な状態になっても対応できるように準備することである。これは分娩監視装置をはじめとしたＭＥ機器によって可能となった。〈胎児予後の改善〉とは、生まれた後の管理のことで、適当な保温や栄養、感染予防、安静といった四原則がこれにあたる。そのために必要なのが閉鎖型保育器だった。その中間にあって、赤ちゃんが仮死などで生まれたときに対処するのが蘇生器である。〈危険の予知〉も〈予後の改善〉も「絶えざる監視」が原則だったからこれらの機器に頼らざるを得ない。なかでも分娩監視装置への期待ほど大きなものはなかった。

ただこれらの機器も、普及しはじめるのが昭和四十年代にはいってからであり、とくにＭＥ機器は美智子妃の出産当時にようやく出現したばかりであった。使っている病院など数えるほどしかなく、東大にＭＥ研究室ができるのも浩宮誕生以降である。

このため、ＭＥに関心を寄せていた医師たちは、美智子妃の出産にあわせ、自ら手作りでこれら分娩監視装置や蘇生器の製作にとりかかるのである。最新の医療機器を導入し、最高の医療態勢のなかで美智子妃を迎えようと考えたからであった。

彼らの努力はそれだけではなかった。

当時の宮内庁病院は、坂下門を入った宮内庁庁舎の裏手あたりにあった。現在のそれとはちがい、世辞にも瀟洒《しょうしゃ》とはいいがたい建物だった。のちに浩宮自身が、「僕は皇居内のとある倉庫で生まれました」と語ったほどである。

「ボロ小屋」とも揶揄《やゆ》されたそれは、昭和二年に建てられたもので、頑丈だけが取り柄の、窓は小さく換気も悪く、そのうえ、外壁は長い間の雨風にさらされ、あちこちに亀裂が走っていた。およそ病院とは思えない代物だった。さらに医療器具といえば、昭和十六年に購入したものがそのまま使われている有様だった。

当時の宮内庁病院に勤務していた医師によれば、「親戚から入院したいといわれても、やめたほうがいいと断りました」というくらいだから相当ひどいものだったのだろう。これでは美智子妃に万が一のことがあったらお手上げである。美智子妃のためにもこの宮内庁病院を最高水準といわれるよう変えたい。医師なら当然思うことではあったが、それには「ピンセットひとつから」買い揃えなければならなかった。

東宮仮御所の目と鼻の先には日赤産院（昭和四十七年から日赤医療センターに統合される）もあったのに、あえてこの病院を選んだのは、ただ「警備の都合」という理由からであった。美智子妃が安心して出産できるようにするには、まずこの建物から改造しなければならなかった。

わきたつような〝ミッチー・ブーム〟のなかで、医師たちに万が一など許されるはずもなく、「無事御出産」が暗黙裡《あんもくり》に課せられた条件でもあった。このため、当時の医師たちは小児科医、産婦人科医という垣根を取り払い、持ちうるかぎりの知識と技術を集めようとした。美智子妃の出産は、いわば日本の産婦人科と小児科の総力戦でもあったのだ。

第二章　プロジェクト始動

昭和三十四年五月初旬、一連の「御成婚」行事を終えた皇太子ご夫妻は、六日間の予定で葉山御用邸に滞在された。それは、挙式の翌日から休む間もなく行事がつづいたあとに、ようやくおとずれた安寧の時間だった。

新居となる新東宮御所はまだ建築中であった。昭和三十四年一月に着工し、十二月完成を目標にしていた。それまでは、渋谷の高台にあるゆるやかな斜面に建てられた約五〇〇坪の洋館が仮住まいとなった。関東大震災の直後に建てられた木造家屋で、かなり老朽化していた。旧地名の常磐松にあったことから常磐松御所と呼ばれたそれは、武蔵小金井にあった仮御所が焼失して以来、独身の皇太子が住んでおられたところであった。現在は建て替えられて常陸宮ご夫妻のお住まいとなっている。

とりあえずこの仮御所を改装し、おふたりの新居とすることになった。かなり古びた建物で、廊下を歩くとミシミシ音がしたという。浴室もコンクリートの床に簀《す》の子《こ》を敷き、その奥に檜《ひのき》の風呂桶があるような年代物だった。ただこの改装も、たとえば焚き口を外付けにしてガス湯沸かし器を取りつけたり、あるいは侍医室を内謁見室に改修したりといった、簡単な模様替え程度のものだった。

この仮御所を、皇太子は学生時代に「下宿屋御所」と呼んだことがある。内舎人《うどねり》や侍従に囲まれて何不自由のない毎日だったとはいえ、「皇子の規律」によって父も母も弟もいない孤独な生活を強いられていたことに対するせめてもの抵抗だった。

学習院高等科の夏、だだっ広い部屋で机に向かいながら、窓からはいってきた虫をコンパスで刺していたというエピソードは有名である。そういった少年期から青年期の孤独な環境への反発を腹中に沈殿させてこられたのだろうか、「御成婚」前の記者会見で、「なによりもまず、この新しい小さな単位での自分の生活に大きな責任を感じます」と、育児を中心とした家庭を第一に考えていることを宣言した。やがて元赤坂に完成する新居は、マイホームに憧れた皇太子の夢のかたちでもあった。いずれ子供部屋となる予備室や、新妻である美智子妃専用の台所、それに暖炉のある居間などが設計図に組み込まれていたことが如実にそれを物語っていた。

東京に梅雨の気配が見えはじめたころ、宮中から「美智子妃御懐妊」の噂がこぼれるようになった。あの「御成婚パレード」からまだ二カ月も経っていない。目崎氏はまだあのときの興奮が冷めやらず、そんな噂を耳にするたびに、

「もしも親王様なら、帝室に万年の春が訪れたようなものですなぁ」

と笑い飛ばしていた。頭の禿げあがった目崎氏は、「宮内庁の今東光《こんとうこう》」と綽われるほど、笑い方もよく似て豪快であった。

宮内庁病院の院長は皇室医務主管とともに侍医長の兼務である。当時の侍医長は就任したばかりの村山浩一氏だった。副院長は内科医長の斎藤英一氏。その下に内科、外科、産婦人科、皮膚泌尿器科、耳鼻咽喉科、歯科の各科があり、目崎氏はこの産婦人科の医

長だった。

戦前から宮内庁病院ひとすじでやってきた目崎氏は、その豪放磊落な性格から、院長をはじめとして他の事務官たちからも一目置かれていた。宮内庁というところはとかく前例に重きをおく役所である。目崎氏が「昔からそうでしたよ」とひと言いえば誰も文句をつけなかった。〝宮内庁のヌシ〟ともいわれた存在感がそうさせたのだろう。

六月五日、あたり一面に初夏のにおいが立ち込め、陽射しは日ごとにその強さを増していた。ここ数年で東京の人口は急激に増え、一段と騒がしくなったが、当時はまだトンビが空を舞う光景も見られ、ゆるゆるとした時の流れを感じさせていた。

その日は気温二四度と汗ばむほどの陽気だった。

目崎氏はいつものように昼をすぎて宮内庁病院にやってきた。

当時の目崎氏は、自宅のあった目黒区洗足で木造二階建てのこぢんまりとした産婦人科医院を開業していた。午前十一時までここで診察したのち、私鉄と山手線を乗り継いで宮内庁病院に出勤してきた。到着するのはたいてい昼すぎだった。

かつて宮内庁病院の医師は兼業を許されていた。開業していたのは目崎氏だけではない。佐藤久東宮侍医長も東京・杉並区で小さな医院を開業していた。当時、東宮侍医でのちに東宮侍医長となる外科医の星川光正氏によれば、佐藤氏は「東大医学部を卒業して侍医になり、昭和八年に現陛下がお生まれになったときから昭和天皇のお子さんのご出産にかかわってきた」人物である。ちなみに侍医は国家試験のようなもので選ばれるわけではない。ほとんどが先輩侍医の推薦であり、それも欠員が生じたときのみである。定年がないだけに、一度侍医になると身体が動かなくなるまで務めるのが普通だという。

歴代の侍医は東大系の医師が占めてきた。星川氏も東大医学部出身の侍医だった。目崎氏が宮内庁に勤務するかたわら開業していた理由を、星川氏はこう語っている。

「戦前は開業する侍医も多かったと聞いています。それは、明治天皇が『宮中にいるだけでは医師としての腕も落ちる。腕を磨くために自分の病院をつくってもいいし、ほかの病院に勤めてもいい』とお許しになったからです。宮内庁病院の医師や侍医の兼業は明治以来の伝統だったんですね。私は昭和三十年に東宮侍医になりましたが、その頃は戦前からいた他の侍医はみんな開業医だったり別の勤務先があったりしました。私のように戦後になってはいった侍医は兼業を許されなかったのです」

もともと宮内庁病院は宮内庁職員のための病院だった。その家族も含めて診察を受けたとしても数からすればしれている。数をこなさなければ医療の技術は落ちる。技術を磨くためにも開業しろといわれた明治天皇のお言葉は理にかなっているといえる。

戦後はＧＨＱ（連合国軍最高司令官総司令部）の指示で公務員の兼業が禁止されたが、戦前から勤務する医師はそのまま兼業を認められたわけである。

ちなみに、現在は一般の患者も受け入れているが、皇居のなかにあるだけに気軽にというわけにはいかず、それだけに患者数も少ない。

昭和二十五年から二十七年まで宮内庁病院に勤務した倉山英三郎氏によれば、当時は産婦人科の医師が四人いたが、患者は一日平均五、六人だったという。

「患者より医者の数が多いくらいでした。出産などめったになく、職員の奥さんだってあの病院では産まなかったと思います。三階に入院部屋はありましたが、入院している患者なんていませんでしたね。だから目崎先生から、こんなところにいると勉強にならないからどこかに行けといわれ、私は東銀座の診療所を紹介してもらったんです」

医長が到着するころから午後の診察がはじまる。目崎氏はカルテを開き、それが注射の必要な患者だと顔を曇らせた。そしてしばしば部下である後藤トモ子医師を呼びつけた。

「僕は、診察はできるけど、注射とか手術は苦手なんだ。だから君がやってくれよ」

後藤医師が呆れて断ると、まるで子供を安心させるかのようにこういった。

「大丈夫だよ、僕が後ろで見ているから」

後藤医師はやれやれといった諦め顔で部屋を出て行く。いつものことだった。目崎氏は医師でありながら注射が嫌いだったようで、目崎家をよく知る人物にこんな証言がある。

「目崎さんの息子さんが小さいころ、熱を出すと奥さんに『おまえ、注射してくれ』っていうほど注射が嫌いでした。奥さんは『私は医者じゃないんだからできない』というと、目崎さんは『おれが責任を持つから大丈夫だ』なんて屁理屈をこねるんですよ」

この日は診察がはじまる前から目崎氏を待っていた人物がいた。星川侍医だった。目崎氏が姿を見せると、星川氏は内密の話でもするように切り出した。

「これは仮定での話ですが、もしも妃殿下が御懐妊となったら、どんな器械が必要でしょうか。いまこの病院にあるもので間に合いますか」

目崎氏はしばらく考え込んだあと、「どれもこれもカビの生えたような器械ばっかりで買い換えなければ無理でしょうな」と躊躇《ちゅうちょ》せずにいった。

たしかに目崎氏のいうとおりだった。手術道具などは戦前に購入したものがそのまま使われていたのである。医学が日進月歩で変化している時代に、こんな古くさい手術道具をつかっている病院はほかになく、日頃からなんとかしなければと思っていたことが次々と口を突いて出てきた。皇太子妃の出産に、こんな道具が準備されていたと世間に知れたら非難されるだけではすまないかもしれない。

「ところで、その口振りからすると御懐妊ですかな」

星川氏はうなずき、「どうもそうらしいのです。宮内庁病院でのご出産もありうると思いますので、そのつもりでいてほしい」と、念を押すようにいった。

目崎氏は星川氏の言葉を黙って聞きながら、こんなボロ病院で大丈夫なのだろうかと

1960年当時の宮内庁病院入口

不安になってきた。星川氏の言葉が確かなら、宮内庁病院で出産されることはまず間違いがない。「これは困った」と目崎氏は思った。当時の宮内庁病院は、現在のそれとはちがい、一見して倉庫のような古い建物だった。ここに御料病棟をつくるとなれば、建物の改装程度でおさまるだろうか。目崎氏は落ち着かなくなってきた。

目崎氏が正式に妊娠検査を依頼されるのは、それから約一カ月後のことである。

昭和34年
6月5日（金）PM1：00　病院　星川侍医
御出産にはどんな器械が必要かお話あり。
6月19日（金）PM7：00　丸の内会館

小林東大教授
上記について軽い気持で話合ふ。
7月7日（火）PM7：00　病院　塚原御用掛
美智子妃殿下妊娠の疑あり。フリードマン氏反応実施について相談あり。
7月10日（金）PM1：00　病院　村山主管・星川侍医
フリードマン氏反応について打合せあり。
7月13日（月）AM8：00　東宮仮御所（常磐松）
御所に参上。
直ちに都立大久保病院産婦人科に於て三宅医長指示にて家兎4匹にて試験実施。
7月14日（火）AM10：00　都立大久保
妊娠反応陽性なるを認める。
佐藤侍医長　電話にて報告。
塚原宅　塚原御用掛　陽性なるを報告。
午後5時　塚原御用掛東宮御所伺候。

出産について東宮から度々相談を受けたことで、目崎氏は美智子妃の「御懐妊」が確実になったことを感じた。

皇室の前例からすれば、皇太子妃の出産には東大の産婦人科教授が主治医となるはずである。当時は小林隆教授であった。目崎氏は小林教授に連絡して会うことにした。目崎氏と小林教授はかつて近所に住んでいたこともあり、さらに妻同士が箏《こと》の稽古仲間であったことから互いに顔見知りであった。

このとき目崎氏は、東大の産婦人科教室で胎児の心音をとらえる装置が開発中であることをはじめて耳にする。目崎氏は膝を乗りだしてたずねた。

「そういう器械があることは知っていましたが、先生のところでつくっているとは初耳でした。もしもご懐妊となれば、その器械をご出産に使えるでしょうか」

小林教授の返事は明瞭ではなかった。いまだ研究中であり、美智子妃の出産に間に合うかどうかは断言できないと言葉を濁した。が、目崎氏はちがった。エレクトロニクスを駆使した器械の登場が、美智子妃の出産と重なったことに強い興奮をおぼえ、

「新しい帝室の歴史はエレクトロニクスで始まるのか」

と、目を輝かせながら聞いていた。

それからしばらく経った七月七日、目崎氏は塚原伊勢松御用掛から妊娠の検査を依頼される。宮内庁病院にいた目崎氏に、塚原氏はこういった。

「美智子妃殿下にご妊娠のお疑いがあります。至急、佐藤東宮侍医長とご相談のうえ、フリードマン反応で調べていただきたい」

現在では尿にふれるだけで簡単に検査できる試薬やエコー（超音波画像診断装置）で即座にわかるが、当時はこのフリードマン反応が最も確かな方法といわれた。

ただ、〈約2週間雄から隔離した成熟雌ウサギの耳静脈に被検尿10 mLを注射し、24～48時間後に開腹して卵巣を検する〉（『南山堂医学大辞典』）というように、妊娠がわかるまでのなんとも煩わしい手法と、多額の費用がかかることから、実際にはよほどのことがないかぎりテストを希望する妊婦はいなかったという。当然だろう。妊娠二カ月半もすぎれば身体の変調がはっきりと自覚できるのだから、妊婦はそれから病院を訪れればよかったのである。

このときの塚原氏の話では、まもなく妊娠六週目にはいり、出産予定日は翌年の三月三日とのことであった。

当時の宮内庁で、塚原氏ほど昭和天皇から厚い信頼を受けていた侍医はいなかった。香淳皇后の出産すべてに立ち会った侍医であり、昭和天皇から戦国時代の剣客・塚原卜伝を引き合いに出して「ボクデン」と呼ばれるほど慕われていた。美智子妃の妊娠がわかったこの年の春に侍医長を退いたが、そののちも昭和天皇の「身近にいてほしい」とのご要望で、昭和三十八年に八十歳で死去するまで宮内庁病院顧問として仕えている。

村山浩一医務主管兼院長の前任でもあった。

塚原氏は明治十五年、現在の埼玉県入間市に生まれた。苦学しながら東大医学部産婦人科学科を卒業。富山赤十字病院長などを歴任したあと、昭和十四年に侍医を拝命する。当時は侍医が二〇人ほどいて大所帯だった。塚原氏が侍医長になったのは戦後である。日崎氏を宮内庁病院に引き入れた水原秋桜子の大先輩でもあった。

当時の宮内庁職員録を開いてみると、塚原氏の連絡先は皇居内となっている。そのわけは「ある悲惨な出来事」がきっかけとなったという。それが起こったのは、昭和天皇の第一皇女である照宮が長男信彦氏を出産された昭和二十年三月だった。

照宮の「御懐妊」がわかったとき、塚原氏は水原氏に助手をつとめるようにと命じた。そのときのことを、水原秋桜子は次のように回想している。

〈御予定日は三月のはじめであったと記憶するが、空襲は次第に激しくなり、すでに彼処此処とひろい焼跡が眼に立つようになって来た。塚原先生と私とは一日置きに当直をしていたが、三月十日の朝、すこし御陣痛の御様子が見えるというので、その夜は先生と二人で当直することになった。（中略）今のうちに少し眠って置こうかなどと、話し合っているときに空襲警報が鳴りひびいた。しかし、ラジオをきいてみると、別にたいしたことではなさそうなので、やや安心していると、急に米軍機の侵入がつたえられ、四囲の状況が騒然としてきた〉

たいしたことではないどころか、Ｂ29爆撃機三二五機による東京大空襲だったのである。その日は北北西の風が吹き荒れていた。

〈当直室に帰り、二階へあがって窓をあけて見ると、僅かの刻の間に、四辺はすでに一面の火である。隣家との境の塀に兵士の一人が登っていて、「そこに焼夷弾が落下した」と叫ぶ。すると十人ほどの人影が素早く馳せ寄って消しとめてしまう。そんなことが繰り返されるうちに、見えるかぎりの町々はすべて火明りにつつまれてしまった。なんということだろうと、苦しい思いが胸を衝きあげて来た。無論、自分の家はどうなっているかという心配も湧く。塚原先生の家は深川で、その方角は殊《こと》に火色がつよい。折々高い火柱も噴きあげている。しかし先生も私も、この場合自分の家のことを語り合うことはしなかった。語り合っても、どうにもならぬ運命であると思ったからであった。

幸い、宮廷附近に落下する焼夷弾はなくなり、御分娩は順調に進んで、夜明頃に御安産になった〉（『文藝春秋』昭和三十四年十月号）

この空襲で本所《ほんじょ》、深川、浅草などの下町は壊滅し、東京三五区のうち三分の二は燃えさかる炎になめられ甚大な被害を受けた。塚原氏の自宅は深川にあったから空襲をもろに受け、家族もろとも焼かれてしまったのである。

ある侍医によれば、塚原家の悲劇に強い衝撃を受けた昭和天皇が、塚原氏に宮中で住んではどうかとすすめられたという。

「ところが、戦争中のことで、あいにく女官の宿舎近くの小さな建物しか空いていなかった。どうしたものか思案していると、昭和天皇が『ボクデンなら問題はなかろう』と

いわれ、そこに住むことになったと聞いております」(元宮内庁病院医師)

昭和天皇は、どんなにむずかしい顔をしていても、この「ボクデン」が姿をあらわすとにわかに相好を崩されたという。

その塚原氏から、美智子妃の妊娠検査の相談を受けて、目崎氏が都立大久保病院に出向いてフリードマン反応の試験を行うまで約一週間の空白がある。じつはこの間にも美智子妃の妊娠検査を行っていたのである。このときは美智子妃の名を秘し、宮内庁病院の職員の名で検査をした。これで妊娠がわかったため、あらためて検査をしたのが七月十三日だったというわけである。

それから二四時間後、「妊娠反応陽性」という結果を得た目崎氏は、そのことを東宮侍医長の佐藤久氏と塚原伊勢松氏に報告した。念のために三通りのテストで確認したことを伝えた上でこういった。

「妃殿下のご妊娠は間違いないと思われます」

それを聞いた塚原氏は「東宮にご報告してきます」といい残して出かけた。

塚原氏が東宮に出かけたのは、そのことを世間に発表すべきかどうか、皇太子をまじえて佐藤東宮侍医長らと相談するためであった。

7月15日(水)

東宮妃御妊娠のお疑を公表（滋賀県旅行中止の都合上）

美智子妃「御懐妊」の気配は噂となって濠の外へも伝わり、皇室を担当する記者たちは宮内庁関係者の周辺をあわただしく動き回っていた。かねてより公表されていた美智子妃の予定が突然変更されたことは、彼らの内にあった疑惑を確信に変えていた。

たとえば、七月五日に予定されていた皇太子や清宮《すがのみや》（のちの島津久永夫人貴子氏）とのテニスが、二日前の七月三日になっていきなり中止になったこともそうだった。宮内庁はその理由を「歯の治療のため」と発表した。さらに十三日には、国立西洋美術館の訪問を「風邪気味」という理由で取りやめられた。

それより前の七月一日に母子愛育病院を訪問され、白衣装で赤ちゃんを抱いた美智子妃が、案内の産婦人科医に「お産が終わったらすぐお乳を飲ませてもいいのですか」と熱心にたずねられていたことも、一連の予定変更と重ね合わせ、「御懐妊」の噂をいっそう裏づけることになった。

「宮中で吐かれた」という噂から、つわりの兆候ではないかと囁《ささや》かれたのもそのころである。実際、七月なかばから末にかけて美智子妃のつわりは激しく、吐き気や微熱がつづく日がしばしばあったという。

すでに七月二十日の日光をはじめ、八月六日から京都、滋賀への「御旅行」も決まっていて、「御懐妊」となればこれらを中止しなければならない。これ以上、曖昧にしておくわけにはいかなかった。

その一方で目崎氏は、フリードマン反応の結果だけで「ご妊娠は間違いない」と報告したことに一抹の不安があったのだろう、浩宮が無事誕生されたあと、宮内庁病院の関係者にこうもらしていたという。

「あのときは気が気じゃなかった。拝診もしないで検査だけで決断したんだからね。僕は発表を五カ月目まで待ってくれといったんだ。だけど妃殿下には滋賀県へご旅行の予定があって、それを中止するためにはどうしても発表しなければならないといわれてね。押し切られるかたちで、結局〃御懐妊の疑いあり〃という発表になった。拝診もしないで報告したので責任を感じていた。早く妊娠が確定する五カ月目に入ってほしいと、毎日それだけを祈っていたよ」

目崎氏の言葉をそのまま受けとるとおかしいことに気がつく。フリードマン反応による妊娠判定は、妊娠六週目以降は一〇〇％と信頼性が高かった。それなら妊娠されたかされないかで迷うことはない。では目崎氏は何を心配していたのか。

のちに目崎氏から当時の不安感を打ち明けられた医師によれば、

「目崎先生が心配したのは胞状奇胎《ほうじょうきたい》だったと思います。フリードマン反応は、胞状奇胎のような異常妊娠でも同じように陽性反応が出るのです。だから慎重になるのです。一般の人は妊娠といえば正常妊娠だと思いますからね。正常妊娠か異常妊娠かは、いまならエコーですぐわかりますが、フリードマン反応はしばらく検査をつづけないとわかりません。正確な判定ができてから発表しても遅くないじゃないか、というのが目崎さんの考えだったと思います」

つまり、目崎氏のいう「ご妊娠でなかったときのことを考えると」は、「正常なご妊娠でなかったときのことを考えると」と解釈すべきなのである。

受胎すると数週間後に胎盤となる絨毛《じゅうもう》が子宮の内膜にできる。これが異常増殖してブドウの房のようになってしまうのが胞状奇胎である。放っておくとガンのように転移することもある。妊娠しているかどうかは、絨毛性ゴナドトロピンというホルモンが分泌されているかどうかでわかるのだが、胞状奇胎でも同じようにこのホルモンが検出されて陽性反応を示す。

目崎氏が慎重になるのも当然である。が、「御懐妊」を発表するかどうかの最終的な判断は東宮侍医長にある。このときの侍医長は、目崎氏がまっ先に報告した佐藤侍医長だった。

星川氏によれば「佐藤侍医長はまず皇太子ご夫妻にご相談し、それから東宮大夫や東宮侍従長と話し合ったあと、発表という段取りになったと思われます」という。

目崎氏の不安をよそに、結局、翌十五日には黒木従達東宮侍従が記者会見を行い、

「美智子妃殿下におめでたの模様があるので、ご用心のため東京に残られてご静養になります」と発表する。この日、記者からコメントを求められた宇佐美毅宮内庁長官は、美智子妃はどこで出産されるのかとたずねられ、〈産婦人科の医師を侍医にするかどうか、お産室をどこにするかなどの具体的な問題はこれからきめる〉（『週刊平凡』昭和三十四年七月二十九日号）と語っている。事実、当時の宮内庁は美智子妃の産室に頭を痛めていたのである。

皇室の出産は「御静養室」で行うのが慣例であり、本来なら美智子妃の出産もそのはずであった。ところが、渋谷の東宮仮御所は関東大震災直後に建てられた古い建物であり、ここに「御静養室」を増築するのは無理と報告されていた。では、この年末に完成予定の東宮新御所はどうか。〈いま大宮御所跡に建築中の東宮新御所には、せまいながらもご静養室は予定されている。（中略）東宮新御所の工事に急ピッチがかけられることは、間違いないところである〉（『週刊サンケイ』昭和三十四年八月二日号）と報じた雑誌もあったが、当時はまだ基礎工事が終わったばかりで、尋常の方法ではとても間に合いそうもなかった。宮内庁にとってもこれほど早い「御懐妊」はまったくの予想外だったのである。工事を急がせることも考えたが、結局、無理をせずに宮内庁病院でと、関係者の意見が傾いていくのである。しかしこの時点ではまだ宮内庁病院に決定していたわけではなかった。

黒木侍従によるこの発表は、あくまでも非公式だった。正式な発表はこれより二カ月後の九月十五日になる。

戦前まで、〈御妊娠確定三カ月以降に行はせられる〉のが慣例であったことからこれに準拠したのだろう。しかし実質的に〈御妊娠八週目〉での発表となった。

当時のマスコミは、この発表を「異例の早期発表」として受けとめた。たしかに戦前の宮内省時代ならあり得ない早さだった。

明治三十四年五月一日付の東京朝日新聞を見ると、「親王御誕生」という見出しで昭和天皇がお生まれになった記事が載っているが、一面の五分の一ほどの、字数にして一四〇〇字余りのあっさりしたものである。それもトップ記事ではない。内容も宮内省の発表に多少つけ加える程度であった。大正時代の自由な空気の影響か、「御妊娠あそばされる」と未確認情報が紙面に登場するのは良子皇后の出産からである。これが昭和になると逆戻りし、そして戦後になってガラッと変わる。そこに希代の〝ミッチー・ブーム〟がわき起こったのである。

さらに昭和三十一年以降、新しい週刊誌が次々と登場していた。これらの主役は「世紀の大スター」である美智子妃だった。美智子妃の人気が過熱するにつれ、各社のスクープ合戦も抜きつ抜かれつの激しさを増していった。

宮内庁はあらぬ噂を書かれてはと、めずらしく前例を無視するかたちで「早期発表」

を決めたのだという。しかし最終的には皇太子や美智子妃も同意したということであり、東宮もこうした噂を恐れたのかもしれない。やむを得なかったとはいえ、たしかに戦前の発表にくらべたら、これは「異例」の早さにちがいなかった。

こうした早期発表に昭和天皇も疑問に思われたようで、昭和四十年四月二十二日に礼宮の「御懐妊」を発表した直後、当時の杉村昌雄侍医に次のようにもらされたと、目崎氏は記している。このときも妊娠八週目であった。

〈お上より次の様な御言葉があったときく。未だはっきりせぬ時期に何故に急いで発表せねばならなかったのか。流産することもあろうし又他の事もあろう。確実になって公表すべきである。外出云々の理由説明のためとすれば何も一々その理由を説明しなくてもよいではないか。都合に依り中止でよいではないか。〉

マスコミの影響力が強くなるにつれ、また国民の関心が高まるにつれ、天皇家の意向とは別に、このときの早期発表はその後も先例として慣例化していくのである。平成十三年四月十六日、雅子妃に「御懐妊の可能性あり」と発表されたときも、美智子妃より二週早い妊娠六週目前後だった。

8月17日（月）
小林東大教授　東宮職御用掛拝命
8月20日（木）午後　病院　小林御用掛
小林教授　御用掛として始めて塚原御用掛、村山医務主管、星川侍医と来院
分娩室、病室その他を視察され改造の打合せを行う

「御懐妊」の発表から約一カ月経った八月十七日、東大医学部産婦人科教室の小林隆教授は東宮職御用掛の下命を受ける。

元宮内庁事務官の山田喜代治氏は、御用掛は「企業でいえば顧問や相談役のようなもの」だといった。宮内庁の説明によれば、「本来宮内庁職員がお世話すべき業務を、その特殊性のために、専門的な知識や技能を持っている部外の専門家に依頼したほうが効率的である場合に発令する職名」が宮内庁御用掛だという。任命は宮内庁長官名で発令し、権限は職務内容によって異なり、「手当もそれに応じて支給される」非常勤の国家公務員ともいえる。

御用掛には「宮内庁御用掛」「東宮職御用掛」「侍従職御用掛」などがあり、東宮職御用掛は皇太子ご夫妻のための「顧問」である。この場合はもちろん「美智子妃御出産」

というプロジェクトの総責任者である。

小林教授はこのとき五十歳、明治四十二年生まれである。『東大産科婦人科学教室百年史　あゆみ』によれば、昭和八年に東京大学医学部を卒業したあと産婦人科教室に入局。戦後しばらく長野赤十字病院で産婦人科医長をつづけ、昭和二十三年に東大医学部講師に就任。昭和二十九年に助教授となり、産婦人科教室の教授に就いたのは昭和三十二年だった。

御用掛を拝命した小林教授は、まっ先に柏木登美乃東大産婦人科婦長を美智子妃の「御分娩介助」に指名した。つまり産婆役のことである。

柏木婦長は、大正七年に東京大学医学部助産婦学校の前身である東大産婆養成科を卒業。一五年ほど東大産婦人科に勤務したあと、実家のある和歌山で助産婦を開業していたが、昭和二十二年、小林教授の前任である長谷川敏雄教授に請われて東大産婦人科婦長になった。

ある元東宮事務官によれば「宮内庁病院には私立大出の医師が加わってもいいが、侍医は東大出、妃殿下がご出産するときの主治医は東大教授と昔から決まっている」のだという。あるときこの事務官は、塚原氏にその理由をたずねた。するとこう答えたという。

「いくら侍医でも臣下である。万が一のときがあれば責めを負わせることになる。世間の非難も浴びることだろう。だが、東大の教授なら、誰がみても最高の人物なのだから、国民は異論をはさまないはずだ。だから東大から小林君が来るんだ」

小林教授が御用掛に選ばれた第一の条件は、東大教授だったからである。当時はいまよりもはるかに東大教授の権威は絶対的であった。

日本のヒエラルキーのトップに君臨した天皇家の脈をみるのは日本の医学会に君臨する東大医学部教授という図式は、戦後になっても受け継がれていたのである。

御用掛を任命するのは宮内庁長官だが、実際には天皇から付託された、いわば全権大使のようなものだと、星川光正氏は語っている。

「日崎医師は宮内庁病院で出産する患者の主治医であっても、美智子妃殿下の主治医ではありません。普通の病院では考えられませんが、美智子妃殿下の主治医はあくまでも御用掛なのです。皇太子妃のご出産という大事件になると、東大から来られた先生が御用掛に任命されます。昭和天皇が宮内庁病院で手術を受けられたときも、東大医学部から外科の森岡恭彦教授に来ていただきました。宮内庁病院は、皇族の診療に臨むとき、そういうシステムで動くのです。だから浩宮様のときも東大の小林教授が御用掛になったのです。

御用掛は小林教授だけで、あとの医師団は御用掛のお手伝いをする立場です。御用掛には全権があり、出産に立ち会う医師団のメンバーに誰を選ぼうと、それは御用掛の権限なのです。あのとき小林教授は、自分の医局の若い助手を引き連れ、宮内庁病院に乗り込んでこられました。そのほうが使い勝手がよかったからでしょう。あくまでも御用掛が指示、命令系統のトップなのです。そして宮内庁病院は、ご出産の場所や医療器具、器械、設備などを提供し、所属する医師や看護婦はあくまで御用掛のお手伝いをする立場です。美智子妃殿下のご出産については御用掛である小林教授にすべてお任せし、こちらから口出しすることはありません。宮内庁の職員はそう心得ております。だから、医療スタッフの指示、命令系統が三者間で混乱するということはなかったはずです」

星川氏はそういうが、当時の宮内庁病院関係者の証言によれば、「東宮系、宮内庁病院系、東大産婦人科系のスタッフ三者が入り交じって、果たして事が円滑に運ぶだろうかという疑問が当初からありました」という。そして実際に、彼らの不安と危惧は現実になるのである。

それでも小林隆教授の御用掛就任は、最良の選択だったといわれた。それは、当時の新生児医療が置かれていた事情にあった。

昭和三十一年に賛育会病院小児科部長から外来医長兼講師として東大に招かれた馬場一雄氏は、その事情を次のように語っている。

「当時の新生児医療は未熟児対策が中心でした。ところが新生児医療は、日本のみならず海外でも、産科と小児科の間に取り残された谷間のような領域でした。未熟児の研究は産科と小児科の双方にかかわるのに、小児科は乳児を扱うのが本職と考えて新生児には目もくれない。産科は生まれるまでが領分で、生まれたあとは関係なしというわけです。とくに日本ではそれが顕著でした。それではいけないということで、昭和二十九年に東大小児科教授に着任された高津忠夫先生が、小児科に新生児医療を導入され、昭和三十一年に私が外来医長として行ったというわけです。それができたのも、この高津先生が産婦人科の小林隆先生と非常に仲がよかったからです。おふたりは、新生児はお産の段階から小児科がタッチし、産科も新生児期が終わるまで見届けなきゃいかんというお考えでした。当時としてはめずらしく、産科と小児科の境界の領域をディスカッションしようと、三カ月から半年に一回の割で合同カンファレンスが行われていました。そういうときにたまたま美智子妃殿下のご出産があったのです」

新生児は生後四週間までの赤ちゃんをいう。ちなみに、前出の中村医科工業の佐川和萬元専務によれば、新生児という言葉ができたのは「昭和二十八、九年のころで、それまでは新産児と呼ばれていました。私がある医療器械の展示会で新生児と書いたところ、産婦人科の先生から、新生児とは何だ、新産児だろうと叱られたことがありました」という。

誕生から四週間は、温かい羊水を飛びだし、肺呼吸に適応するための大事な期間である。ところが産婦人科は、自分たちの領域は赤ちゃんが生まれるまでと勝手に決めつけ、それも無事に産ませることを主眼にしたから、胎児のことよりも母体の健康を気遣った。一方の小児科医は生後四週間後の赤ちゃんを扱った。つまり、生まれてから四週間までの新生児は、産婦人科と小児科のどちらからも見放されていたのである。

未熟児で生まれる新生児を救おうとすれば、生まれる前から小児科医と産婦人科医が協力しなければならない。ところが双方の縄張り争いが、互いに協力しながら取り組むことを阻んできた。こうした状況を憂えた小児科医が、お産に立ち会いたいと思っても、「余計なことをするな、越権行為ではないか」と産婦人科医から非難された。むろんその逆も同じであった。とくに大学病院ではそれが激しかった。それを学閥にこだわらず、両者をスムーズに取りまとめるためには有能で誰からも信頼されているコーディネーターが必要だった。それが小林教授であり高津教授だったのである。

小林教授はしばしば「われわれ産婦人科医はどうも新生児に弱い」とこぼしていた。未熟児の研究には両者の協力が不可欠であることをよく知っていたからだ。

それともうひとつ、小林教授が卓越していたのは、当時それほど注目されていなかったＭＥ機器を、美智子妃の出産に取り入れようと決断したことだった。

浩宮の誕生に重要な役割を果たすＭＥ機器に、胎児の心音を記録する「胎児心音監視装置」がある。これは〈胎児危険の予知〉に必要不可欠といわれながら、当時の日本ではまだまだ研究段階だった。

美智子妃の出産で使われたこの装置は東大で試作したもので、日本ではじめての使用例だったともいわれる。製作したのは、東北大を卒業後、昭和三十三年に東大産婦人科教室へ入局した橋本武次医局員だった。

当時二十六歳の若い医局員は、めずらしく機械いじりが好きだった。そのかわりというか、朴訥《ぼくとつ》で社交性に乏しく、他の医局員たちと浮かれて騒ぐこともなかった。彼は正田家と同じ群馬県館林近郷の出身だった。すぐそばに正田家の本家もあったが、正田家とちがって橋本家は貧しかった。愚直ともいえる性格は、こうした生い立ちが影響しているのかもしれない。胎児の心音を捕捉することは、現在ならごく初歩的な技術でも、当時は相当の困難を覚悟しなければならなかった。成果をあげるには、コツコツと地道に研究を積み重ねる辛抱強さが求められた。

小林教授はそんな橋本氏の性格を読みとったのだろうか、彼に胎児心音監視装置の研究を命じた。そして橋本氏は、そのころ東大に出入りしていた浦上篤氏をパートナーに、この装置の開発に没頭するのである。

浦上氏は東京・板橋区で浦上医療化学株式会社という、社員二、三人の小さな医療機器の製造販売会社を経営していた。技術者だけの会社で、自分たちで設計しては外注で製造し、浦上氏が販売をしていたという。

〈胎児危険の予知〉のために当時の産科医がＭＥ機器に期待したのは、切迫仮死を早期に発見して仮死を防ぐことだった。それには胎児心拍数を知ることが重要だった。ちなみに、切迫仮死とは仮死が始まろうとする状態のことである。

胎児の切迫仮死を診断するには、①羊水の混濁、②胎児の末梢静脈血のpH値、③心拍数の変動のほか、④胎児心音の音色や強弱でもある程度のことがわかったといわれる。

なかでも心拍数の変動はきわめて重要で、たとえば胎児心拍数が一六〇以上の頻脈か一〇〇以下の徐脈がつづくと切迫仮死が疑われ、胎児の生命が危険にさらされているとして帝王切開による分娩が求められる。こうした判断に必要なのが、当時は胎児心音監視装置だったのである。

〈一分間に百四、五十。それは太鼓のように高らかに鳴り響いています。時々これが乱れ、一分間に百を切ることがあります。仮死状態にはいったことを意味します。直ちに応急処置が取られますが、こうした装置のため、今では、陣痛が始まった時に、胎児が生きていれば、死産ということは殆どなくなっているということです〉

これは昭和三十七年二月七日にＮＨＫで放映された科学番組「人間誕生」で、実際に新宿赤十字病院で使用されている胎児心音監視装置をとりあげたときのナレーションである。

私は胎児心音監視装置を製作した橋本氏にぜひ会いたいと思って自宅を訪ねたが、平成十二年四月に死去していたことがわかった。遺された妻の和子さんの手許には、専門誌に発表した論文が多数保管されていたが、胎児心音監視装置については簡単なレポートのみだった。この装置が製作された経緯については和子さんも知らされていない。のちに小林教授の跡を継いで教授となる坂元正一氏が、わずか次のように記憶しているだけである。

「東大では昭和二十六年ぐらいからMEの好きな人が研究をしていました。昭和十九年卒業の宮信一さん、二十二年卒業の安井志郎さんなどが中心でしたね。胎児の心音をとらえるのに、それまでトラウベと呼ばれるラッパのような形をした聴診器で聞いていたのを、なんとか器械でできないかと考えたわけです。つまりMEのはしりですね。ところが素地はできたのに、安井さんは開業し、宮さんは他の病院にいって途絶えてしまった。そんなとき橋本君が三十三年に東北大学からはいってきたんです。彼は生理学専攻でしたが、機械いじりが好きだというんで、小林先生からMEをやれといわれてはじめたのです。

当時はみんな手作りでした。雑音がはいらないように小型のマイクをお腹に押さえつけながら、『おお、よく聞こえますなぁ』なんてやってたんですよ。僕なんか『変なことやってるな』と思っていたほどですからね」

橋本氏は昭和三十三年に入局。開発に取りかかったのはその年の末だろう。

産科医療の進歩は胎児の情報をいかに正確にとらえるかにあるといわれ、胎児心音監視装置がその先陣を切ったともいえるが、すでに生まれた新生児にくらべ、子宮という臓器の中にいる胎児の状態をモニタリングすることは、真空管しかない当時の技術にすればまさしく〝未知への冒険〟だった。

大手医療機器メーカーの日本光電が、「胎児心音聴取装置MSC型をパンフレットに掲載するのは一九六五年」というから、美智子妃の出産当時はまだ世界的にも研究段階にあったと思われる。

胎児の状態を的確にとらえるには、心拍数の変動を監視するのがいちばんいいといわれる。胎児がある種のストレスを受ければそれに比例して心拍数が変化するからである。それまでは胎児の心拍数はトラウベ型聴診器で胎児の心音を直接耳で聴いて数えていたが、この方法で正確な診断をするには、音を聴き分ける職人的なカンが必要だった。しかしトラウベは、妊婦のお腹に直接あてて聴くのだから継続的なモニタリングはまず期待できない。そのうえ医者は無理な姿勢を強いられた。実際に使った医者によれば一〇分ぐらいが限度だったという。

メディカル・エレクトロニクスといっても、当時は二〇世紀初頭に発明された真空管が全盛の時代である。昭和三十四年にはトランジスタを使ったコンピュータもできたが、まだまだトランジスタは高価だった。昭和三十三年末にはテキサス・インスツルメントで集積回路ICも開発されたと報じられたが、当時の医師にはそれがどんなものか想像すらつかなかった。とりあえず一般に普及していた真空管を使って微弱な胎児の心音、心電、心拍を記録しようと研究がはじまったのだが、母体の心音や血流音を含めたさまざまなノイズをカットしなければならず、まさしく〈ノイズとの戦の時代〉（『周産期医療の実際』坂元正一監修）であったという。

電気的なモニタリングが可能になったのは戦後である。戦争によってレーダーやソナーなどの研究が進んだためだ。考えてみれば、羊水のなかの胎児をモニタリングすることは、海中の潜水艦を捕捉するのと似ていなくもない。

胎児の心音は二〇から二〇〇〇ヘルツだが、羊水や子宮壁、それに腹壁を通過すると高音域が失われて三〇から八〇ヘルツの低い周波数になる。母体の心音の二十分の一程度である。これをそのまま増幅すれば、五〇ヘルツの交流雑音だけでなく、母体から発生する低音域の雑音でかき消されてしまう。観測しやすい波形にするには、フィルター回路で五〇ヘルツ以下をカットするか減衰させ、それ以外の部分を増幅しなければならなかった。

これに成功したのはアメリカのＥ・Ｈ・ホンだった。一九五七年（昭和三十二年）のことである。

ホンの成功と前後するように、日本でも胎児の心音をとらえようと研究をつづけていた男たちがいた。そのひとりが、先にも述べた東北大から東大産婦人科教室に入局した橋本武次医局員だった。もちろん彼が使ったのも真空管だった。

当時の技術レベルでは、自動的に胎児の心拍数まで表示するのは不可能だったが、心音だけなら可能だと思われた。心音だけでも、たとえばこれをスピーカーで聞いているだけで胎児の状態がわかるはずだといわれた。

また、橋本氏は『産科と婦人科』（昭和三十五年九月号）に寄稿した「分娩時に於ける胎児心音の継続監視」という論文で、彼が胎児心音監視装置の開発にとりかかった理由を次のように記している。

〈現在はトラウベで胎児心音を聴取して、5秒間の心音数を連続3回数えて、その時の胎児の健康状態を推察しておるが、心音の律動並びに波形の変化は詳《つまび》らかに識別出来ない。分娩時、陣痛が次第に強くなると、かなり多数の例に於て胎児心音は著明に変動する。それ故この胎児心音を継続監視する必要がある〉

だが、監視装置の開発は困難をきわめた。人間の体内にはさまざまな雑音が交錯していて、そのなかから微弱な胎児の心音だけを、それも直接胎児にふれずに取り出すのは至難の業《わざ》だったからである。

開発にとりかかってからすでに半年が経過し、さらに美智子妃の出産が既定の事実となったのちも、完成の見込みすらつかなかった。

さらにこの装置が完成したとしてもあらたな問題が控えていた。斬新な電子機器であるがゆえに、保守的な皇室が受け容れてくれるかどうかの目途が立っていなかったのである。

それでも小林隆教授は、是が非でも胎児心音監視装置を完成させるようにと、橋本氏を叱咤激励していた。分娩室にはいってすぐ生まれる安産なら、分娩監視装置などに頼る必要はない。問題は早産や異常分娩である。これはある比率で必ず発生する。

たとえば厚生省大臣官房統計情報部編『人口動態統計』によれば、昭和四十八年で全国平均六・〇%の未熟児（低出生体重児）が出生している。一〇〇人につき六人とはいえ、未熟児が生まれる可能性を考えれば胎児の心音をモニタリングするのとしないのとでは診断に大きな差が生じてくるはずである。なにしろ〈新生児死亡の過半数は未熟児死亡で占められていた〉（『産婦人科20世紀の歩み』）のである。

目崎氏も小林教授の顔を見ると、

「ご出産までにあれは使えそうですか」

とたずねた。あれとはもちろん胎児心音監視装置のことである。

目崎氏は明治の生まれだが、もって生まれた好奇心のせいか、新しい器械が発売されると先ず手にとってみる性格だった。目崎氏と同じ昭和医専の後輩で、前出の倉山氏によれば、目崎氏はときどき奇抜な発想で周囲を驚かすことがあったという。

「私が宮内庁病院に勤務しているころでした。先生は子宮の中を見られたらいいなあ、といわれましてね。透明な風船を子宮にいれて膨らませるんだとか、その方法を説明してくれるんです。もちろん目崎氏の空想ですが、いろいろ斬新なことを考える先生でした」

胎児心音監視装置のような新しい医療器械に強い関心を示したのも、目崎氏のもって生まれた性分のせいだったといえる。

このほかに準備された重要な機器に、やむなく仮死状態で生まれた新生児を、蘇生させるための「新生児蘇生器《レスピレーター》」があった。これは当時、「未熟児のことなら杉本に任せろ」といわれた杉本毅医局員が製作したものである。杉本氏は東大産婦人科に入局してまだ四年目だった。

未熟児は肺機能が弱く、場合によっては自発呼吸ができないこともある。このため、加圧と減圧を交互に加えながら、未熟児の呼吸を助けるのが当時の蘇生器であった。簡単にいえば新生児用の人工呼吸器である。

この方式の蘇生器が日本に輸入されたのは昭和三十年である。ところが、それ以前にこれと同じものを日本で製作していた男がいた。それが、日本の〈新生児学の草分け的存在〉(『東大小児科の百年』)といわれた前出の馬場一雄医師だった。この蘇生器は馬場氏の独創ではなく、アメリカの雑誌に載っていた記事を読みながらつくったのだという。

「外形の絵を見、説明を読みながら考え、そのうちにウイスキーを一杯飲んで二杯飲んで、酔い潰れたときにはたと思い至ったんです。一定の圧以上になったら吸気になり、一定の圧以下になったら呼気になる自動調圧式のものでした。最終的には圧で調整するのはだめだということで使われなくなりましたが、これは蘇生器の原型だったと思います」

杉本氏が製作したものはこれと少しちがっていて、陰陽圧式の呼吸器のほかに、仮死で生まれたときにも即対処できるように羊水吸引器や酸素ボンベを一体化した装置である。杉本氏はいう。

「昭和三十年の論文を読むと、当時の蘇生術がいかに原始的かがよくわかります。仮死というのは、臍《へそ》の緒が胎児の首に巻きついたり、母親の産道が狭かったりしたときに起こりやすいのですが、生まれて五分間がリミットで、それを超えると赤ちゃんに障害が残ることもあります。これをいかに防ぐかが蘇生術ですが、当時は〝冷熱交互浴〟といって、冷たい水や熱いお湯に交互に浸けたり、逆さにぶら下げて胸やお尻を叩いたりといったかなり野蛮なものでした。あとは〝保育箱〟にいれて温かくして酸素を与えればいいという考えなんです。

赤ちゃんの口の中から羊水を吸い出すのも、新生児用吸引カテーテルという道具でストローのように吸っていましてね。吸った羊水は口の中に入ってこないように途中で溜まるようになっているのですが、羊水が多いと吸ってはいちいち吐き捨てないといけないから非常に効率が悪いんです。赤ちゃんの口にある羊水は、早く体外に出さないと肺炎になる恐れがあります。また、仮死で生まれた赤ちゃんは時間との競争なのに、こんなことをしてたら助けられるものも助けられなくなってしまう。こういう原始的な手作業でやるのではなく、モーターで素早く羊水を吸引する〝ダイヤフラム式吸引器〟を考案しました。電気掃除機のようなものと考えていただければ結構です。

赤ちゃんを寝かせるベッドも平たいものは駄目でした。少し頭が下がるようにすると口の中のものを飲み込まない。つまり赤ちゃんの体位が大事だとわかってきたのです。そこで頭のところが折れ曲がるようなベッドを、やわらかいウレタンのような材質でつくりました。このベッドの下に酸素ボンベを置き、横に吸引モーターをつけたのが考案した蘇生器でした。

それ以前にも、無呼吸で生まれた仮死状態の赤ちゃんには、カテーテルを挿管して強制的に呼吸させる方法や、〝陰陽圧式蘇生器〟という器械で対処できるようになっていましたが、私の考案した蘇生器は、そういう器械をシステマチックに組み合わせた最新式のものでした。赤ちゃんが第一呼吸をする前に喉の分泌物を吸い出し、それから酸素を与えるのです。元気な赤ちゃんが低酸素の状態にならないようにすることもこの器械の目的でした。すでに試作器はできていましたが、まだ市販されていなかったので、浩宮様ご誕生のときは医療メーカーに無理をいって作ってもらいました。ただし代金は後払いでしたが……」

ここで問題なのは与える酸素の量である。馬場氏はいう。

「昭和三十五年ごろというのは、すでに学会でも未熟児網膜症の問題が取り上げられていて、酸素を与えればいいという考えから、適量をコントロールするようになる移行期でした。ただ一般の小児科医や看護婦の方はそれほど意識していなかったと思います。スペシャリストの間でもこれが常識になるのは昭和四十年ごろになってからです」

馬場氏ら一部の研究者が警告したにもかかわらず、現場の医師は鈍感だった。このため、昭和三十年代前半に生まれた一五〇〇グラム未満の未熟児の多くから、酸素の過剰投与による失明が続発してのちに社会問題化する。

ただ、未熟児に過剰な酸素を与えると失明の可能性があることを知っていたとしても、当時はどの程度の酸素が適量かははっきりせず、新生児の失明を防ぐことと生命を第一とすることとの間で揺れていた医師も少なくなかったという。

ある日、杉本氏はいきなり小林教授から美智子妃担当を告げられてわが耳を疑った。のちに〝白い巨塔〟ともいわれる東大医学部で、講師や助教授を飛び越えて医局員がこのような大役に選ばれることなど思ってもみなかったからである。

「昭和三十四年のある日、東大医学部産婦人科医局の小林隆教授の秘書から『教授がお呼びです』と伝言がありました。はて何だろう、お目玉でも食らうのかなと、教授室に出向くと、小林先生から『美智子妃殿下のご出産の際、君にも頼むから、お子さまの処置に遺漏のないように待機していてほしい』といわれました。私は責任の重大さに言葉が出ませんでした。身が引き締まる思いで、あらためて胎児、新生児の本を読み漁《あさ》って気持ちを落ち着かせたほどです。医局には多くの先輩、同輩、後輩がいましたが、入局四年目の私に声がかかったのは、私が新生児の蘇生方法をいろいろ研究していたからだと思います。あのころは新生児を研究するひとはいませんでした。みんなホルモン（内分泌）かガンです。それを私がひとりでやってたんですね。だから、『新生児の仮死と蘇生なら杉本だ』という評価もあり、誰にも負けないと自負していました」

このとき杉本氏は、小林教授から「これからはいつも居場所をはっきりさせておくように。どこかで飲むときも、その店の電話番号を医局に連絡しておきなさい」と指示されたという。いつでも駆けつけられるようにとの配慮だから、東京を離れて遠方を旅行することも、連絡のとれない海や山にはいることも遠慮しなければならなかった。

橋本氏も杉本氏も、当時はまだ二十代の若さだった。助教授や講師といった肩書にこだわらず、小林教授がこうした若い医局員をいきなり「美智子妃御出産担当」に指名したのは、彼らの持つ新しい知識、つまり看板だけではない彼らの実力を評価したからである。

こうした蘇生器や保育器、それに胎児心音監視装置を含めた分娩監視装置が普及しはじめるのは昭和四十年代後半で、それまでは売り込みに行っても見向きもされなかったと佐川和萬氏（前出）はいう。そしてこんなエピソードを語ってくれた。

「昭和四十年ごろでした。墨田区のある病院から、未熟児が生まれたのですぐ保育器を持ってきてくれと電話がありました。それまで何度も保育器の売り込みに行ったのですが買ってくれなかった病院でした。あとで聞くと、生まれた未熟児は院長のお孫さんだったそうです。また、ある病院から、仮死で生まれそうだから大至急蘇生器を持ってきてくれといわれたこともありました。車に積んで信号無視で走りました。捕まったらパトカーに先導してもらうつもりでした。病院に着いたらもう生まれていましてね。皮膚もどす黒く、呼吸をしていない。大急ぎで蘇生器にいれ、羊水を吸い出して酸素を与えると、ぱっと顔が桜色に変わりました。うれしかったですね」

昭和四十年前後ですら一般の医師はこの程度の認識だったのである。

宮内庁にかぎらず役所というところは予算化してはじめて購入が可能となるため、医師たちは仕方なく、「いずれ宮内庁病院で買ってくれるし、それに名誉なことなんだからとりあえず貸してくれないか」と業者に頼み込んだという。

美智子妃出産の責任者は小林教授であることはいうまでもない。が、その一方で「実質的に現場で采配を振ったのは目崎先生」ともいわれた。「指図したのはすべて目崎さんだった」という証言もあったが、それはちがう。事実は「小林先生が医療機器のリストアップをしても、予算がないということで削られてしまう。かといって、学者タイプの小林先生に宮内庁と交渉できる能力があるとは思えない。困っていたところに、目崎先生が用度課や主計課との交渉役を買って出てくれた」(元宮内庁病院職員)から、現場を差配しているように見えたのである。用度課や主計課との交渉は目崎氏に適役だった。宮内庁の職員から一目置かれているだけでなく、悠然としているように見えて意外に几帳面だったからである。

神経質そうに見えておおらかな小林教授とは性格も正反対の目崎氏。このふたりが両輪となってこのプロジェクトを動かしていくのである。

では宮内庁病院が医療機器を購入する手順はどうなっていたのか。元宮内庁事務官の網野正次氏によれば、

「医者が物品係に請求し、物品係が用度課長に請求書を提出し、認められれば主計課が予算化します。ご出産に関するものは小林先生が目崎先生に申し出、目崎先生が必要と判断すれば物品係に請求する」という流れになっていたという。御用掛の小林教授が必要だと判断しても、用度課が難色を示せば購入がむずかしくなる。

なにしろ当時の宮内庁には、「妃殿下をモルモットにするおつもりかと反対された方もおり、できることならそういう新しい器械は使いたくない」(元医療機器販売会社役員)

という声もあったほど、新しいＭＥ機器に対する拒絶反応のようなものが根強く存在していたのである。取材中、しばしば「御用掛のひと言は天の声」という言葉を耳にしたが、最終的な決定権は御用掛にあっても、不用意に事を急げば摩擦を引き起こすだけである。問題が起こりそうになると、目崎氏はいそいそと用度課や主計課に出かけていき、「宮内庁病院で使われている器械の大部分は、昭和十六年に互助会病院を設立した当時に購入されたものです。新宮様が無事ご誕生されることを考えるなら、このような古い器具はすべて一新せねばなりません。そのための予算が削除されるというなら、私にはご出産の安全性は保障できません」

やんわりと恫喝《どうかつ》するような文句をはさみながら説得した。

目崎氏が宮内庁病院に新しい機器の導入をはかったのは、むろん美智子妃の出産に備えるためであることはいうまでもないが、それとは別にもうひとつの目論見があったからである。それは、「このチャンスにカビの生えたような宮内庁病院の医療機器を一新する」というものだった。ついでながら、病院の建物は実際にカビだらけだったという。

いずれにしろ、小林教授が有能なプロデューサーとすれば、目崎氏はいわば信頼のおける現場監督ともいえた。

９月１日（火）午後　本庁会議室　星川侍医

小林御用掛改造計畫案　新しく購入を必要とする器械類について星川侍医説明。星川侍医　改造及新規購入のものについて本庁との交渉に当る（東宮職として）。
9月2日（水）午後　東大　小林御用掛
改造案の打ち合わせ
9月8日（火）ＰＭ1：30　病院
工事打合せ

「これは大変な改造になりそうですな」

「妃殿下ご入院の際、入院中の患者をどうするかも問題ですね」

東大の教授室で目崎氏と小林教授は膝をつき合わせていた。

この時分、坂下門をはいって右に曲がり、しばらく歩くと右側に古い建物がみえてきた。これが美智子妃出産の舞台となる宮内庁病院だった。

のちに浩宮から「倉庫のような」と形容されたこの病院は、実際に倉庫としても使われ、美智子妃が入院したときも一部が倉庫だったのである。

ちなみに明仁皇太子が生まれた昭和八年、当時の宮内省は関東大震災で破損して改築中だったことから、仮庁舎として使われていたこの倉庫で記者発表が行われている。四人の内親王がつづいた後の男子誕生であり、倉庫の周囲では「バンザイ」の歓声が絶えなかったといわれる。

宮内庁の記録では、当時の宮内庁病院は鉄筋コンクリート造りの五階建て（建築面積一一五七平米、延べ床面積四八七九平米）となっている。しかし五階部分には仮小屋のようなものがあるだけで、実際は四階建てだった。ただ、濠跡の低地に建てられていたため、玄関が二階にあってしばしば三階建てに間違えられた。そのうえ風雨にさらされ、外観が変色してそのまま放置されていたから、木造だったと証言する人もいるほどである。

病院として使われていたのは建物の二階と三階である。二階に各科の診察室や事務室があり、三階は入院室と職員用の娯楽室があった。もっとも娯楽室といってもピンポン台が一台置かれているだけだった。一階と四階の一部が倉庫として使われていた以外は、空き部屋のまま放置されていた。倉庫をそのまま転用しただけの病院だから、床も壁もコンクリートの打ちっ放しだった。「医療設備がなければ病院だとは誰も思わないでしょう。カビ臭くてどうにもならなかった」と、当時勤務していた医師はいう。

この三階を美智子妃専用の産室に改造することになったのである。しかしこのフロアにはトイレも風呂もなく、もちろんエアコンはついていない。御料病棟に変えるのは「改造というよりも改築に近い」ものになりそうだった。

美智子妃の妊娠が確定したとき、東宮は聖路加病院から診断書を取り寄せた。聖路加病院は正田家かかりつけの病院だったからである。近代的な聖路加病院とはくらべるべくもなく、美智子妃にすれば「どうしてこんなところで」という思いをいだかれたとしても不思議ではなかった。

宮内庁病院は大正十五年の宮内省互助会診療所が出発点である。この名称からも想像できるように、あくまでも宮内省に勤務する職員や皇宮警察官のための病院だった。宮内庁によれば、皇族がこの診療所で出産した記録はないという。

当時は赤坂にあったが、翌昭和二年に永田町の御料地内に移った。現在の衆議院議長官舎の裏手あたりである。

診療所から宮内省互助会病院に昇格したのは太平洋戦争がはじまった昭和十六年である。やがて昭和二十年五月の空襲で建物すべてが焼失してしまい、皇居前にあった帝室林野局の建物を間借りするかたちで移転する。一階と二階が病院だったという。

戦後、帝室林野局はGHQに接収されて国営の「ホテル帝都」になったが、のちにこの建物が取り壊されてできたのが現在のパレスホテルである。

接収されたときにとりあえず移転したのが皇居内の古い倉庫だった。これがのちに美智子妃が出産される病院となる。

戦前は職員六二〇〇人を数えた宮内省も、昭和二十二年には職員がほぼ四分の一に縮小されて宮内府となり、さらに昭和二十四年には総理府の外局に格下げされて宮内庁になった。同時に宮内府病院は宮内庁病院に改称される。

宮内庁によれば、天皇や皇族の診療が主な目的となるのはこのときからだという。美智子妃の「御懐妊」が決まったとき、出産のための「御静養室」のかわりとして、消去法で選ばれたのが警備しやすいこの宮内庁病院だった。とはいえ、全国民が注目する美智子妃の出産場所としてはあまりにも貧相である。小林教授が御用掛を拝命してはじめて着手したのがこの病院の改造であった。

すでに述べたように、宮内庁病院といっても倉庫同然の建物である、この一部を「御料病棟」に改修しなければならない。この費用はどこから出たのだろうか。

皇室経済法には皇室費として、〈天皇家の私的生活費〉である内廷費と、国賓や公賓の接待といった天皇家の公的活動を支えるための宮廷費、それに〈皇族としての品位保持の資に充てるため〉の皇族費の三つが記されている。そのほかに宮内庁の予算である宮内庁費がある。内廷費には内帑《ないど》的経費や毎日のお食事代、掌典《しょうてん》や内掌典といった神事をつかさどる内廷職員の給与も含まれる。葉山や那須の御用邸で静養されるときの費用は内廷費。外遊されるときは宮廷費でも、おみやげ代は内廷費である。

昭和六十二年に昭和天皇が宮内庁病院で手術を受けられ、翌年にふたたび発病して大量の輸血をされたが、これらは「皇位」にかかる費用だから宮廷費になる。しかし、出産は天皇家の私的行事である。「御料病棟」も天皇家のみが使用できる私的な空間だから、当然内廷費から支出されるものと思うと、必ずしもそうではないようだ。

宮内庁は、「宮内庁病院の医療設備については、主として天皇皇后両陛下、及び皇族の診察等に使用するものは宮廷費で、それ以外のものは宮内庁費で購入しております」と説明するが、このあたりは非常にややこしく理解しづらい。

「一般的なご出産費用の大半は内廷費からだったと思いますが、これが複雑でしてね。やりくりは官房の中の主計課でやっておりました」と野本松彦元宮内庁秘書課長がいうように、予算の流れは実際にそれを配分したものでないとわからないのかもしれない。が、いずれにしろ国家予算から出ることだけは間違いない。

では宮内庁病院の改築費はどうか。どこを改築するかといった具体的な見積もりは「管理課の仕事」だったから、当面は目崎氏らが交渉する相手は管理課ということになる。まず管理課が承認し、そのあと主計課で予算を計上するというシステムなのである。

以下は小幡祥一郎元宮内庁管理部長の話である。小幡氏はもともと建設省の技官だったが、昭和三十二年に新宮殿建設計画が持ち上がったのを機に、臨時皇居造営部へ出向したまま定年まで宮内庁を離れることがなかった。

「浩宮様のご誕生当時、私は新宮殿の仕事に没頭していましたが、ご出産のために宮内庁病院の改築も担当した記憶があります。私のほうで工事したのは窓や床を改築する程度でたいしたことがなかったと思いますが、この費用は宮廷費から出ました。基本的に皇居内の施設の建築費や増改築費はすべて宮廷費からの出費です。宮内庁病院の場合もやはり宮廷費から支出されます。これらは前年に宮内庁の主計課が大蔵省に予算計上して、翌年度の宮廷費に組み込まれたのです。大蔵省との予算折衝は主に主計課長がやりますが、大蔵省出身の皇室経済主管が出向くこともあります。大蔵省の担当者は主計局の主計官で、そのなかの宮内庁担当と交渉するんです」

ちなみに昭和三十四年度におけるそれぞれの予算は、

内廷費　　五〇〇〇万円

宮廷費　四億五六二二万円

宮内庁費　四億七三二四万円

このなかから捻出し、それでも不足するとなれば、主計課が大蔵省と折衝することになる。が、当時の日本は敗戦からようやく立ち直ったばかりで、予算がふんだんにあるというわけではなかった。しかし〝世紀の慶事〟である。沸騰するような〝ミッチー・ブーム〟のなかで、世間が納得できないような出産は許されるはずがなかった。かといって何もかも認めるわけにはいかない。そのせめぎ合いの中に目崎氏がいたともいえる。

9月10日（木）　AM10：30　東宮御所

分娩職務分担その他についての佐藤東宮侍医長試案の協議。

村山医務主管、長官に御妊娠確定を報告
午後　病院　小林御用掛　来院打ち合わせ

職務分担というのは、たとえば分娩室にはいる者、沐浴《もくよく》室で待機する者、あるいは万一の場合の外科手術は誰が担当するかといった、美智子妃の出産にかかわる各職務を事前に振り分ける作業のことである。

職務分担の原案を作成したのは佐藤久東宮侍医長で、『目崎ノート』には次のように記されている。

一、分娩室
小林隆御用掛　御分娩主任
目崎鑛太医長　右補佐
柏木登美乃助産婦　御分娩介助（後産娩出後新宮さま処置）
大武くに乃助産婦　右補佐
斎藤法子看護婦　右補佐（雑用）
佐藤久侍医長　御分娩立会全般指揮連絡
後藤トモ子女医　御分娩記録及補佐

二、沐浴室
塚原伊勢松御用掛　全般相談役
村山浩一医務主管　全般指揮　初湯及皇孫拝診立会
由本正秋侍医　御初湯立会　皇孫拝診記録報道
大武くに乃助産婦　御初湯　産科的計測
田中キミ助産婦　右補佐準備
滝本ふみ子看護婦　右補佐
鈴村正勝東大助教授　御分娩主任補佐（保育器、蘇生器操作）
三、消毒準備室
星川光正侍医　消毒準備整備管理　輸血準備
鈴村正勝助教授　消毒準備指導
田中キミ助産婦　右補佐　沐浴補佐
佐藤ミヨ看護婦　右補佐
四、レントゲン室
小林隆御用掛　レントゲン撮影指揮
田中金司技官　撮影操作
柏木登美乃助産婦　右介助

五、産婦人科外来
宇野静夫医員　麻酔係
穂積良和医長　採血係
望月美代子看護婦　採血介助
六、病院薬局
田中省三薬局長　薬品及び調剤主任
中島薬剤員　右補佐
七、看護婦宿直室
橋本武次東大医局員　胎児心音測定器操作

職務分担は、想像以上に厳格だった。たとえば分娩室担当でないものは、どんな用件であっても分娩室には入れなかった。胎児心音監視装置を開発した橋本武次氏も分娩室担当ではない。よほど緊急の用件でなければ入ることは許されなかった。たとえば美智子妃が分娩室に入られたあと、装置に不具合があったからといって分娩室で点検するわけにはいかないのである。当時はインターホンがなかったから、用があればドア越しに伝えるしかなかったという。

この職務分担表によれば、分娩室に入室できるのは、小林隆御用掛と柏木登美乃助産婦の東大系、目崎鑛太医長ほか大武くに乃助産婦、後藤トモ子女医の宮内庁病院系、佐藤久侍医長と斎藤法子看護婦の東宮系のあわせて七名である。東大、宮内庁病院、東宮の三者がバランスよく配置されているのがわかる。

ここには杉本毅医局員の名前はないが、当日は沐浴室担当の鈴村助教授のかわりに杉本氏がはいり、鈴村氏と消毒準備室担当の星川侍医が分娩室にはいることになる。このほかに〝お見届け役〟も含めて結果的に総勢一〇名が分娩室の美智子妃を取り囲むことになる。

万全の態勢とはいえ、一女性の出産に一〇名もの人間がかかわるというのは尋常ではない。宮中では当たり前かもしれないが、民間から嫁いできた美智子妃が困惑されたとしても当然であった。

『目崎ノート』によれば、のちに礼宮を身ごもられたとき、佐藤東宮侍医長を通じてこんな希望を述べられたという。

〈両殿下の御希望意見　出来る丈人を入室させたくない。この前（浩宮出産のとき）は多すぎた。御料病院であるが病院のものは御料のものでないから遠慮して頂いて小人数にしたい。〉

ちなみに、このとき示された職務分担の原案は、なぜかその後も宙に浮いたまま放置され、最終的な顔ぶれが決定するのは年が明けた二月十一日、つまり出産の直前であった。

第三章　目崎鑛太の憂鬱

秋口になると、美智子妃が自らの手で肌着やオムツを縫われているといった記事が登場する。夕食後に編み物をする美智子妃の写真が宮内庁から発表され、いずれも民間出身らしい皇太子妃を強く印象づけた。肌着などデパートやスーパーに行けばいつでも手に入る現在、いちいち手で縫うことなど想像もつかないが、当時は都会に住む一部の人たちを別にして、それがごく平均的な庶民の日常だった。生地だけを買ってきて自分で縫うことが常識であったこの時代、若い女性はこぞって洋裁学校に通い、それが花嫁修業のひとつに数えられていたほどだった。デパートで買うなどというのは、資産に恵まれた一部の人たちの話題にすぎなかった。

宮本常一は『空からの民俗学』で、昭和四十六年に撮影された家の前に洗濯物が干された写真を見ながらこう書いている。

〈いつの間にかわれわれが身につける下着はすべて購入品にかわってしまった。昭和三〇年頃までは干されているものを見ると手縫いのものが多かった。ミシンで縫ってあっても、自製のものが少なくなかった。ということは下着に一定の型がなかった。と同時に、つぎのあたっているものが少なくなかった。つぎのあたったものを着なくなったのは昭和三五年頃が境であった。そして多くの女性たちはあまりミシンをつかわなくなって来た〉

「黄金の六〇年代」が顔を見せはじめた昭和三十年代なかば、衣類や日用雑貨品をそろえた総合的なスーパーマーケットが登場し、大量生産大量消費の既製服が市中に出回るようになった。もっとも既製服が登場したといっても、世間では産着やオムツなどはまだまだ母親が縫うものと思われていた。
それを皇太子妃という立場にありながら同じように手で縫う。過去の皇室では決して見ることができない風景だった。ささやかではあったが、この庶民性に誰もが新しい皇室の到来を予感したのである。

9月15日（火）
妊娠4ヶ月確定と発表。
柏木助産婦の言によれば35年が閏年であるので2月29日に御誕生されることを案じて（予定日を）3月初めとする。

日本人の平均寿命が男六十五・〇歳、女六十九・六歳と発表されたこの日、宮内庁は正式に「御妊娠四カ月と確定」したことを公表する。いまさらという感がないでもないが、宮内庁とすれば慣例としてこの日に記者会見をせざるを得なかったのだろう。宮内庁病院で出産されることもこのとき正式に認めたのだが、発表はそれだけではなかった。
〈こんどからは美智子妃ご自身の母乳で育て、公式行事への出席などで留守する場合は人工栄養で補うという方法をとることになった〉(『朝日新聞』昭和三十四年九月十五日付夕刊)として、これまでの乳人《めのと》制度を実質的に廃止することを宣言したのである。世間はこの決断に、「皇室の伝統にはなかった画期的な子育て」として喝采を送ると同時に意外さでもって迎えた。

ようやく飢えへの不安から抜けだした当時、粉ミルクで育てることは、憧れのアメリカからやってきた最新の育児法だと信じられていた。科学が万能だったこの時代、粉ミルクという人工栄養で育てることは、どこかしら先進国の仲間入りをした気分であった。それゆえに〝昭和のシンデレラ〟である美智子妃が母乳で育てると宣言したことは、時代と逆行するようで、どこか奇妙な印象を与えた。しかし皇太子家にとって、母乳で育てることの意味は、世間が感じたそれとはまったくちがっていた。

婚約の直前、皇太子は、「子供が生まれたら私たちの手許で育てる」と新しい育児方針を語られ、美智子妃も「合理的で科学的な」育児をと、皇太子の意見に同調されていた。

わが子を母乳で育てることは、育児を中心とした皇太子家の家庭革命だった。

こうした皇太子の発言は、たぶんに育てられた環境によるものと思われる。

「いまの陛下は、御所では雲上人《うんじょうびと》として少数の侍従たちに教育され、父親である昭和天皇に会われるときも儀礼的なことが多く、家庭的な温かみを感じることなくお育ちになっています。だからこそ、美智子様が浩宮様を一般家庭の子供と同じように育てたいと希望されたとき、その希望に賛成なさったのではないでしょうか」とある侍従はいう。世継ぎの皇子としての環境と孤独感。それへの反発がマイホームへの憧憬へと収斂《しゅうれん》していくのも、また自然といえるだろう。浜尾元侍従によれば、この話を聞いた良子皇后は涙を流し、「私だって親子いっしょに住みたかった」と声をくぐもらせたという。

いずれにしろ、その結果として乳人制度が廃止されるのだが、いつの間にか「美智子様がご自分のお乳で育てたいと強く主張された」からだとして、美智子妃の〝皇室改革〟だけが誇大に伝えられていった。

しかし昭和五十五年、昭和天皇が那須御用邸で、

「世間に伝わっていることは非常に間違っているように思う。(良子皇后が)乳母を頼ったのは夜中の一回だけであった。現在は人工栄養が非常にすすんだため、一般家庭においても乳母をもちいることがなくなった」

と語られたように、乳人制度はすでに昭和天皇の時代に実質的に形骸化していたのである。その理由の第一は粉ミルクの登場があったことである。そして第二に、せっかく乳人を置いても、いざ授乳となると緊張のあまり母乳が出なくなってしまうことがあったからといわれる。

皇太子の姉弟も特別なことがないかぎり乳人を頼ることはなかった。つまり、乳人制

度廃止といっても世間が騒ぐほどの「革命的決断」でも何でもなく、有名無実化していた制度を正式に認めただけにすぎなかったのである。

このとき三月上旬が美智子妃の出産予定日と発表された。

フリードマン反応では三月三日が予定日だった。しかし早まることはよくある。もしもそれが二月二十九日だったら、そして生まれるのが親王だったら、未来の天皇誕生日は四年に一度しかやってこない。

気がかりだったのは柏木婦長だけではなかったのか、そのときは三月一日に振り替えることが関係者の間で真剣に議論されたという。だが、この発表を聞いた新聞記者たちは、それとは別のことで頭を悩ませていた。

たとえば元読売新聞記者の星野甲子久氏の証言。

「宮内庁の発表では、美智子様の御出産予定は三月上旬でした。ところが、もし三月二日だったら、清宮様の誕生日と重なってしまう。いろいろ計算してみると、どうもそのへんでぶつかるようなんです。そうなったら両方の原稿を書かないといけない。いやあ、一時はどうなるかとほんとに焦りましたよ」

清宮とは、昭和天皇の第五皇女・清宮貴子内親王のことである。翌年の三月十日には、島津久永氏との結婚が決まっていた。

この三月は、美智子妃の出産を頂点に、重要な皇室行事がつづいていた。たとえば、

二月二十九日　清宮告期の儀（結婚の期日を正式に相手側に申し入れる儀式）。
三月二日　清宮誕生日。
三月六日　皇后誕生日。
三月七日　清宮朝見《ちょうけん》の儀（結婚のため両陛下へ公式のお別れを申しあげる）。
三月十日　清宮結婚式（島津久永氏と高輪光輪閣で）。

といった具合で、当時の宮内庁担当記者は、これを「三月決戦」と呼んでいた。

この発表より一二日後の九月二十七日、美智子妃ははじめて「胎動」を自覚する。胎児の運動を胎動という。胎児は妊娠初期から活発に活動しているが、妊婦が胎動を自覚するのは妊娠中期にはいってからである。初産婦が自覚するのは一般的に二二週ごろといわれる。

それより少し前の九月初旬、柏木登美乃婦長は美智子妃から胎動についてたずねられ、こんな説明をしている。

「胎動自覚というのは、たとえば小鳥を両手の中に拝むような形でつつんだとき、ヒクヒクと、その中で小鳥が動く、ああした感じのものなのでございます。これを感じる五カ月目からは、赤ちゃんは日に日に、どんどん大きくなるのでございます」

この時分だろうか。浜尾氏によれば、「妃殿下は正田様のお母様とめったにお会いになれなかったものですから、ご注意すべきことや胎教とかをよく電話で訊いてらしたみたいです」という。

かつて正田英三郎夫妻はドイツで生活をしたことがある。富美子夫人は四人の子供をドイツ式育児法で育てた。赤ちゃんが泣けばミルクを与えるのが当然と思われていた時代に、前もって授乳量と授乳時間を決め、それ以外はミルクを与えないという合理主義を徹底させた育児法だった。美智子妃はこのときのことをたずねられたのだろう。

胎児は順調に成長していた。

妊娠四カ月と発表した一一日後、気象庁の観測史上最大の伊勢湾台風が、愛知三重両県を中心に死者・行方不明者五〇〇〇余名の爪痕を残して去っていった。

9月19日（土）午後　東大　小林御用掛
　器械の打合せ。
9月23日（水）午後　虎ノ門《（ママ）》共済病院　織田医長
織田医長を訪ね、分娩室、Oxygen-Air-Pressure-Lock 等を見学。種々御意見を承る。
10月1日（木）ＰＭ５：００　東宮御所
東宮職併任発令（辞令別封）
両殿下へ御挨拶

塚原御用掛、後藤医員、大武、田中両助産婦発令

八月十七日に小林東大教授が東宮職御用掛を拝命したように、十月一日には目崎氏をはじめ、宮内庁病院の医師や看護婦にも東宮職併任の辞令があった。

彼らが単なる医師や看護婦としてではなく、東宮職という肩書を付与されたのには理由がある。

それは、後述するこのメモにも書かれているように、〈入院は名のみで結局は東宮御所の延長である〉という考えからだと思われる。

入院した患者をどう治療するかは、受け入れた病院にすべての権限があり、決定権はその主治医にある。これが入院する際の一般的な常識である。つまり、入院となれば東宮職が口をはさめなくなり、それでは困るというわけである。

そこにはあくまでも美智子妃の世話をするのは東宮職であり、東大や宮内庁病院の医師や看護婦ではないという自負がちらつく。誤解を恐れずにいえば、東宮という縄張りを病院にまで広げたということだろう。だから、形式的には宮内庁病院への入院でありながら、実際は東宮御所内の産室での出産と同じ方法をとったのである。

目崎氏ら宮内庁病院の職員を東宮職に任命したのはそのための布石であった。つまり東宮職兼任の肩書がついたということは、東宮の命令で動かされるということである。

しかし、実際には主治医である小林教授の命令で動くのだからなんともややこしく、これでは混乱しないほうが不思議である。

ちなみに、宮内庁病院の職員が東宮職を併任しても給料が増えるわけではない。手にするものといえば、せいぜい木杯や銀杯、あるいは銀のスプーンといった程度である。そのほかに、美智子妃とお生まれになった新宮の誕生日に招かれることになる。たいていオードブルやカナッペ、焼き鳥、サンドイッチといったものが並ぶごく簡単な立食パーティだったが、それでも目崎氏たちは充分に満足だった。

さて、〈東宮御所の延長である〉という考え方は、結果的に命令系統を複雑にし、現場を混乱におとしいれたといわれる。

名目上は御用掛である小林教授に絶対的な権限があった。戦前の御用掛には、高等官のなかでも一等から二等に相当する勅任官《ちょくにんかん》という官位が付与されたという。かなりの高位だった。戦後はさすがにこうした官位は与えられないが、それなりの格式はあったはずである。だが、図式通りにいかなかったところに問題があった。

往時を知る元宮内庁事務官は、言葉を選びながらこういった。

「ご出産の準備がいかに完璧でも、命令が複数あったら現場が困るんです。あのときは東大系、宮内庁病院系、東宮系と、三通りの命令がありましてね。それが下のほうにくると重なってくるんです。すると混乱が起きる。とくにかわいそうなのは現場の看護婦でした。命令がダブっても実行できるのはひとつなんです。そうすると無視された一方は、なんでいったことをちゃんとやらないんだと怒鳴ってくる。みんな偉い先生だから文句もいえない。陰で泣いている看護婦もいました。その看護婦も東大系、東宮系、宮内庁病院系と三通りに分かれているからさらにややこしいんです。かといって、何かあったときに誰が責任をとるかといえば、誰もとらない。ほんとに困りましたね」

こうした弊害は、とくに美智子妃が入院してからあらわになってくる。

時系列が前後するが、いま私の手許にある〈種々の問題の件〉と題したレポートを読むとそのことがよくわかる。浩宮誕生後に、おそらく目崎氏から秘書課に提出されたものと思われる。詳しい内容は書かれていないが、現場の混乱がおよそ伝わってくると思われるのでその一部を紹介する。三月二日というのは、美智子妃が浩宮を出産されたあと、宮内庁病院で静養されていたころである。

〈1．病院助産婦の活動の件

後藤女医員、柏木婦長、斎藤東宮看護婦及び大武田中両助産婦間に種々の感情問題ありて、東宮侍医（幹部）より以下の要望あり。

イ）当宿は3月2日まで

ロ）両助産婦は御料病室に関与しない

ハ） 3月3日朝より消毒準備は病院当宿看護婦が行うこと
この件に関し応接室に於て侍従、侍医、小林御用掛等の前にて星川侍医より協力方の要望あり。

当方のみ悪いように受取れるがおかしい。柏木斎藤両氏にも我儘な点があるのではないかと申すと、協力しないと申されるのかと申すので、今日まで協力しないことはなかったではないか、もう少し考へてほしい。

とにかく御望み通りにするように協力はしませう。

三人を説得す。三人とも私の望み通りに忍んで行動して頂き、誠に喜びに堪へず、要は三人に妃殿下に直接に色々させたくなかったように考へられる。

両助産婦は授乳、その他の材料作りに陰にて努力す。この忙しさと熱心さを佐藤東宮侍医長におみせする。
2．すべての準備は東宮職にて
予算購入すべて東宮職にて行い、病院産婦人科は御手伝い
3．入院は名のみであるので医者の活動範囲不明〉
〈後藤女医員〉は宮内庁病院の医師で、〈大武田中両助産婦〉も同じように宮内庁病院勤務の若い看護婦である。〈柏木婦長〉はいうまでもなく東大から出向している柏木登

美乃産婦人科婦長。〈斎藤東宮看護婦〉は皇太子が十三歳のときから仕えている大正二年生まれの斎藤法子看護婦で当時四十六歳。星川侍医によれば「東宮御所では有名な古参の看護婦でした。口うるさいひとで、若い看護婦をつかまえては『昔はそんなことはしなかった』とよく前例を持ち出して説教していました」という。

〈当宿は3月2日まで〉とあるのは、この両助産婦が宿直するのは三月二日までとし、それ以降はやめていただきたいということである。理由は不明だが、宿直に関して何らかのトラブルがあったのかもしれない。御静養室を通常の病室と見なして出入りする病院看護婦に対して、一時的とはいえ美智子妃の寝所である「御料病室」に出入りするのは越権行為と東宮職から反発があったのだろう。〈御料病室に関与しない〉というのは、御料病室は東宮の管轄であるから宮内庁病院の助産婦に入ってこられては困るということにちがいない。

どうやらこの三者に感情的な軋轢《あつれき》が頻発し、東宮幹部は星川侍医を通じて病院側に「余計なことをしてもらっては困る」と自粛を申し入れることで、とりあえず大武助産婦らを美智子妃から遠ざけようとしたのかと思われる。実際、当時の関係者にたずねると、具体的には語らないものの、「かなり険しい空気があった」と証言している。

ただ不思議なのは、柏木婦長に対する「要望」が書かれていないことである。柏木婦長は、東宮が呼んだ、いわば「客人」であり、それだけに遠慮があったのかもしれない。

宮内庁病院の看護婦は仲間うちだけに、遠慮する必要がなかったのだろう。

東宮側から一方的に病院側に非ありとされた目崎氏は、

「同じように努力しているのに病院の看護婦だけが悪いようにいわれるのはおかしい」

と抗議した。これに対して東宮側は目崎氏に、

「それは協力しないということか」

と、居丈高にかぶさってきた。結局、目崎氏のほうが折れざるを得ず、「お望みどおりにご協力いたします」と宣言するしかなかったのである。目崎氏はそのことを〈後藤女医員〉と〈大武田中両助産婦〉の三人にどんな表情で伝えたのだろうか。悔しくとも耐えて忍ぶしかなく、目崎氏の無念が浮かぶようである。

こうした混乱が起こったのは、病院出産というシステムに、かつて御静養室で出産されていたころのシステムをそのまま持ち込もうとしたからである。妃殿下のお世話をするのはわれわれと自負する東宮側。御用掛である小林教授を筆頭として、出産というプロジェクトを動かしているのはわれわれと自負する東大側。かといって通常の入院ならすべての権限を手にしたはずの宮内庁病院側。それぞれがそれぞれの立場を固守し、一艘《そう》の船に三人の船頭がいるごとく、三者三様の主導権がぶつかり合ってねじれてしまったのである。

御静養室での出産なら東宮の延長でよかった。しかし病院には病院の、東宮には東宮

のシステムがあり、それぞれのシステムが病院という場でぶつかり、そのひずみが現場の看護婦にあらわれたということだろう。机の上では完璧のはずだったプロジェクトも、寄せ集めの所帯ゆえの弊害があちこちにあらわれていた。たとえばその弊害を、元宮内庁職員はこう証言する。

「いつもなら目崎先生の指示を仰げばいいのですが、妃殿下のご出産では主治医が小林先生ですからすべて小林先生に相談しないといけない。ところが小林先生はいつも宮内庁病院にいるわけではないのです。その度に電話で問い合わせるものだから、何をいってるんだろうと思ったでしょうね。それは東宮の命令であっても同じです。ところが東宮にすれば、妃殿下のお世話は東宮なのだから、東宮のいうことを聞けとなります。東宮職併任となれば東宮の命令で動かないといけないんです。でも主治医は小林先生です。たとえ東宮の命令でも勝手にできない。そうすると東宮は無視されたと思ってお怒りになる。そういうことが度々ありました」

東宮主導は予算面にもあらわれていた。出産には薬品類のほか、ガーゼや硼酸綿《ほうさんめん》、絆《ばん》創膏《そうこう》、哺乳瓶といったようにさまざまな消耗品も準備しなければならない。これらを準備するのは宮内庁病院だった。ところが、器械類は別として、薬品類や消耗品の予算は東宮が握っているから東宮のほうがはるかに権限が大きい。たとえば東大からA社の哺乳瓶を準備してほしいと依頼があったとする。ところが東宮はB社のものがいいと主張する。同じものを二種類用意するわけにもいかず、病院の判断でA社の製品を準備したところ、東宮側から「B社といったのになぜA社のものを購入したのか」とクレームがつく。これではまるで、宮内庁病院は東宮に病室をリースしたようなものである。

それにしても、これほど露骨な縄張り意識は、いったいどこから生まれるのだろうか。侍医長であり宮内庁病院長だった塚原伊勢松氏は、美智子妃の「御懐妊」発表の前にすべての職務を辞任したが、「もしもあのまま院長だったら……」という声を取材中に何度も聞いた。実際、塚原氏を東宮職付にという意見もあった。しかし塚原氏は老齢を理由に固辞した。天皇や皇太子のそばにいればトイレも自由にならず、喜寿にちかい塚原氏には苦痛だったからだという。いずれにしろ、塚原氏が東宮職を拝命する可能性はなかったのだが、仮にそれが実現していたとすれば、あるいはこれほどギクシャクはしていなかったかもしれない。

10月7日（水）東宮御所
内著帯式　午前10時45分
祝宴　午後4時30分
東宮職員として御祝いに伺候

皇室で〝おめでた〟があったとき、安産を祈願する儀式を「著帯《ちゃくたい》（着帯）の儀」という。世間でいう岩田帯のことである。帯には下腹部の保温や胎児の位置を正常に保つという意味がある。正式には妊娠九カ月目の戌《いぬ》の日を選んで行うのがしきたりだが、皇室ではこの日のように五カ月目に行われるのを「内着帯」もしくは「仮着帯」ともいう。戌の日に行うのは犬のように出産が軽くなるようにとの願いからである。

帯は紅白の生平絹《きびらぎぬ》で長さ三・六メートルある。これを宮中三殿に供えたあと、蒔絵《まきえ》箱に納めて皇居または東宮御所へ届ける。この日、袿袴《うちきばかま》姿の美智子妃は女官長の介添えでこの帯を着けられ、宮中三殿に奉告して儀式は終わった。儀式には「帯親」が必要で、通常は皇族に依頼する。このときの帯親は高松宮だった。

「内著帯式」が終わって一週間後の十月十五日、渋谷区役所氷川出張所から美智子妃に母子手帳が交付された。

母子手帳は、「産めよ殖やせよ」のもとで行われた人口政策の一環として、昭和十七年に発足した妊産婦登録制度がその原型といわれるが、皇族でこの手帳をもらうのは美智子妃がはじめてだった。ただしこの母子手帳は母子手帳台帳には登録されず、無番号で美智子妃に渡されたといわれる。美智子妃が母子手帳を申請したのは、ひとりの母親として地元の母親学級に参加したかったからだという。もちろんこれは実現しなかった。「警備上の都合」というのがその理由である。

10月8日（木）午後　東大　小林御用掛
分娩室、器械等について打合せ
11月4日（水）病院　各医長
移転（各診療室）に関する医長会議
11月9日（月）移転
移転完了
11月10日（火）改造工事
改造工事始る
「まだ完成しませんか」
製作中の胎児心音監視装置を見学した目崎氏は、不安そうにたずねた。
「急がせてはおりますが、まだ無理のようです」
小林教授も焦っていた。
この出産でもっとも重要な役割を果たすだろうと思われた胎児心音監視装置は、予定日まで四カ月を切ったこの時点になってもまだ完成していなかった。ノイズをカットするフィルター回路が不安定でなかなか思うようにいかなかったのである。胎児の心音を確実に聴取できるのは妊娠七カ月以降といわれるからまだ多少の時間的余裕はあったが、目崎氏とすればできるだけ年内に完成することを願っていた。

この装置は橋本武次医局員が設計し、浦上医療化学の浦上篤氏が製作を担当したが、作業は徹夜でつづけられていた。作業はもちろん極秘である。ところが、美智子妃の出産でこの装置が開発されていることを察知した人物がいた。朝日ソノラマの藤巻隆氏だった。

『朝日ソノラマ』は昭和三十四年十二月に〝音の出る雑誌〟として創刊された月刊誌で、ソノシートがメインになっていた。ソノシートは塩化ビニール製のフィルムでできたレコードのことである。薄く柔軟性があって安価に仕上がるため、この時分はよく雑誌の付録などに利用された。

『朝日ソノラマ』の創刊号は女性の喜怒哀楽をテーマにしていた。そこで藤巻氏は、子供が生まれるときの母親の鼓動や産声を録音しようと、主だった都内の病院を駆けずり回った。企画は良かったが、どこの病院をたずねても断られた。予想外の苦戦になかばあきらめかけたとき、ある病院で、医療器械の売り込みにきていた浦上氏と出会った。

「きっかけは忘れた」と藤巻氏はいうが、このとき浦上氏からはじめて美智子妃の出産に、胎児心音監視装置という〝奇妙な〟器械が使われることを耳にした。

「浦上さんは当時四十歳前後で、おつむがかなり禿げあがっていました。色白で細長いドングリのような体型で、背丈は僕と同じで一六八センチぐらいかな。最初は営業マンかと思ったのですが、自営業だといってました。口の堅い人でしたが、親しくなるといろんなことを教えてくれました。

浦上さんは、胎児の心音をとらえるだけでなく、それを波形にして見ることができる装置を研究しているのだと教えてくれました。それを美智子様のご出産に使うと聞いたときはもうびっくりです。バックルのようなマイクを妊婦のお腹にあてて胎児の心音を録音するんだそうです。ダイヤルを回すとマイクロフォンにもなるように設計しているんだとか。この装置の完成にはかなり苦労していたようでした。たとえば、胎児の心音を録《と》ろうとすると、血管を流れる血液のノイズがはいってきたり、あるいは母体の心臓の音で胎児の心音が消されるんだそうです。これをカットしたいんだけど、なかなか思うようにいかないんだとこぼしていましたね。小林先生から、美智子様のために使うので急いで完成してほしいと尻を叩かれているんで、毎日徹夜つづきなんだと、ちょっと泣きが入っていました。僕が浦上さんに出会ったときは、まだ胎児心音計は完成していなかったと思います」

小林教授から「完全なものを」と要求された橋本氏と浦上氏は、何度も組み立てては分解するということを繰り返していた。汗をふきながらハンダ付けをしている橋本氏の姿に、外部の人が見たら誰も医者とは思わなかっただろう。「無理かもしれない」と愚痴をこぼす浦上氏に対し、もともと寡黙な橋本氏は、ただ黙々と実験をつづけていた。完成を急がなければならないのはこうしたモニタリング装置だけではなかった。早急に宮内庁病院の改造にもとりかかり、「御料病棟」を完成させねばならなかった。

小林教授が御用掛になったとき、「御料病棟」となる宮内庁病院三階を見て、あまりのボロさ加減に絶句したという。東大の病棟も築七〇年を経たボロだったが、宮内庁病院はそれに負けず劣らずのボロだったのである。

目崎氏は、小林教授より病室の改造案を示されたときから大規模な改造になるものと覚悟していた。そのために宮内庁から建築技官を東大病院へ行かせて調査にあたらせたほどであった。しかし、実際に工事に着手してみると、予想以上に本格的なものになった。

このときの改造工事はごく基礎的なものであったが、本格的な工事が始まるのは詳細な改造図が完成する十二月二十八日以降からである。

その改造図によれば、廊下をはさんで西側に分娩室、消毒準備室（器械室）、新生児室（沐浴室）、監視室（出産までは看護婦控え室）、東宮職事務室が並び、陽当たりのいい東側には御静養室、女官控え室、応接室などが連なっている。廊下はすべてリノリュームが敷き詰められることになっていた。

ちなみに朝日ソノラマの藤巻氏は、のちに浦上氏の紹介で目崎氏とも親しくなり、改造中の分娩室を見学している。

「冗談半分で分娩室を見学したいといったら、目崎先生はあっさりいいよと許可してくれたんです。分娩室は床と壁の中ほどまでタイル貼りでした。分娩台は旧式でした。ベッドも普通の病院で使っているものと同じで、意外に質素でした。たしか分娩台の上には吊革があった記憶があります」

分娩室や沐浴室の床は、いずれもグリーンのタイル貼りだった。いつでも水洗いができるようにと側溝がつけられ、さらに壁もできるだけ高くタイルが貼られた。

もともと建物は倉庫だから、トイレや風呂場といった生活に必要なものは一切なく、すべて新しく設置しなければならなかった。

窓も小さかった。このため各部屋の窓は大きく広げられ、さらに開けたときに外から虫が入ってこないようにと網戸もとりつけられた。

御静養室の窓はとくに大きくし、浴室と水洗トイレを設置したが、急造のためにペンキの臭いがなかなか抜けなかった。このころに撮影された宮内庁病院の写真を見ると、三階の窓だけ開け放たれているが、それはペンキの臭いを逃がすためであった。

分娩室の明かりは無影灯だった。手術などに使われる照明灯である。

三月出産予定とはいえ、かなり冷え込むことも想定して暖房器具を設置したが、基本的にはスチームによる暖房とした。緊急時にはまずガスストーブで暖め、そののちにスチームと電気ストーブで室温を一定にするという方法がとられた。

とくに新生児室は常に室温を一定に保つ必要があった。未熟児でなければ赤ちゃんの肌に直接触れる空気を暖めなければならない。未熟児なら保育器に入れられるが、外気温度と器内温度に差がありすぎると、保育器のプラスチックフードが曇って監視できなくなってしまう。おそらく〈室温を24度前後、湿度を50～60％〉（『未熟児の保育』船川幡夫他共著）に設定したはずである。このため、暖房には何度も念を入れたというが、実際に使ってみると室温が一定しなかった。浩宮が保育器に入れられたとき、宮内庁は「万全を期すため」と説明したが、新生児室の暖房がうまくコントロールできないための〝万全の処置〟ではなかったかと思われる。

湿度の調整にもかなり手こずった。現在のようなボタンひとつで湿度を一定に保つ加湿器がないため、昔からやっていたように、暖房器具の上に水を入れた金属製の皿を置いて蒸発させるという、きわめて原始的な方法がとられた。このため新生児室を担当した杉本医局員は最後まで湿度のコントロールに悩まされることになる。

11月17日（火）ＰＭ２：00　病院　小林御用掛
　工事視察、器械薬品等の打合せ
12月7日（月）午後　東大　小林御用掛

間宮、池田両技官と工事打合せ
12月10日(木)午後　東大　小林御用掛
　保育器視察
12月11日(金)午後　三立器械
小林御用掛、鈴村助教授、柏木婦長と分娩台の下見に出掛ける。
12月28日(月)　AM11:30　病院
小林御用掛、佐藤東宮侍医長、村山院長、星川侍医、柏木婦長、病院全医員、田中薬局長、田中レントゲン技師、事務長
医療に関する打合せ
分娩室、沐浴室、御静養室その他の改造図は別紙の如し

六〇年安保の改定をめぐる闘争は、岸首相退陣を旗印に大きな盛り上がりを見せ、国会周辺には連日緊迫した空気がみなぎっていた。この年の十一月二十七日には総評と合流した全学連、約二万七〇〇〇人のデモ隊が、警官隊の阻止を振り切って国会構内になだれ込み、東京は革命前夜の様相を見せはじめていた。在京の大学のなかでも全学連の主要メンバーがいた東大には、機動隊が二四時間張りつき、不審と思われた人物は片っ端から職務質問されるという有様だった。

それは若手医局員も同じで、夜間に宮内庁病院から東大に立ち寄ったりすると、しばしば赤門あたりで職務質問を受けた。杉本医局員もそのひとりだったが、「宮内庁病院から来たというと、たいてい『ご苦労様です』と解放してくれました」という。

予定日まであと三カ月となったころから、美智子妃の出産プロジェクトは、次第にその回転の速度を早め、宮内庁病院三階は深夜まで明かりが消えることがなかった。

医療器械について頻繁にミーティングが行われるようになるのはこのころだった。

あるとき佐藤東宮侍医長が、東大の高津忠夫小児科教授にこうたずねたことがあった。

「もしも未熟児でお生まれになったら、宮内庁病院で大丈夫でしょうか」

新宮が未熟児で誕生された場合、その哺育は産婦人科の小林教授から小児科の高津教授にバトンタッチされることになっていた。

小児科専門の佐藤侍医長としては気がかりだったのだろう。何事もなければそれに越したことはないが、東宮家の健康にすべての責任を負っている東宮侍医長とすれば、あらゆることを想定して、万全の対策をとっておかねばならなかった。そのなかでも、中心的な課題は未熟児で誕生されたときのことである。

高津教授は即座に返事せず、日をあらためて馬場助教授といっしょに宮内庁病院を下見することにした。

晴れた寒い日だった。佐藤侍医長は宮内庁病院の玄関で、高津教授があらわれるのを、コートの襟を立てて待っていた。

「いかがでしたか」

調査を終えた高津教授は、眼鏡の奥でしばらく考えていた。そして、

「この病院ではまず無理でしょう」

と、苦々しそうにこぼした。馬場助教授もその通りだと思った。「熟練した看護婦が良い保育器を使用するとき、未熟児保育によりよい成績が挙げられる」といわれたように、看護婦の質が未熟児保育の結果を左右する。器械類は買えばそれですむが、看護婦などのスペシャリストとなるとそうもいかない。ここではまず無理だろうというのがひと目見たときの馬場助教授の感想だった。同じことを高津教授はいったのである。

「未熟児でお生まれになった場合、二四時間体制で監視することになります。それにはトレーニングを受けたドクターとナースが三交代で監視できるだけの頭数が必要です。あいにくここには器械はあっても、そういうスタッフがおりません」

「ここでは無理だとすると、別の病院ということになりますが……」

「世田谷乳児院、日赤産院、賛育会病院などは設備も整っていますが、それでは小林先生が承知しないでしょう」

「私もそう思います。やはり東大でバックアップしていただくことになると思いますが、いかがでしょう」

「大丈夫だと思います」

佐藤侍医長も予想していたのか、それほど落胆した素振りはなかった。

いまでこそ四〇〇～五〇〇グラムの超未熟児でも無事に育つようになったが、すでに述べたように当時は「一五〇〇グラムでも生命の保証はできない」といわれた時代である。かなりのトレーニングを受けた医師や看護婦がいてもそうだから、未熟児を専門にするスタッフのいない宮内庁病院は問題外であった。

このときの報告を受けた東宮は、「もしも未熟児で生まれるようなことがあれば、東大に入院していただく」ことを決定する。

東大小児科ではそのためのインキュベーター（保育器）室を特別に準備することになった。それを任せられたのが馬場助教授だった。

「小児科病棟の三階の端っこに高津教授室があり、そのとなりの十二畳ほどの部屋があてがわれました。保育器はすでに東大の未熟児室にありましたからそれを使うことにしましたが、問題は床でしたね。あまりにもひどいので新しく貼り替えるかどうか、場合によったら酸素の配管を考えないといけないからそれをどうするかといったことが話題になった記憶があります」

もしも二五〇〇グラム未満なら、新生児室からここに運ばれることになる。二五〇〇グラム以上なら、その時点で馬場氏の役目は消える。結果的に馬場氏の出番がなかったことは、美智子妃の出産が順調だったことを示している。杉本氏や馬場氏のような若い医師がこうした大役に任ぜられたのは、いずれも当時の未熟児医療を担うトップランナーだったからである。

この前後から、目崎氏と小林教授はしばしば医療機器メーカーを訪ね、分娩台や保育器の視察をしている。とくに保育器は、器内を外気と遮断して強制換気をする閉鎖型が商品化されて以来、未熟児医療を加速度的に向上させていた。

最新式の保育器を目前にして興奮したのか、目崎氏はいたって饒舌《じょうぜつ》だった。

「新しいタイプがいろいろ出回っているようですが、温度はできるだけきめ細かく調節でき、故障してもそれとわかるように警報装置があるものがいいようですな」

医療機器のユーザーは病院にかぎられるために市場規模も小さく、それだけに大量生産には向かない。いまも東京の本郷界隈で小さな医療機器メーカーが軒《のき》を争っているのはそのためである。

このとき使われた保育器の正確な製品名までは記録に残されていない。ただ、当時の商品カタログが、本郷のアトムメディカル社にあるというので訪ねた。

アトムメディカル社がはじめて閉鎖型保育器を販売するのは昭和二十七年である。N-52型という商品名だった。これに改良を加え、昭和三十年にV-55型という、フード部分がオールプラスチックでできた閉鎖型の近代的保育器を発売した。美智子妃の出産に使われた保育器はおそらくこのV－55型と同型だと思われる。当時の価格で二五万円だった。

二五万円という価格は、現在の貨幣価値にしてどの程度のものか。昭和三十四年から三十五年にかけて、東京周辺の喫茶店で飲む珈琲一杯が六〇円、もりソバ三五円、豆腐一丁一五円、営団地下鉄の運賃が二五円均一だったことから推測すれば、およその見当がつくはずである。

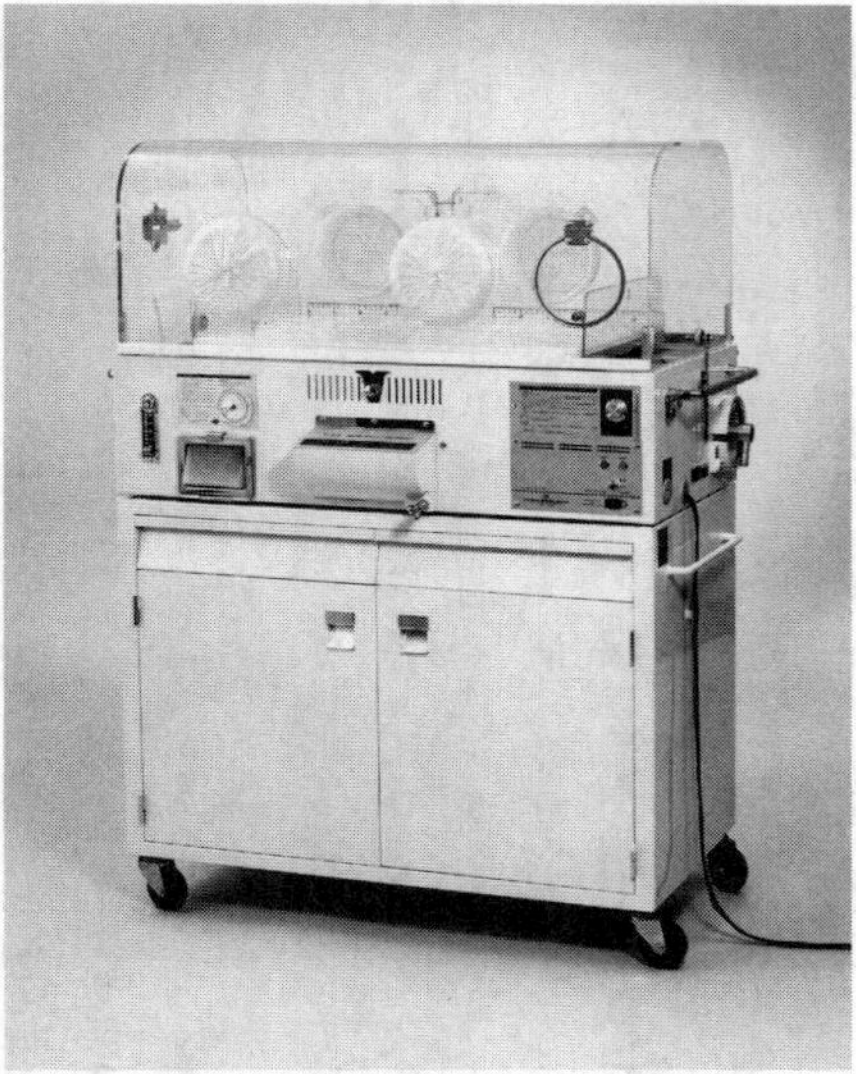

V－55型保育器（写真提供・アトムメディカル株式会社）

V－55型のパンフレットに書かれた解説によれば、モーターファンで取り入れられた空気が、内蔵されたヒーターで温められ、適度に加湿されて赤ちゃんのいる器内を循環するという仕組みである。空気はフィルターで濾過されるから細菌感染の心配はなかった。さらにスリーブという絞り窓があり、ここから手を入れればフードを開かなくても赤ちゃんに触れることができる。現在の閉鎖型保育器の基本性能はすべてそろっていた。ただ自動化はまだで、温度は温度計を、加湿は湿度計を見ながら人間の手でコントロールしなければならなかった。

胎児心音監視装置も、そして杉本氏が開発してアトムメディカル社に発注した蘇生器も、とりあえず業者の厚意で借りて後日代金を支払うことになるが、この保育器だけは宮内庁病院で購入したいと目崎氏は考えていた。

医療機器を視察して以来、ＭＥ機器の素晴らしさを熱心に説いてまわる目崎氏に動かされたのか、東宮ではこれら保育器や胎児心音監視装置の積極的な導入に傾いていく。

それにしても、である。この悠長さはいったいなんだろう。妊娠が確定されてからすでに五カ月、小林教授の御用掛拝命でこのプロジェクトが動き出して四カ月、ようやく〈保育器視察〉や〈分娩台の下見〉に出かけているのである。当時といまでは医療に対する考え方もちがうから一概にはいえないが、小林教授のいう〈絶対の安全性〉を念頭におけば、一日でも早めに手を打つべきではなかったのだろうか。生前、自ら「私はあわて者でね」と語っていたように、存外せっかちなところがあった目崎氏は、内心やきもきしていたにちがいない。やがてこれらの医療器械がまだテストもされないうちに、目崎氏の不安が現実になりかけるのである。

第四章　深夜の危機

昭和35年
1月12日（火）　AM5：00　病院
切迫早産
小林御用掛東宮御所にて種々の手当を施す。病院は塚原御用掛、村山院長始め一同集りて分娩に差支へなき準備を行い、東宮御所へ準備完了の電話するも、小林御用掛始め東宮幹部相談の結果、哺育の設備すべて不完全の理由にて（すでに哺育器準備完）万一危険の場合は東大産婦人科に入院と決め、東大にその準備を御依頼す。
1月13日（水）
大武、田中両助産婦　交互に東宮御所へ当宿

この前夜、皇太子夫妻は渋谷常磐松の東宮仮御所におられた。東宮新御所は当初の予定より五カ月遅れ、この五月に完成する予定であった。

その日は新御所を設計した谷口吉郎東工大教授が招かれ、窓にかけるカーテンなど、東宮御所にふさわしい調度品などについて話し合われた。このあと美智子妃はおやすみになったが、夜半ごろになって、

「お腹の張るような気がします」

と、にわかに腹部の圧迫感を訴えられた。

陣痛が始まろうとしていた。

仮御所は大騒ぎとなった。

東宮は全職員に非常招集をかけた。

午前一時、東宮から連絡を受けた小林教授はあわてて参殿した。目崎氏もかけつけた。が、早産の気配は一向におさまる様子がなかった。

小林教授から「いつも居場所をはっきりさせておくように」と指示されていた東大の医師や看護婦たちも連絡を受けてぞくぞくと東宮仮御所に集まってきた。

緊急の場合、当時はまだ電話が唯一の手段であり、ポケベルが登場するのは紀宮の誕生前後からである。

柏木看護婦長は蒼白になっていた。

万が一に備えて酸素テントも用意された。

東大入院の可能性も考え、侍従長と女官長はさっそく下検分に出かけた。

出産予定日までまだ四八日もあり、いま生まれたら「二〇〇〇グラムあるかどうか」の未熟児は確実だった。

妊娠八カ月の胎児の早産は、よほどの設備と熟練した看護がないかぎり、生まれても順調に育つ可能性はなかったといわれる。宮内庁病院には未熟児に知悉《ちしつ》している専門の看護婦はいなかった。それを考えると、宮内庁病院への入院は賭けに等しかった。

美智子妃の陣痛に医師たちははらはらしていた。腹痛は一〇分おきから五分、三分とだんだん短くなっていた。

明治生まれの柏木看護婦長は、のちにこのときの様子をこう語っている。

「あぶら汗をにじませられ、身の置きどころもないようにお苦しみの美智子様。いま思いかえしてもなんと申しあげていいか。私は美智子様のお腹に両手をあて、全神経をその手にあつめ、異常がこれ以上すすまないよう、もう夢中で、おがみたい気持ちでした。もしここで不慮のことが起きたら、私は切腹する、と本当に覚悟していたんです」

しかし陣痛の間隔は短くなるばかりだった。

日崎氏は不安を隠しきれなかった。手術台や保育器などの医療機器は整えたものの、真新しいそれらはいずれもテストされていない。もしも宮内庁病院に入院となれば一発勝負である。さらに改装も未完成で、保温や換気も充分でなかった。

東宮仮御所の前は、騒ぎを知ってかけつけた報道関係者の車であふれた。

記者たちは宮内庁の職員をつかまえ、美智子妃のご様子を聞き出そうとした。しかし、

「たいしたことはありません。単に腰が張るという状態です」

と口をそろえていった。

しかしこのあわただしさから、それは嘘だということはどの記者にもわかった。

「陣痛じゃないのか。ご早産ではないのか」

別の関係者をつかまえてたずねた。

「陣痛ではなく子宮収縮です」

曖昧な説明に、記者たちは釈然としない思いで佇《たたず》んでいた。

やがて東宮仮御所の前には先導のサイドカーや入院用の自動車が用意された。

美智子妃の早産は次第に明らかになっていった。

泰然としていた小林教授も、さすがにこのときばかりはあわてた。

昭和三十二年入局の水野正彦医局員は、前出の東大産婦人科教室百年史を綴った『あゆみ』にこんなふうに当時の緊迫した雰囲気を紹介している。

〈小林先生が医局にこられて、「切迫早産なんて、どうしたら良いもんかねえ」と、残っている何人かに相談されてるんです。そのころは、プロジェステロンを最初に注射しまして、プロジェステロンのデポを加えて、そのほかにオピスタンを注射していたんですね。陣痛を抑制するために。「オピスタンをどんなふうに注射したら良いものだろうか」と相談を皆に持ちかけられて、ずいぶん、切迫感があったんです〉

プロジェステロンというのは「妊娠を維持するホルモン」といわれる黄体ホルモンのことである。ピルの原料になることから排卵を抑制するホルモンともいえる。妊娠中に黄体ホルモンが不足すると流産しやすいことから、当時は切迫流産を防ぐのによく用いられた。〈プロジェステロンのデポ〉というのは、プロジェステロンを油性にしたもので、こうするのは徐々に体内で溶けて効果が長時間持続するからである。ちなみに最近ではめったに黄体ホルモンは使われない。

オピスタンというのは麻酔薬の一種である。小林教授が医局員にオピスタンの使い方をたずねたのは、陣痛による痛みを弱めるためであることはいうまでもないが、「小林先生は内分泌が専門で、麻酔は経験がないからあわてたんでしょう」と当時の医局員はいう。

このときはまだ心拍数計はもちろんのこと、胎児心音監視装置も完成していない。現在なら、エコーと呼ばれる超音波モニターをつかえば、お腹をなぞるだけで胎児の様子をモニターテレビに映しだすことができる。しかし当時はまだ胎児の心音さえつかめず、黄体ホルモンを注射しても、あとは天に祈るしかなかったのである。

小林教授は、プロジェステロンで応急手当をする一方、急遽関係者を集めて会議を開いた。集まったものの、この事態を回避する智恵など浮かぶはずがなく、言葉はなかった。

「異常産だとすると、やはりスタッフの多い東大でないと無理でしょう」

仮御所の庭園は小雨で煙っていた。

不測の事態を考えると、未熟児センターのある東大病院のほうがバックアップしやすい。小林教授の強い主張が聞き入れられ、東大病院への入院が決定した。

生前、目崎氏は、宮内庁病院への入院を断念した経緯をこう語っていた。

「手術台や保育器などの準備は全部整ったのだが、期待していた心音監視装置はまだ完成していなかった。それに換気や暖房も完全ではなかった。そのうえ五〇日ちかい早産だと専門の看護婦が必要なのに、宮内庁病院には一人もいないんだ。その点、東大病院にはそういう看護婦がそろっているし、未熟児に慣れた若い先生もいる。小林先生もやりやすいだろう。少なくとも宮内庁病院より安心できる。そういうことがあって、東大病院に入院することを東宮のほうでお決めになったんだよ」

東大病院も宮内庁病院と肩を並べるほど古い建物だった。だが、ここには未熟児を専門とする一流のスタッフがそろっていた。それだけでも宮内庁病院とは比較にならなかった。

もしも未熟児なら、というよりその可能性が確実となったいま、少なくとも三交代二四時間体制で治療をつづけられる専門の医師と看護婦が必要だった。東大病院ではなんとか対応できても、宮内庁病院ではまず不可能だった。

侍従から東大に入院が決定したことを受けた東大病院は、入院していた一般患者に部屋替えを要請し、いちばん新しい外科病室の掃除に取りかかった。ところが途中でこれを変更し、「産婦人科病棟西南の一等室四部屋」を美智子妃の出産にあてることになった。いずれも十畳ほどの広さだった。

昭和三十四年に東大産婦人科へ入局した遠藤正文氏は、東大病院に急遽御料病棟ができたことを、前出の『あゆみ』で次のように書いている。

〈緊張感の漂う医局の雰囲気の中で、急遽、美智子妃ご入院のための病室改築工事が始められた。当時の産婦人科病棟はご存知のとおりの木造の旧建築であったので、少なくともこのような高貴なお方をお受けするには不充分と判断されたのであろうか。通称「3の側」と呼ばれた病棟の一角に改築の手が加えられた。改築病棟の周囲にはさっそく鉄条網が張られ、周辺は立入禁止区域となって、内部のようすを窺うことすら不可能であった。病棟の改築といっても、ことは急がなければならない。全面的な改造工事は無理で、内装的な改築に終始せざるを得なかったようである〉

ここで出産され、未熟児なら、すでに馬場氏が準備している保育室に運ばれる手はずになっていた。

改装工事は小児科教授も含めた関係者全員でつづけられた。部屋は天井から窓ガラスまで磨きあげられ、ベッドも椅子も新品のものが運ばれた。電灯はシャンデリアに取り替えられ、窓には淡いピンク色のカーテンが下げられた。歩けばギシギシと音をたてる床には赤い絨毯が敷かれた。病棟の周囲にはバリケードも築かれた。

「あのうすぎたない病室が、見違えるばかりになったのには驚きました」

と当時の医師はいう。

だが、当時の写真を見るかぎりとても御料病棟とは思えない。まるで戦前の木造校舎のようである。倉庫といっても疑われないだろう。なにしろ〈我が教室70年の歴史〉(『あゆみ』)を背負った歴史的遺物なのだ。改装といってもおのずと限界があった。

〝戦後〟を脱し、岩戸景気といわれた高度経済成長に酔いしれながら、美智子妃のためにこんな病室しか準備できなかったところに、まだ日本の貧しさがあったのである。

目崎氏は佐藤東宮侍医長に準備完了を報告した。が、設備は整ったものの、まだ不安の種が残っていた。肝腎の職務分担の打ち合わせがすんでいなかったのである。

小林教授の門下生である医師によれば、一見して神経質そうな小林教授は意外にも「よくいえばざっくばらん、悪くいえばアバウトな人」だったという。細部にこだわらない鷹揚さが、学閥を超えた結集を可能にしたのだが、逆にそれが裏目に出ると「決定を先延ばしにするため、いざというときは後手にまわる」といった危機を孕《はら》んでいた。

このままでは大混乱になるおそれもあった。「宮内庁の今東光」と慕われ、笑みをたやすことのなかった目崎氏も、さすがに顔をこわばらせていた。

不快な圧迫感が、周期的に美智子妃を襲っていた。が、医師たちにはどうすることもできず、ただ悶々と時を過ごすしかなかった。目崎氏はひたすら祈りつづけた。

このときの緊迫感を佐藤東宮侍医長はこう記している。

〈招集を受けて急ぎ参殿した職員も、寂《せき》として声なく、御所内は不安憂愁の気にまったく閉ざされてしまった。「ご妊娠経過に万一のことがあったら……」と、一瞬想像するだけでも、私は全身の血がひく思いであった。われわれの控え室には、たえまなく深刻な空気が流れ、一喜一憂、ただ小林さんの顔色をうかがって、時の移るのを忘れていた〉(『浩宮さま』)

午前六時五十分、東の空が明るくなりはじめた。

〈やがて、だれかが、「ああ、もうスズメが鳴きだした」とうわごとのような声をたてたが、みんな黙って、窓外へうつろな目を向けただけであった。そして、朝食とも昼食ともつかぬものを、味気なく、ただ機械的に口に運んでいた〉(同)

応急手当の効果があらわれたのか、美智子妃の表情に明るさがよみがえってきた。それは「朝の光がうっすらと東宮仮御所の窓を白ませたころだった」(柏木氏)という。

午前九時ごろには圧迫感もやわらいできた。集まった医師たちも看護婦たちも一様にほっと表情をやわらげた。この日いっぱい様子を見た小林教授は、夜九時ごろに「早産や流産の心配はない」と診断してようやく警戒態勢は解かれた。

このあとどうなったか、当時の記事は次のように伝えている。

〈十二日の〝腹痛〟以来、美智子妃殿下は二十三日の着帯式直前までほとんど絶対安静の状態で、黄体ホルモン注射をつづけられた。

軽い散歩などを試みられるのもここ二、三日のことだ。宮内庁側では十三日以降「完全に常態に復した」と言明しているし、十六日には東大病院の入院予約も解除したと発表した。

ところが、その二日後の十四日に妃は再び陣痛が起きているのだ。

今回は前回とくらべて多少軽い御様子だが十四日夜小林教授は呼出しをうけて東宮仮御所にかけつけている。

更《さら》に宮内庁の発表にもかかわらず東大病院で先の入院態勢を解除したのは小児科が十九日のことで、産婦人科では依然として三室をそのまま確保している〉（『週刊文春』昭和三十五年二月八日号）

この早産騒ぎほど関係者を恐怖におとしいれたことはなかった。目崎氏も小林教授もまるで金縛りにでもあったように、臨時の御料病棟に入院という臨戦態勢を最後まで解くことができなかったのである。

これより三日後の十五日、宮内庁では美智子妃の「健康看護係」を決めた。選ばれたのは水戸日赤病院の総合手術室に勤務する滝本ふみ子看護婦（当時二十四歳）だった。

正式な職名は「東宮職内廷奉職」というが、簡単にいえば美智子妃専用の看護婦である。

のちに侍医長となった星川氏によれば「看護婦の採用は侍医長の仕事でした。私が侍医長のころも原宿にある看護婦協会に看護婦の派遣を依頼していた」というから、滝本看護婦も佐藤侍医長が採用したものと思われる。これで東宮の看護婦は三人となり、それぞれが交代で宿直しながら二四時間体制で詰めることになる。

1月16日（土）病院
東宮大夫鈴木氏、山田東宮侍従長、牧野女官長、小林御用掛、柏木婦長、斎藤東宮看護婦、星川侍医、石谷事務官、来院。分娩室、御静養室視察
医療関係者のみにて打合せ会議
1月18日（月）東大　小林御用掛
①電気吸引器　②酸素テント　③蘇生器　④酸素濃度計　⑤胎児心音監視装置器等、試験見学。
⑤は使用の満足を得られず。
御用掛より全部備へたき希望ありたるも⑤は更に研究を依頼希望す。

一月十八日、目崎氏は東大産婦人科教室で医療機器の試験に立ち会った。電気吸引器や酸素テント、それに酸素濃度計はすでに市販されていて、わざわざテストをするほどのこともなかった。蘇生器も早くから杉本氏の手で完成され、実際の出産

で何度も使用されて安全性は確認されていた。しかし胎児心音監視装置だけは、〈⑤は更に研究を依頼希望す〉と書かれているように未完成だったのである。予定日まで四〇日余りとなったこの段階になっても、橋本氏らによる胎児心音監視装置の試作が、いまだ極秘のうちにつづけられていた。

美智子妃の出産に間に合わせようとするなら、テスト期間も含めて最低でも一カ月前には完成していなければならない。とすれば、あと二週間足らずの猶予である。完成するかどうかは橋本氏と浦上氏の両氏にかかっていた。

橋本氏は生前、妻の和子さんに、それこそ寝食を忘れての研究だったと語っていたという。

「あの心音監視の器械を完成させるのに、夫はずっと徹夜続きだったそうです。その頃、発売されたばかりのチキンラーメン（昭和三十三年発売）をすすりながら研究をしたといっておりました」

胎児心音監視装置の開発が困難をきわめた理由はどこにあったのか、前出の論文「分娩時に於ける胎児心音の継続監視」によれば、この装置は大きく次の四つの部分にわかれている。

一、圧電型マイクロフォンによる「検音部」

二、微弱の胎児心音を増幅して観測するための「増幅兼観測器」

三、ノイズと同じ低域周波数をカットするための「フィルター回路」
四、紙に記録するための熱ペン式「記録器」とテープレコーダーを使った「録音器」
この論文でとくに強調しているのが「フィルター回路」である。わざわざその配線図まで紹介しているのは、橋本氏にとって自慢できるものだったからだろう。すでに述べたように、当時は〈ノイズとの戦の時代〉だったことを思えば、おそらく開発に時間がかかったのはノイズをカットする「フィルター回路」だったことが充分に想像できる。ようやく完成したものを披露したが、小林教授にはまだ満足すべきものでなかったのか、〈更に研究を依頼希望す〉とした。しかし出産は目前に迫っていた。

小林教授が首をたてに振らなかったのは、集音マイクの「周波数特性」にあったのではないだろうかというのは、当時浦上氏から技術的な相談を受けていた小林勇治技師（のち、ひかり電測器社長）である。

「浦上さんは、心音を検出するマイクの開発に苦労していたようです。胎児心音の微弱信号が拾いきれなかったのです。いくつもマイクを並べてテストをしていましたが、周波数特性にばらつきがあって困っていました。私は浦上さんから相談を受け、入念にマイクを検査してあげた記憶があります。浦上さんからうまくいったと連絡をいただいたのは検査が終わった翌日でした」

小林教授はこの装置をなんとしてでも使おうと考えた。なぜなら、美智子妃の出産で医師たちに課せられたのは〈絶対の安全性の確保〉であり、出産における不測の事態に対処できるのは、経験やカンよりも、こうした技術のほうがはるかにすぐれていることを知っていたからである。その理由を、目崎氏はこう記している。

〈胎児の健否を知るには胎児心音を測定してそれにより推察する以外他に方法はない。従来はトラウベを用いて聴診していたが、原音が微弱な時は聴取が困難であり、且不自由な姿勢をとらなければならないので、間歇的にしか聴診することができなかった。この為、突発的に発生した異常に気づかずに時を過す危険性も存在していた。

この度の御分娩に当っては新しい電気的装置による胎児心音監視を実施した。この装置の概略は、母体より発生する色々な音の中から、胎児心音のみを分離、それを一万倍に拡大して継続的にスピーカーで聴取し、その波形をブラウン管によって観察して同時にこれを自動的に記録するものである。この方法によれば微細な変化が何時発生しても直ちにこれを正確に知り適切な処置を行うことができる。〉

小林教授は東大産婦人科教授に就任したとき、今後の産婦人科教室が取り組むべき課題として〈ホルモン（内分泌）、癌、妊娠中毒症およびＭＥ〉（『あゆみ』）の四つをあげた。

当時はホルモンとガンに注目しても、MEに関心をふりむける研究者は少なかった。そうしたなかで、小林教授の先見性には注目すべきものがあった。保守性の強い皇室にMEを導入できたのも、進取の気風に富んだ小林教授のMEへの積極的な関心があったからともいえた。

その一方で、宮内庁には新しい器械の導入に抵抗する人たちがいたことはすでに述べたが、反対したのは事務方だけではない。真空管で増幅した心音よりも、トラウベ聴診器で直接耳に触れた心音のほうが確かではないか、という医師の保守性もあったのである。

「そんなものまで必要なのか」と渋い顔をする事務官。同じ宮内庁職員である日崎氏ですら、「宮内庁の頭のかたさにはまいるよ」とこぼすほどだった。しかし彼らも、「万が一のことがあったら誰が責任をとられるおつもりか」といわれればさすがに認めざるを得ず、当時を知る侍医によれば「ほぼ要求通りに認められた」という。

1月23日（土）　PM6：00　東宮仮御所

御着帯式内宴　招待さる。

一同より御静養室のペンキの臭を早くとるように切望さる。

出席者　高松宮、全妃殿下、東宮殿下、正田氏夫妻、小泉御用掛、塚原御用掛、

村山医務主管、小林御用掛、柏木婦長、目崎、東宮幹部
大武、田中両助産婦　当宿解れる。
小林御用掛の切迫早産に関する考へ
一月中にお変りのあった場合、哺育の問題が完全に解決せぬ限り東大へ入院の予定。
1月28日（木）病院　高津東大教授
佐藤東宮侍医長御案内にて高津東大小児科教授、馬場助教授、小児科婦長、看護婦来院。新生児室及哺育器その他みられて意見を述べ、次のことを切望さる。
至急新生児室、調乳室を整備するように
1月29日（金）病院　新聞記者
宮内庁付新聞記者　約30名見学。
2月5日（金）東大より　小林御用掛
小林御用掛より電話にて胎児心音監視装置完成につき宮内庁病院にて至急試験したいから患者準備の希望あり。
2月6日（土）病院
小林御用掛、柏木婦長来院。分娩に関する打合せを行う。
①骨盤レ線測定

②心音監視装置

担当者橋本武次学士のもとに実験を行い、大体成功す。
患者は児玉女医に御願い。快く色々意見を述べ協力下さる。
塚原元侍医作成の照宮様御誕生の分娩記録拝見

改装工事もようやく終わり、九カ月目の戌の日に「着帯の儀」が行われた。皇室親族令によれば、この儀式で美智子妃は、袿袴《うちきばかま》のうえに帯を着けることになっているが、この日の朝十時半ごろになって急遽、袿袴のかわりに洋服ですまされることになった。その理由を宮内庁はこう説明している。

「十二日のご変調騒ぎ以来、美智子妃殿下はずっとおやすみになったきりです。せめてきょうは晴れの儀式だから、しきたり通り袿袴に着替えられて、古式通りに着帯の儀をされる予定でした。ところが、それには髪もおすべらかしにしなければならない。こういうことは今朝のご気分ではできませんでした。つまり、洋服で式をされるということは、ひと言でいえば健康上の理由であります」

一時は早産も覚悟したあの日から、美智子妃は床に臥せったままだったという。着帯の儀も、仮御所の居室でごく型通りに帯を着けられただけだった。

着帯の儀の翌週、宮内庁は御料病棟を新聞記者に公開した。星野甲子久読売新聞記者もそのときこの病室を取材したひとりである。

「おやっと思ったのは、小さな赤ちゃん用の白いベッドがあったことです。これがなんともクラシックなもので、たしか皇太子様（現上皇）がお生まれになったときに使ったものだという説明でしたね。それ以外に変わったものはなかったと思う。もともと倉庫だから、ほかの病院にくらべるとどうしても粗末でした。壁はただ壁紙を貼っただけだから、普通の病院みたいに白くて明るいというわけにはいきません。いま考えるとひどいもんです。よくぞご辛抱されたと思います」

分娩室には器械類のようなものが並んでいたが、それらにはすべて白い布がかぶせられていた。たずねても説明はなかったというから極秘にされていたのだろう。

「心音監視装置なんて置かれていたとしても、当時は専門家でなければわかりません。誰も見たことがないのですから。間違って伝えられたら、なんだ、妃殿下を実験台にしてるじゃないかといわれかねないですよね。保育器もそうです。未熟児で生まれることを想定しているなんて書かれたらかないません。だから見せなかったんです」

と、当時の宮内庁関係者はいう。このときはまだ心音監視装置はなかったが、白い布の下にどんなものがあったのか、記者たちはもちろんのこと、国民もついにわからずじまいだった。

一月の末になると、一時は完成が危ぶまれていた胎児心音監視装置がようやく完成して実用の段階に達したことが目崎氏の耳にも届いた。

「やれやれ間に合ってくれたか！」

開発当事者の橋本氏や浦上氏はもちろんのこと、それを聞いた小林氏も目崎氏も胸を撫で下ろした。

二月の初旬、胎児心音監視装置は宮内庁病院に運び込まれた。正確なサイズはわからないが、写真を見るかぎり、高さ一メートルほどのキャリーに、旧式のビデオデッキほどの装置が縦と横に二台置かれている。二〇〇〇年代に入ると、胎児の心拍数が瞬時にデジタル表示される簡易型でわずか二七〇グラム（トーイツ製）と、掌に載るほどの大きさであることを思えば隔世の感がある。

この装置の仕組みをごく簡単に説明すれば、母体のお腹にベルトで密着した小型のマイクロフォンで胎児の心音をキャッチし、これを電気信号に変換して増幅したものを、目で観測したり耳で聞いてわかるようにしたものである。橋本氏の論文では〈約一万倍に増幅〉したという。増幅された信号音をスピーカーに流すと心音として聞こえた。もっとも、周波数の一部分を増幅しているので実際の心音とはかなりちがっている。また、電気信号をブラウン管オシログラフに流せば波形のグラフとして観測できた。さらにオシログラフに流れる棘状の波形は記録紙にも記録されるようになっていた。

胎児心音監視装置は、その名前の通り胎児の心音を音とグラフにして観測するだけのものである。胎児心電計も胎児心拍数計もついていない。胎児の監視で重要なのは心拍数だったが、このときはまだ、胎児の鼓動が発する電気信号を心拍数に変換できなかった。そのかわり、ノイズを除去して胎児の心音だけを取り出すことができればおよその心拍数がわかった。しかし、心音を波形にして描くことができればなおいい。波形の間隔で心拍数がわかるからである。

トラウベ聴診器では一分間の心拍数を出すために、五秒間の心拍数を数えてそれを一二倍したが、この装置も、ブラウン管の端から端まで描かれた波形は五秒間に数える心音数と一致するように設計されていた。つまり、正確な心拍数は記録紙を見ながら数えるとして、トラウベに慣れた医師ならブラウン管をぱっと見るだけで正常な心拍数かどうかがわかるというわけである。

橋本氏が苦心したのは、この波形がちょっとした擦過《さっか》音や母体の心音、さらに人の話し声などが加わるとゆがんだり、ハウリングをおこして消えることだった。波形の数で心拍数がわかるようにするにはノイズを消去するしかない。

擦過音を消すには妊婦にはじっとしてもらえば何とかなった。

人の話し声は、互いに気をつけてしゃべらなければいい。

問題は母体内で発生するノイズと五〇ヘルツの交流が発する周波数だった。これは手作業で消すわけにはいかなかった。消すには六〇ヘルツ以上の周波数だけを通過させ、それ以下のノイズをカットするフィルター回路を取りつけなければならない。現在ではごく初歩的なこの技術も、当時はウルトラ級の難問だった。

完成した胎児心音監視装置がどういうものであったか、ぜひ手に触れてみたいと思ったが、どこを捜してもなかった。昭和四十年に美智子妃が礼宮を出産されたとき、医療メーカーの日本光電が最新式の「総合分娩監視装置」を宮内庁病院に納入したが、このとき橋本氏らが製作した胎児心音監視装置を引き取ったといわれた。しかしこの装置がその後どうなったか、当時の関係者にたずねても杳《よう》として行方はわからなかった。ただ橋本氏の遺族が保管していた資料のなかに、胎児心音監視装置についてこんな一文がある。書かれたのは昭和三十六年十一月である。

〈この装置によれば私達は胎児心音をスピーカーにて拡大聴取することが出来ると共に、ブラウン管オッシロスコープにより、その心音の波形を直接観測することが出来ます。そして又、必要に応じて、その胎児心音を簡単に記録したり、録音することも出来ます。そして分娩の経過中、胎児心音を継続的に監視出来ることが最も大きな特徴です。

この装置は、小型のクリスタル・マイクロホンを胎児心音が最もよく聴き易い産婦の下腹部に帯にして固定して、胎児心音をキャッチして、電気振動に変えます。そしてこれを効果的に増幅致します。

本装置の主要部をなす胎児心音増幅器兼観測器（Fetal Heart Scope）は電気聴診器と

ブラウン管オッシロスコープを内蔵しており、取り扱いは凡《すべ》て簡易化されており、長時間の使用にも安定しております。（中略）
通常はこの装置を患者のベッド・サイドに置き、レシーバー、或いはスピーカーにて胎児心音を聴取しながら、ブラウン管オッシロスコープにて、その心音の波形を観測して、適宜これを記録します。又、数人の産婦から来る胎児心音の信号を中央分娩監視室にて順次に切り換えることによって、多数の産婦の胎児心音を監視出来ます〉（『櫻蔭』第一二号）

装置は旧式のアンプを縦型にしたようなかたちで、このなかにフィルター回路や増幅器が組み込まれていた。正面から見ると、左上に残像性のある直径七・五センチのブラウン管オシロスコープ（フェタールペクター）がはめこまれ、その下に電源スイッチや音量調節のつまみのほか、胎児心音の周波数を低音、中音、高音の三段階に切り替えるスイッチなどが並んでいる。通常の胎児心音を監視するには低音に設定すればいいが、中音域や高音域もとらえられるようになっていた。また、裏側には熱ペン記録器用、スピーカー用、テープレコーダー用などのジャックがあり、必要な記録器をここに接続すれば胎児心音が音や紙によって記録されることになっていた。なかでもこの装置は、一〇メートル以上も離れた場所から遠隔監視できることに特長があった。

当時は真空管方式だから器械もかなり大きく、スピーカーでさえ「ひと抱えほどもある大きな金庫のよう」（杉本氏）だったという。しかし写真を見るかぎり、意外にコンパクトである。この装置はトラウベとちがい、〈心拍数の変化を視覚に訴えて連続的に監視できた〉（『助産婦雑誌』第二五巻第三号別冊「実地臨床における産科ME」その5）という点でまさに画期的なものだった。さらにちょっと訓練するだけで誰にでも扱えるうえ、「胎児に異常がないかどうかが早期に発見できる」という点でもすぐれていた。

装置は見事な出来ばえだった、という。おそらく小林教授の要求はすべて満たされていたにちがいない。が、これをいきなり本番で使うわけにはいかなかった。はじめて使用する装置だけに、機能のチェックはもちろんのこと、実際に本番同様のテストを繰り返しながらデータを集める必要があった。

そのことについて、目崎氏はこう書いている。

〈使用前の試験には特に慎重を期した。東大に於て性能的には保証された後に於ても、安全という点と、使用に当って妃殿下が少しでも苦痛とか違和感をお感じにならぬよう、その為に多少でも良いと思われる方法があれば、どんなさ細な事でも直ちに試作改良を依頼した。これらは、何れも新しい試みであるので文献はもとより他に参考に供する何ものもなく、一つ一つ経験を積み重ねてゆく以外方法はなかった。〉

これらの装置は、スピーカーやテープレコーダーなどの機器類といっしょに監視室に設置することになっていた。そして分娩室には、別にもう一台のブラウン管オシログラフが置かれる予定だった。これは出産に立ち会う医師たちのためのものである。三階の病棟には新生児室のとなりに看護婦控え室があり、美智子妃の入院と同時にこの部屋が監視室となる予定だった。ここで心音を記録するのは、もちろんこの装置の開発にたずさわった橋本武次医師である。

監視室と分娩室の間には消毒室と沐浴室の二部屋があった。電気信号に変えられた心音が、監視室までうまく伝わるかどうか、その調整もしなければならない。が、こうしたチェックは時間さえあればできた。それよりも目崎氏を困らせたのは、心音マイクを固定するバンドの調整であった。

マイクを妊婦のお腹にあてると、皮膚との接触で摩擦音が発生し、これが意外に大きく、胎児の心音を消してしまう。このときの心音マイクは高さ二五ミリ、直径三〇ミリもあった。これを胎児の心音がよく聞こえるところにベルトで固定するのだが、そのためにはベルトを調整しながらマイクをお腹にぴったりと固定しなければならない。

目崎氏は明治生まれである。たとえ民間出身の美智子妃とはいえ、目崎氏にすれば「御聖体」に相違なく、まさか、

「心音マイクのバンドの具合はこれぐらいでよろしゅうございますか」

などとたずねるわけにもいかなかった。

そんなときに、たまたま部下の後藤医師の友人で、東大の外科を出た児玉女医が出産を目前にしていることを知る。早速彼女に依頼してテストケースになってもらった。このときのテストで、児玉女医は、実際に女の子を出産した。

児玉女医のほかにも三人の女性に依頼してテストを繰り返した。一月二十八日と二月二日に出産した女性には〈分娩台及び器械〉を中心に、そして二月十七日に出産した女性には〈分娩台を手術台として帝切を行い種々予定をたてるもととす。〉と、帝王切開のテストもしている。なかでも児玉女医の意見がもっとも参考になったのか、〈特に胎児心音監視装置に関し経験上より色々御意見を述べて頂き改良の補助とす。〉と目崎氏は記している。

たとえ病院はボロであっても、中身は日本一といわれる病院にしたい。それが目崎氏の願いであった。そして実際、そうなったと星川元東宮侍医長がいう。

「宮内庁病院のなかで、産婦人科だけがいきなり、日本で最高の医療器具や器械をそろえた診療科になったのです」

2月8日（月）病院　長官・秘書課長

（宇佐美毅）長官、（並木四郎）秘書課長視察
斎藤看護婦来院
東宮大夫・山田侍従長　浴湯の儀等の予行演習。
2月9日（火）電話　星川侍医
鈴村助教授を分娩当日相談役として御来院下さること御了承されたいとの電話あり。
2月11日（木）佐藤侍医長より電話
①近日分娩に関する打合せ会を開き度い。
②鈴村助教授はあくまで予備員で、病院産婦人科の方に主に活動を願ふ。
手不足になったときに御手伝いをお願いする。
2月12日（金）病院
斎藤、滝本両看護婦来院
2月13日（土）ＰＭ２：00
小林御用掛、柏木婦長、星川侍医来院
橋本学士、器械備へつけの位置等を決める。
2月16日（火）橋本学士
時々様子をみに来院

2月19日（金）東邦医大　森田教授
森田東邦医大内科教授を小林御用掛と訪ね、出血斑点に関して御高説を承る。
2月22日（月）ＰＭ１：00　病院
掃除
産婦人科全員にて分娩室その他の大掃除を行う。２月23日病院全看護婦にて大掃除を行いて後、突然入院された場合の当宿者の活動について別紙の如く御依頼する予定。
《当宿者の活動依頼要項
Ⅰ．お変りがあって急に夜間御入院なさる場合
当宿医の指揮のもとに当宿看護婦２名（差支へある場合は１名）及寄宿舎に住む看護婦全員は次のことを行はれたし。
１．分娩室、消毒室、沐浴室の清掃を充分に行う。充分とはドァーのサン、手洗、消毒器の蓋等細かいところまで。
２．滅菌水器、消毒器、湯沸器に点火
３．煖房の用意――電気のスイッチ、ガスの点火
４．御静養室の清掃（煖房の用意）［東宮職員到着と共に引渡すこと］
Ⅱ．御入院中にお催しの起きた場合　特に夜間

Iと同じ　但し4はなし》（別紙）
［PM4：00］　病院産婦人科外来
分娩に関し職務分担等についての打合せ会議
協議事項
1．東宮職案に依る分担職務について
2．当宿　目崎、後藤交代当宿
3．柏木婦長5日間当宿、以後大武、田中交互当宿
4．その他
小林御用掛　新聞記者に暫く御分娩の御様子なしと発表

予定日の一ヵ月前になると、宮内庁は出産にかかわる関係者全員に、

「どこに行くにも居所を知らせるように、そしてこちらから連絡があれば一時間以内に宮内庁病院へ駆けつけられる場所にいてほしい」

との指示を出した。当時の一時間といえばおよそ東京二三区内である。つまり、それはどんな用件があっても東京を離れるなということだった。飲み屋に出かけるときもその都度連絡をいれさせたという。当時は電話連絡だけだから、電話のないところは出入り禁止である。もちろんそれは目崎氏も同じであった。

胎児心音監視装置が完成してからというもの、それぞれが一様にあわただしい毎日がつづいていた。宇佐美毅長官、並木四郎秘書課長といった宮内庁の幹部が視察にくると、産婦人科医長である目崎氏が案内しなければならなかった。それだけ出産が近づいたということでもあるが、とりわけ一月に早産騒ぎがあってからは、いつ出産になるかと薄氷を踏む気分だった。

そのころ東宮では、鈴村東大助教授にも〈分娩当日相談役〉として出産に立ち会ってもらうことも決定している。〈手不足になったときに御手伝いをお願いする〉ためといわれたが、しかしこれは方便であろう。本音は是非とも鈴村助教授に立ち会ってもらいたかったにちがいない。なぜなら、当時の鈴村氏は肩書こそ助教授でも、産科に関しては小林教授よりはるかに腕は優れていたともっぱらの評判だったからである。いざというときに第一人者の腕を借りたいという、いわば保険のようなものだった。それはある古参の産婦人科医の次の証言にもあらわれている。

「小林先生は教授だったから御用掛になりましたが、ご専門は内分泌でしてね。当時の東大で産科の第一人者といえばやはり鈴村先生でした」

いずれにしろ、こうして「盤石の態勢」は徐々に整えられていった。

〈当日は妃殿下の御安静に対する考慮と、器械操作の為の係員を同室内に配置させ

宮内庁病院三階の御料病棟

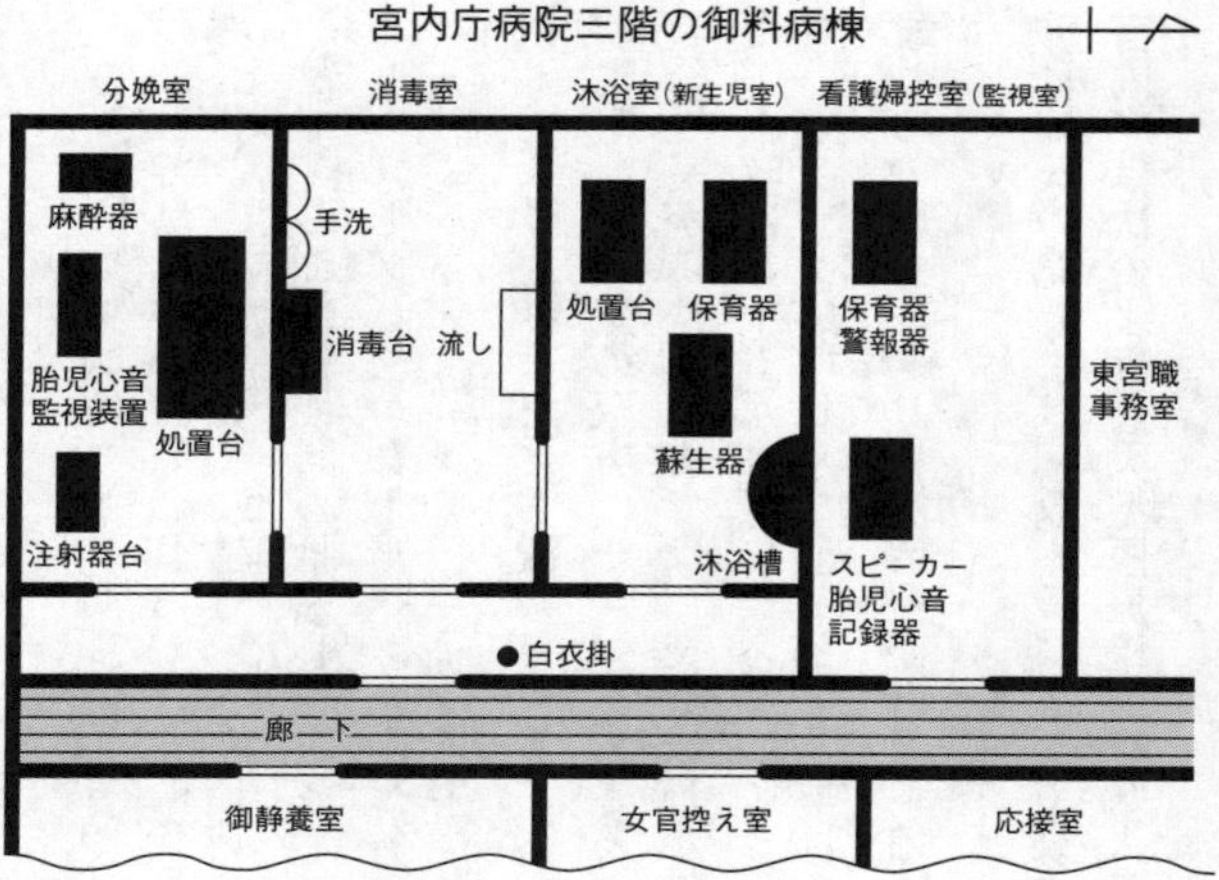

ることができないことにより、御分娩室内にはフェタールスコープ及びフェタールペクターのみを置き、その他の全装置は二部屋をへだてた所に胎児心音監視室を特設して行うことにした。即ち御分娩室内ではイヤホーンで聴取して、且その状態を波形として観察しており、更に監視室では継続聴取、波形観察、自動記録、録音等の綜合監視を行い、二重に万全を期したのである。御分娩室と監視室の間には相互に信号を設け連絡を密にした。この装置は妃殿下の御分娩に際しその万全を期する為、特に完成を急がれたものであるが、当日はその操作に当って、極端に制限された特殊な條件下にありながらも豫期通りにその目的を達し、成功した。〉

フェタールスコープは、橋本氏のいう〈胎児心音増幅器兼観測器（Fetal Heart Scope）〉のことではないかと思われるが、目崎氏はとくに「増幅器」のことをフェタールスコープと呼んでいたようである。フェタールペクターは残光性のブラウン管オシログラフのことで、ここに五秒間の胎児心音が波形となって表示される。分娩室と監視室にフェタールスコープとフェタールペクターを各一台ずつ設置し、監視室にはそのほかに、胎児の心音を熱ペンでロール紙に記録する記録器（フェタールレコーダー）やテープレコーダー、スピーカーなど、観察できるすべての機器を置いた。〈二重に万全〉というのは、監視室と分娩室の双方でチェックできるということである。

分娩室から監視室までは、交流雑音が外に漏れるのを防ぐためにシールド線でつないだ。当時はコードが邪魔にならないように配線設備をする病院などなかったから、このコードをそのまま廊下に這わせた。コードが目立たないように配線するという発想が生まれるのはモニタリング装置が普及するようになってからである。

目崎氏の記録には、橋本氏によって製作された胎児心音監視装置とは別に、このとき宮内庁は次のような大型医療機器を購入したと書かれている。

一、分娩台（三立 Model 710 改良型）
二、自動蘇生器（アトム　E型）
三、電気分泌物吸引器（アトム）
四、未熟児保育器　警報器付
五、酸素濃度計（アトム）
六、全身麻酔器（アイカ　CT-6型）
七、滅菌手洗装置
八、山田照明

胎児心音監視装置と自動蘇生器は代金後払いで、その他は用度課が業者と契約して購入したものである。

胎児心音監視装置をはじめ、それぞれの部屋に設置した大型医療機器には、ほこりがかからないように白い布がかぶせられた。このあと宮内庁病院産婦人科の職員全員で大掃除が行われたが、当時は電気掃除機がないため、ほこりが舞い上がらないようにすべて濡れ雑巾でふき取った。しかし、ドアの取っ手や消毒器の蓋といった細かいところまで手が回らず、これらはあらためて看護婦全員で掃除することになった。

大掃除が終わったあと、東宮、東大、宮内庁病院の関係者が集まり、それぞれの職務分担について細部のミーティングが行われた。胎児心音監視装置がハードの器械だとすれば、職務分担は出産をスムーズに進行させるための、いわばソフトである。

最終的にテストを終えた胎児心音監視装置を、橋本氏の手によって「御料病室」に設置したのは二月二十二日、つまり出産の前日であったと目崎氏は記している。

〈こうして妃殿下の御分娩に際して何時でも使用できるという状態に完成され、御分娩室と監視室に全装置の敷設が完了したのは、御分娩予定日も迫った二月二十二日二十二時頃であった。その直後に妃殿下は陣痛を訴えられ、予定日より一週間早く御入院になられたのである。〉

第五章　浩宮誕生

すべての準備が整い、あとは出産を待つばかりとなった二月二十二日、美智子妃を拝診した小林教授は記者会見で自信たっぷりにこう語った。

「きょうあたりから危ないといえるわけだが、しかし今夜ということは絶対にない。だって私はたったいま、ご診察申し上げてきたばかりである」

それだけ美智子妃の体調もよかったのだろう、この日の夕方、皇太子夫妻は、愛犬二匹をつれて東宮仮御所の近所を散歩している。その途中で、青山学院大学そばの花屋にも立ち寄られた。

「もう薄暗くなりかけた頃でした。前の道路を警備の方が遮断して、そのなかをご夫妻が散歩されておりました。その途中で私どもの店に立ち寄られたわけです。美智子様は白いショールのようなものでお腹をかばうようにしておられました。買われたのはガーディニアンとクロッカスの鉢植えだったと思います。このとき美智子様は、ご自分の財布を出されてお支払いされたのをいまも覚えております。その翌日にご出産されるとは思ってもみませんでした」

と、木村ガーデンの木村勉氏はいう。

日本の皇太子妃が自ら支払いをされるなど、前代未聞だった。

ところがその日の夜十一時半ごろ、美智子妃は突然陣痛に見まわれる。

夜間の東宮には少なくとも侍従、女官、侍医、看護婦の四人が宿直していた。そのうちの誰かが宮内庁病院に電話をいれたのだろう。受けたのがたまたま当直医であった後藤女医だった。電話で「どういたしましょうか」とたずねられた彼女は、主治医の小林教授と連絡がとれないため塚原伊勢松顧問に相談した。

するとと塚原氏はこういった。

「小林先生が責任者なのだから、東宮から小林先生に電話させなさい」

たとえ緊急の場合でも、命令系統を無視するとあとあとまでしこりを残すことになりかねないことをいったのだろう。些細なことでも最悪の場合は美智子妃の出産に影響しないともかぎらなかった。侍医として昭和天皇のお側に仕えてきた塚原氏は、そのことを十分すぎるほど承知していたにちがいない。

後藤女医は折り返し「小林先生のご指示を仰いでください」と東宮に連絡したあと、上司である目崎氏に電話をかけた。

「すぐ来てください」

目崎氏はこのひと言ですべてを了解した。

すでに午前零時をまわっていた。

この日にそなえていたとはいえ、予定日より一週間も早い陣痛に、さすがの目崎氏も緊張した。未熟児のことを考えれば一日でも遅く生まれたほうがいい。目崎氏は祈った。

かねてからの打ち合わせ通り、目崎氏は自宅にハイヤーを呼ぶと、近所の穂積外科医長を乗せて宮内庁病院へと向かった。

目崎氏らを乗せたハイヤーが宮内庁病院に着いたのは午前一時だった。医者や看護婦だけでなく、電気係やボイラー係まで、前日の打ち合わせ通りに次々と集まってきた。

東大の医局員にも招集の電話がかかった。

東宮から連絡を受けた職員たちも宮内庁病院に集まってきた。

「東宮職との連絡などがありますから、東宮侍従、東宮女官、看護婦、侍医、事務官が交代で宮内庁病院の事務室に詰めていました」と浜尾氏がいうように、宮内庁病院の一室はまたたく間に〝ミニ東宮〟となった。

東宮仮御所には、やがて昭和天皇ご愛用のキャデラックがさしまわされた。

〈お召《めし》自動車は、天皇陛下御愛用の金色燦然と輝く、菊花御紋章入りの「キャデラック」にて妃殿下は横臥のまま小林教授と共に御陪乗申しあげたのでございます〉

と、柏木登美乃東大産婦人科看護婦長は『櫻蔭』第一二号で記している。

美智子妃を乗せた車は、白バイの先導で青山五丁目から赤坂見附を抜け、三宅坂から英国大使館前へと、深夜の街を猛烈な勢いで駆けた。

待機していた宮内庁詰めの記者はほとんど引き揚げたあとで、車が深夜の東宮仮御所を出たときは、わずかにカメラマンのフラッシュが光っただけだった。

なにしろ「天下の名医」といわれた小林教授が、この前日に「御出産は予定通り三月一日前後」と太鼓判を押したのである、彼らが安心しきったのも当然だった。

あの早産騒ぎ以来、木枯らしが吹き抜ける中を走り回らされ、疲労は記者たち一人ひとりの体力を奪っていた。彼らはこれでひと息つけるとひざを打ち、「決戦前の最後の休養」とばかりに家路を急いだのも無理はなかった。

なかには銀座あたりでのんびりと酒を酌み交わしていた記者もいた。朝日ソノラマの藤巻氏もそのひとりだった。

藤巻氏は目崎氏を通じて小林教授とも親しく言葉を交わすようになっていたが、その彼も同じように安心したのか、知り合いのカメラマン相手に新橋の小料理屋で酒を飲んでいた。

深夜もちかくなり、新宿あたりでもう一軒飲み直そうということになった。すっかり酔いが回った二人は、譲り合うようにして車に乗り込んだ。ところが、どこでどう間違ったのか、運転手は青山通りから渋谷方向に走ってしまう。そのとき何気なく窓から見た風景にハッとした。沿道の警備が異様にものものしいのである。

藤巻氏はすっかり酔いが醒めた。

「沿道の警戒がすごいんで、念のために車をとめて青山一丁目の交番できいたんです。するとお生まれになりそうだという。誰が生まれるんだと訊いたら、妃殿下だというじゃないですか。ええ、まだ先じゃなかったのと、思わず声が大きくなりました。陣痛があったから沿道を警戒してるというんです。あわてて公衆電話で社に連絡したら、『おまえ、また酒を飲んでるんだろ』なんていわれましてね。とにかく事情を説明してわかってもらえたのですが、今度は『カメラ持ってるか』ですよ。もちろん持ってません。横にカメラマンはいましたが他社のカメラマンでしたからね。結局、そいつを拝み倒して撮ってもらうことにしたんです。とりあえずその場を離れ、彼といっしょにイギリス大使館の近くで待機することにしました。もちろん社旗をはずしてね。妃殿下の車は猛スピードで目の前を通過しましたが、窓のカーテンが邪魔して中まで見えませんでした。ちなみに、このとき撮ったカメラマンは後日、朝日新聞に入社しました」

美智子妃を乗せた車は、皇居北西側の乾門《いぬいもん》をくぐり、富士見櫓の前を急カーブで走り抜けた。記者クラブに詰めていたカメラマンから、「おかしいぞ、入院されたんじゃないか」という声があがった。その声が合図のように、待機していた記者たちはいっせいに駆け出した。

2月23日（火）AMO：00頃　電話（病院→自宅）後藤トモ子

当宿後藤トモ子医員よりお催しあった様であるとの電話あり。精細のこと不明。

［AMO：30］　直ちに東宮御所へ電話。

拝診中の小林御用掛より直ちに準備せられたいと

［AM1：00］　病院　荏原ハイヤー
穂積外科医長へ電話連絡、共に自動車にて出勤。
病院及本庁の各係出勤、夫々の準備にあたる。
［AM1：50〜］　御静養室
入院　小林御用掛、柏木婦長に附添はれ担架にて御静養室に入られる。
2月22日23：30頃より陣痛開始
《静養室》23日1時50分↓12時25分
1．柏木婦長　附添監視
2．斎藤、滝本、福田、東宮看護婦交互附添
3．正田夫人、牧野女官長、各女官。予防着姿にて交代にお腰をさする。
4．拝診　小林御用掛　時に鈴村助教授、目崎拝診——時々協議す。
AM11：00頃より入浴開始
先づ村山、佐藤両侍医長、続いて小林、鈴村、目崎各分娩係、次いで柏木婦長消毒せる衣を着して分娩室に入る。

三台の車が病院入口の渡り廊下の前に横付けされた。美智子妃が乗っていたのは二台目だった。すでに担架が準備されていた。突然の入院だったせいか、美智子妃を出迎え

たのは村山院長をはじめ当直の医師や看護婦など十数人だった。

小林教授と柏木婦長に付き添われた美智子妃は、和服姿のまま担架で三階の御静養室に運ばれた。苦しいはずなのに、ひと言も苦痛をもらされなかった。

御料病室のなかでも美智子妃の意見が反映されていたのはこの部屋だけである。

「定例御参内といって、皇太子ご夫妻は、毎週一回、御所を訪れて天皇、皇后様とご会食なさっています。その帰りにでも宮内庁病院に立ち寄られたのでしょうか、妃殿下はご産室の壁の色とか、ご注文を出されています」と、星川氏がいうように、御静養室は〈美智子妃のご希望で壁はクリーム色に塗り変えられ、床には小さなバラの花模様を浮かせた明るい茶色のジュウタンが敷かれ〉(『読売新聞』昭和三十五年二月二十三日付)た部屋だった。

さすがの小林教授も落ち着かない様子で行ったり来たりしていた。予想外に早く陣痛がはじまったために、未熟児で生まれてくる可能性を心配していたのである。

小林教授はうるさいほど橋本氏に心音監視装置のチェックをうながした。

一方、美智子妃が入院された午前一時五十分頃からぞくぞくと報道陣が集まりはじめ、宮内庁東玄関脇にあるわずか六〇平米ほどの記者クラブはまたたく間に二〇〇人をこえる人であふれた。熱気と殺気が部屋中に充満していた。

彼らがはじめて異変を知ったのは零時すぎだった。深夜にもかかわらず、東宮仮御所に小林教授や柏木婦長らがわき目もふらずに駆けつけたからである。

午前三時半には、美智子妃の母親である正田富美子さんも黒紋付の羽織姿で宮内庁病院に駆けつけた。到着がこの時間になったのは、宮内庁から「御入院されました」という連絡があるまで品川の自宅で待機していたからである。

誰よりも冷静で沈着なはずの富美子夫人も、さすがにこのときは「和服のすそが乱れるほど」あわてていたと当時の記者は目撃している。

車を降りた夫人はまっすぐ御静養室に向かった。美智子妃に付き添い、母親として力づけるためだった。女官らといっしょに〈交代にお腰をさする〉と『目崎ノート』にあるから、早産騒ぎのときと同じように激しい陣痛がじわじわと美智子妃を襲っていたにちがいない。

世間ではごくありふれたこの光景も、皇室のしきたりからすればきわめて異例のことだった。〝異例〟とは、本来、特別なことや異質な行為に対してつけられるが、皇室ではしばしばこのように、世間ではごく普通のことでも〝異例〟になることがある。

五時間経ち六時間経ち、夜が明けても美智子妃に変化はなかった。

時間だけがじりじりと過ぎていった。

広報担当の橋本総務課長は「正午頃に御出産の予定」と発表したが、その後も一向に生まれる気配がなかった。

「陣痛は漸次《ぜんじ》、出産に向かって順調に進んでいます。美智子妃殿下はまだ分娩室にはお入りになっておりません」

一時間ごとに経過が発表されることになっていたが、発表するような情報は何ひとつなく、用語に困った橋本課長は、「陣痛は漸次強さを増しております」といってみたり、あるいは「いよいよ強さを増しております」と変えてみたり、なんとか体裁を繕うことに腐心していた。しかし依然として吉報は聞こえてこなかった。

橋本氏は汗を拭いながら、「ますます強さを増しております」と、まったく同じ内容のことを、千篇一律のごとく読み上げた。

出産にそなえ、御料病棟の一角に「参殿伺候室」が設《しつら》えられた。参殿伺候は〝お見届け役〟ともいわれ、新宮の誕生を見届けて天皇に報告する役である。皇室親族令三十五条には「皇子ノ誕生ニハ宮内大臣又ハ内大臣ヲシテ参殿ニ候セシム」とあり、皇位継承に間違いのないようにとの配慮だが、かつては妃の産んだ赤ちゃんが取り換えられることもあったのだろうか。このときの参殿伺候のひとりが瓜生順良《うりゅうのぶよし》宮内庁次長だった。美智子妃が入院されたあと、この部屋の電話が鳴りつづけた。すべて東宮仮御所におられた皇太子からの問い合わせだったという。

職務分担に〈レントゲン室〉担当として小林御用掛、田中技官、柏木婦長の名前があげられているように、本来ならここで骨盤のレントゲン写真を撮らなければならなかった。撮影するのは「児頭骨盤不適合」を診断するためである。児頭と母胎の骨盤の間が不均衡になっていると、つまり骨盤の直径にくらべて児頭の直径が大きいと分娩が停止したり胎児が仮死状態で生まれたりすることもある。重篤の場合は帝王切開による出産になり、それを確認するためにもレントゲンによる撮影は必要だったが、このときの美智子妃は撮影台に立っていられるような状態ではなく、小林教授はやむなくこれを断念した。

宮内庁病院に到着してからおよそ九時間後の午前十一時、何かが動きはじめる気配があった。かねてよりの儀式がはじまったのである。

そのときの模様を、杉本毅氏は『心に残る人々』のなかでこう書いている。

〈昭和三十五年の二月二十二日の夜、美智子妃殿下にはおなかに痛みを感じられ、次第に陣痛となって宮内庁病院へ入院された。数々の機器を点検し、教授から順に斎戒沐浴して出産の時を待った。もし肝心の時に間に合わなかったら、と思いながら古色蒼然たる木製の風呂でそそくさと体を清めた〉

斎戒沐浴《さいかいもくよく》と聞いて耳を疑った医師もいた。はるか彼方の上代から紛れ込んだような古くさいしきたりは、病院出産となった当時も依然として生きていたのである。

『目崎ノート』には、〈先づ村山、佐藤両侍医長、続いて小林、鈴村、目崎各分娩係、次いで柏木婦長〉と書かれているが、杉本氏の記憶によれば、小林教授、鈴村助教授、杉本、柏木婦長の順で、村山院長と佐藤侍医長は入浴しなかったという。いずれにしろ、いったん身体を清めたらトイレにも行けない。美智子妃の容態をうかがいながら、早からず遅からず、そのタイミングを見計らうのは想像する以上にむずかしいという。

この手順を決めたのは目崎氏であった。念のためにいえば、斎戒沐浴といっても冷水を浴びるわけではない。立春を過ぎたとはいえ、朝夕の冷え込みが厳しい二月に、そんなことをすれば風邪をひくだけである。この日は最低気温が二度まで下がり、底冷えのする日だった。

彼らは湯を張った檜の湯船に、肩までつかって身を清めた。それでも杉本氏によれば「暖房がはいっていないからかなり寒かった」という。湯船は小判形の、「まるで平安時代から使われてきたような骨董品」だった。

沐浴を終えると、それぞれ消毒室で純白の手術着に着替え、帽子、マスク、手袋をつけ、無影灯の輝く分娩室へと向かった。

しかしそれからがまた長かった。結局、彼らは分娩室で四時間以上も待機することになるのである。

ＰＭ12：25　妃殿下分娩室へ入られる。

1. 分娩要員は手洗→入室。

2. 各科医長医員担任者は医局に待機。

心音聴取　鈴村助教授　時に塚原御用掛、後藤医員

PM12：34より胎児心音装置器の開始。

係　橋本武次学士

補　浦上篤氏（製作者）

マイクを腹部に固定、分娩室に於てはフェタールペクターにてオシログラフで視察、イヤホーンできく。監視室に於て記録し、又テープに入れる。

テープレコーダ及び記録紙にとる（別に保管）

PM2：00頃　正田夫人　心音をスピーカーでき丶スピーカーに敬礼す。

PM3：47　胎児心音弱く時々不正になるのをオシログラフに表はれ、記録に出、又聴取す。

意見の交換協議

小林御用掛、鈴村助教授は現在の状況より胎児の生命の危険を深く考慮し、最も安全なる帝王切開がよいのではないかと考へられたが、目崎は出来得ればこの際鉗子分娩を望む。種々状況より最良と考へた結果、小林御用掛は適応、要約を充分に熟慮の上、鉗子分娩と決断さる。

医師や看護婦たちがあらかじめ決められた職務分担に従ってそれぞれの部署についたのは昼ちかくだった。それからしばらくすると、晒布《さらし》でできた半袖の分娩衣に着替えた美智子妃が分娩室にはいられた。

分娩室は摂氏二八度に温められていた。

トラウべ聴診器で胎児の心音がもっともよく聞こえるところが探られ、そこにベルトで集音マイクが固定された。

監視室に設置された胎児心音監視装置のスイッチがいれられ、パイロットランプが点滅しはじめた。記録をとるのは、この装置の開発者である橋本武次東大医局員である。

橋本氏は、まず心音計の後部にあるアースが完全かどうかを確認した。そしてスピーカーの音量つまみの目盛りをゼロにあわせた。いきなり大音量が流れてきて周囲を不安にさせないためである。そしてマイクロフォンのプラグをゆっくりと装置に接続した。

監視室には高さ六三センチ、幅五一センチ、奥行き三一センチの大型スピーカーが据えられていた。スピーカーの音量つまみを回すと、そこからトントントンという軽快な音が聞こえてきた。橋本氏に笑みがこぼれた。それは、やがて生まれてくる新宮の心音だった。それとともに、記録計は一秒間に二・五センチというゆっくりとしたスピードで記録紙を送りはじめた。熱ペンがせわしなく上下にふられ、細かい波形が描かれていった。繰り返し繰り返しあらわれるその波形は、橋本氏が執念のように追い求めてきたものだった。

どこにも異常はなかった。

目崎氏の記録によれば、十二時三十四分に胎児心音監視装置のスイッチがいれられ、三時間三一分後の十六時五分に終了している。このうち記録紙に記録されたのは二時間三五分である。これだけの時間に使用した記録紙は、なんと三〇メートル巻八巻で総計二二八メートルもの長さになった。記録紙の大量消費という問題が解決されるには、もうしばらく待たなければならなかった。

横にはソニー製の262型という業務用のテープレコーダーが据えられ、産声はすべてここで録音されることになっていた。

この心音は、ノイズをカットするフィルターを通過し、高音域だけを電気的に増幅したものだから、トラウベのような聴診器で聞く心音とは少しばかり異なっていた。しかしそのことさえ知らなければ、スピーカーから流れる音は胎児の心音そのものに聞こえた。

午後二時ごろ、小林教授の案内で富美子さんがこの監視室にあらわれた。小林教授が、

「これが新宮様のご心音です」

といった。

それを聞いた富美子さんは、はじかれたように、スピーカーに向かって深々とお辞儀をした。そしてその音に、五分間ほどじっと耳をそばだてていた。

心拍数はおよそ一分間に一四〇だった。

胎児は順調に鼓動を刻んでいた。が、一向に誕生の気配がなかった。

分娩室に入られてから三時間半ほどが経過した。ときどき胎児の心音が〈弱く時々不正〉になりはじめた。それがオシログラフにもあらわれ、医師たちに緊張感が走った。

〈ご分娩がのびればのびるほど、こんどはお子さまのほうに影響がくるのは必至である。私は固唾《かたず》をのんでグラフを見つめていた。曲線が時おり大きく小さく乱れを見せてきたからであるが、このときの焦燥感の抑圧は、いあわせた者だけが知る精神的苦悩のひとときであった〉（前出『浩宮さま』）

陣痛は〈母体にとっては労働であり、胎児にとっては大きなストレス〉（橋本武次著『分娩監視の実際』）といわれる。強い陣痛は、母体から胎児に流れる血液を一時的に遮断し、ときには子宮内の胎児を低酸素状態におとしめることもある。小さく乱れた心音はいまその状態にあることを示していたのだろうか。小林教授は鈴村助教授と目崎氏を呼び、三者の間で息詰まる話し合いが行われた。

「ここは妃殿下と新宮様の安全第一を考え、帝切にすべきでしょう」

小林教授と鈴村助教授は、オシログラフから胎児の生命が危険にさらされているかもしれないと判断し、もっとも安全な方法として帝王切開による出産を主張した。分娩台はいざというときのために、そのまま手術台として使用できるようになっていた。

しかし目崎氏はこれに猛然と反対する。

「いや、帝切は避けていただきたい」

小林教授はオシログラフをさしていった。

「心音が乱れています」

目崎氏は首をふる。

「この程度の乱れはよくあること。まだ危険という状態ではありません」

小林教授は腕組みをしたまま動かなかった。

後日、分娩室の様子を知ったという元宮内庁事務官によれば、

「目崎先生はどうしても自然分娩にしたいといわれましてね。それは強引でした。小林先生も鈴村先生もオシログラフを見つめながらしばらく考えていましたが、結局、目崎先生に押し切られるかたちで帝王切開はとりやめとなったそうです」

MEに大きな関心を寄せていた目崎氏がなぜ記録を無視して帝王切開に反対したのだろうか。目崎氏をよく知る医師は、さもありなんといった表情で証言する。

「いくつか理由が考えられます。たとえば、お腹を切開すれば元のお身体に戻るまで相当の時間がかかることもそのひとつでしょう。また、麻酔が胎児にまでかかったらどう

なるか、そういった不安もあったのではないでしょうか。しかしそれ以上に、できることなら妃殿下のお身体に傷をつけるようなことは避けたいというお気持ちが強かったのだと思います」

心音マイクのベルトを調整するときですら、妃殿下を試験台にするわけにはいかないと、別の女性でテストを繰り返したほどの目崎氏である。「御聖体」にちがいない母体と「御聖体」から誕生する新宮の生命とがよほどの危機にさらされていないかぎり、美智子妃の身体にメスを入れることなどもってのほかだったにちがいない。

いずれにしろ、結果的に目崎氏の意見が取り入れられ、帝王切開ではなく自然分娩による出産となった。

PM4:08　分娩。新宮様啼泣。(宮内庁発表午後4時15分)

分娩時及直後活動配置状況

1．分娩後直ちに小林御用掛、柏木婦長は新生児と共に沐浴室へ、杉本毅学士分泌物吸引器を使用して新生児の蘇生にあたる。吸引とO_2を多少与へた程度、一呼吸後啼泣。

新生児測定は鈴村助教授行う。

2. 目崎、後藤は妃殿下に附添い監視す。
3. 新宮様啼泣後
注射係　星川侍医、後藤医員　点滴注、時に佐藤東宮侍医長注射を手伝ふ
全般に塚原御用掛、村山院長、佐藤東宮侍医長監視す。
保存血約800cc準備せられ保管せるも使用せず、尚生血の準備もす。
分娩、産褥病歴、新生児病歴記録は東大のカルテに松山栄吉博士整理せらる。
PM8：00　皇太子初対面
PM8：30　応接室（産科病室）
皇太子、小林御用掛、東宮職幹部、柏木婦長、目崎、後藤、杉本　シャンパンにて乾杯。

陣痛がはじまって一七時間、分娩室はようやく明るさにつつまれた。産声があがったのである。

「男の赤ちゃんだ！」

医師も看護婦も、しかし口には出さず、互いに笑顔で伝えた。

小さな赤ちゃんだった。

生まれたばかりの赤ちゃんを抱えた柏木婦長は、後ろで腕組みをしながら待ちかまえていた佐藤久東宮侍医長に、黙ってその小さな両足を向けた。

それは、男子ですよという意味だった。

佐藤侍医長はじっとその股間を見つめていた。親王か内親王か、もっぱらそのことだけを気にかけていた彼は、こぼれるような笑みをうかべてうなずいた。

そしてゆっくりと分娩室を出、一目散に駆け出した。国民に発表するよりも先にまず御文庫におられた昭和天皇に知らせようとしたのだ。

この時分、吹上御所はまだできていない。

〈鉄筋コンクリートの二階建、延べ一、三五八平方メートル（四一〇坪）、屋根は銅板でふき、象牙色のタイルで外装されていて、あたりの環境によく調和している〉と、『皇室事典』（藤樫準二著）に書かれた吹上御所が完成するのは翌昭和三十六年である。

御文庫は、太平洋戦争で空襲を受けたときに昭和天皇が避難する建物として昭和十七年につくられた。地上一階地下二階、延べ床面積は二五〇〇平米。浜尾実氏の解説によれば、「御文庫というのは図書館という意味ですけど、戦争中だから敵の目をごまかすために御文庫と称したのです。壁は二メートル以上あって、一トン爆弾が落ちても大丈夫だとされていました」という。昭和二十年五月二十五日の大空襲で明治宮殿が焼けてから昭和天皇は御文庫をお住まいにされていたが、戦争が終わっても吹上御所ができる

までは ここにとどまられていた。

そこは宮内庁病院から歩けば二〇分ほどの距離にあった。おそらく車で向かったのだろう。浜尾氏の記憶によれば、佐藤侍医長は直接天皇に報告したという。

生まれたときはしばらく親王の泣き声が聞こえず、医師たちは青ざめた。しかし、分娩台の前で待ちかまえていた杉本医局員によって素早く口の中の羊水を吸引され、酸素を与えられると、たちまち顔色がピンク色に染まった。元気な産声が部屋中に響きわたったのはそのときだった。その瞬間、緊張の糸がほぐれたように、どこからともなくため息が聞こえてきた。

予定日より一週間も早いのだから未熟児の覚悟もしていたが、小林教授がそれ以上に心配したのは仮死だった。幸いにして産声が聞こえたことで、それが杞憂に終わったことに胸を撫で下ろした。

目崎氏は顔をくしゃくしゃにし、「めでたい、めでたい」と、誰彼なしに肩を叩いていた。

新生児蘇生器に寝かせられた親王は、ひとまずヒーターで保温され、これで安心と判断されたとき、杉本氏の手で体重が計測された。二五四〇グラムだった。

〈外の報道陣の気配が徐々に騒々しくなり、時間のたつのがこの時ほど遅く感じられたことはない。前夜からまんじりともせずに待った瞬間だっただけに、二月二十三日十六時十五分、元気な呱々《ここ》の産声を聴いた時は安堵感で全身の力が一挙にぬける思いであった。体重、身長等の計測をし、二五四〇グラム、四十七センチを鈴村助教授にも確認してもらい、小林教授に報告した。少々、少なめだったが、充分、成熟徴候を備えておられた〉（前出『心に残る人々』）

杉本氏は二五四〇という数字を見ながら、「ああ、四〇グラムも多い。よかった、よかった。これで小児科の先生を呼ばなくてもすむ」とつぶやいた。

当時、ＷＨＯの基準では二五〇〇グラム未満の新生児を未熟児としていた。あと四〇グラム余り少なければ未熟児として扱われ、杉本氏の手から小児科の馬場氏にバトンタッチされるはずだった。親王はかろうじて未熟児をまぬがれたが、新生児室の温度調節がむずかしいので、念のためにカマボコ型のプラスチックケースでできた保育器にいれられることになった。

保育器は万が一のときのために、新生児室に準備されていたものである。器内の温度は二八度前後に保たれた。

親王は銀色の脚がついた金だらいで産湯をつかった。これも当時としては異例であった。なぜなら、それまでの皇室では出産の都度檜のたらいを新調し、使われたあとは裏庭に埋めるのが慣例であったからである。

午前四時三十八分の記者会見で、橋本総務課長は白い紙を手に読み上げた。

「皇太子妃殿下は本日午後四時十五分、宮内庁病院で御出産、親王が御誕生に……」

最後まで聞こえなかった。記者たちの間から「男だ！」というざわめきが沸騰し、たちまちそのなかにかき消えてしまった。皇室の出産を取材するのは、清宮の誕生以来、実に二一年ぶりであった。

夜になって、小林教授は記者会見でこう述べた。

「新宮は万全の措置を取るため、出産直後、保育器にお入れしました。いまはお出ししていますが、今後も必要があれば使うことは考えています。新宮は目方二・五四キロ、こぢんまりとまとまって、活発に動いています。小さいけど指をくわえたりされました」

記者たちは慣れない二・五四キロという数字に戸惑った。これが一年ほど前なら、「六七七匁《もんめ》」と発表されたにちがいない。前年の昭和三十四年一月一日、それまで使い慣れていた尺貫法が廃止され、メートル法が施行されていたからである。

陣痛開始から出産まで一七時間というのは、医学的にみても難産である。陣痛がはじまった時間を記者たちが知らなかったとしても、「美智子妃ご入院！」の一報を耳にしてから出産まで一四時間余り経過している。入院から出産まで相当な時間がかかったことについて宮内庁は何も発表していなかった。このため、実際に「御料病棟」のなかで何があったのだろうと、取材に駆け回っていた新聞社もあった。

このときのことを、生前、目崎氏はこう語っている。
「ときどき小林先生は新聞記者の訪問を受けたそうだが、何もしゃべらないで追い返したんだ。そのあと僕のところにも行くと思ったんだろうね。そのたびに小林先生から『いまそっちの方に行ったぞ』と連絡があるんだ。そうすると僕はあわてて家の電気を消し、まるで子供がかくれんぼをするようにじっと台所の隅に息を潜めて隠れてるんだよ」
記者たちは手がかりらしい手がかりを得られず、「御料病棟」のなかの出来事はついにわからずじまいだった。

ＰＭ４：40　マイクをアルコホールにて消毒し、保育器に入れ録音（杉本先生）。
産声録音　録音実状況は実施者浦上氏精しく別紙に記す。
妃殿下に胎児心音と共に編集して献上（小林御用掛）。

後日、縮れた和紙に包まれた折り詰め弁当大の分厚い目録のようなものが宮内庁病院から皇太子家に献上された。書籍のようになっていて、開くと左側に橋本氏が記録した心音のグラフが一五センチほどの長さに切り取られて貼られていた。右側には、三・五インチのリールが納められていた。このテープのなかに浩宮の心音と産声が録音されていたのである。橋本氏が録音に使ったのは放送局で使われる直径一五インチのリールだったが、この一部を編集して三・五インチにダビングしたものだった。献上したのは小林教授だったが、発案したのは目崎氏だった。

このテープには次のようなコメントが吹き込まれていた。声の主は小林教授である。

「分娩中の胎児心音に関しては細心の注意が必要であり、その変化はただちにキャッチされなければなりません。ところが従来の方法は、聴診器を用いますので間欠的にしか心音をチェックできない欠点があります。連続的に心音を監視し微細な変化がいつ発生してもただちにそれを知るためには別な方法、すなわち電気的な方法が必要となりますが、いままでは技術的に困難で、成功していなかったのであります。ところが今回このことがわれわれの教室の研究によって可能となりました。その方法は胎児の心音を一万倍に拡大してスピーカーで連続的に聞きながら、ブラウン管によって音の波形を観測し、同時にこれを連続的に記録して分析するのであります。すなわち耳と目の記録が同時に行われるのであります。このような方法は世界でも初めてであります」

録音された産声を編集し、美智子妃に献上するまでの経緯を、目崎氏はレポート用紙に次のように綴っている。文中に登場する浦上氏は、すでに述べたように橋本氏といっしょに胎児心音監視装置を完成させた人物である。ちなみにここで表記されている〈器械作製費　400、000円位〉は、ハガキ五円、小学校教員の初任給一万円という時代の数字であることをつけ加える。

〈浦上氏が新生児室[redacted]に、杉本先生は知らん顔していてもらって、うぶ声を録音する。哺育器の中へマイクを消毒して入れる。

大体、この心音監視装置は橋本先生が小林先生にお話し、小林先生からの御依頼で準備にかゝる。

小林先生のコメントは東大教授室で浦上が入れてテープを作る。このテープは皇太子妃に小林先生より献上。正式に小林、目崎、橋本に贈る。更にコピーして塚原、後藤、柏木両先生に渡す。

この時の費用。

消耗品（当時の金高で）２７、０００円。

器械作製費　　４００、０００円位。

すべて浦上氏の貸与（終わってから目崎が月桂冠一升とタバコ２箱御礼に渡した）取りかたづけの時、シールド線配置を取はずして自動車に積んでおる時、朝日ソノラマの者が東大までついて来て、朝日新聞記者及朝日ソノラマのものから資料提供の話（現在の金高で何万円か。朝日新聞の一頁のトップにのせる）があったが固く断る。誰れが資料渡したか不明。このシールド線は録音出来ると専門家にはすぐ解るもの。
一度正田家に電話してテープを持って参りますから、おききになりますかと御電話しましたら、御遠慮するとの返事あり。〉（■■の二文字は判読不可）

朝日ソノラマの藤巻氏はダビングされたテープの一部を手に入れていた。出所は、おそらく献上用のテープを編集した浦上氏かと思われる。藤巻氏は三月に発売する『朝日ソノラマ』に付録として添付するため、あらためて目崎氏にインタビューと資料の提供を申し入れたのだろう。しかし目崎氏はこれを断った。

藤巻氏がつかんだこのスクープは、結果的に泡と消えてしまう。朝日ソノラマから宮内庁総務課に産声使用の申請をしたが、許可が下りなかったためである。

ソニーが日本ではじめて、いわゆるオープンリール方式の「テープレコーダーG型」を発売したのは、朝鮮戦争さなかの昭和二十五年（一九五〇年）だった。画期的な商品だったが、重さ四五キロもあってわずか一時間しか録音できない。持ち歩くには背負わなければならなかった。そのうえ当時の金額で一六万円もしたのである。そば一杯が一五円の時代だから、現在の貨幣価値になおせば六〇〇万円以上になる。一部の官公庁が業務用に使うのが精一杯だった。まだソニーが東京通信工業株式会社（ソニーに社名変更するのは昭和三十三年）と呼ばれていた頃である。

しかしそれからの技術革新はめざましく、G型の発売からわずか七年後の昭和三十二年には単3乾電池で動く驚異的な小型テープレコーダー「ベビーコーダーSA-2A」が発売されている。さらに浩宮が誕生した翌昭和三十六年にはアンプのすべてがトランジスタ化された小型テープレコーダーが発売されて人気を呼んだ。そのころには各社も低価格の普及機を発売するようになっていて、テープレコーダーは一般の家庭でも徐々に使われるようになっていた。

宮内庁病院の職員から、親しみを込めて「ガラッパチ親爺」と呼ばれた目崎氏は、年齢に似合わず好奇心が旺盛だった。

高度経済成長の波に乗った昭和三十年代は、同時にエレクトロニクスの成果がいっせいに花開く時代であり、なかでも目崎氏が目を瞠《みは》ったのはテープレコーダーだった。これを使って皇室のためにも国民のためにも、二度とない歴史的瞬間を記録することで後世に残そうと考えた。それは「皇孫の産声」を録音することであった。その理由を、目崎氏はレポート用紙にこう書き遺している。

〈一九五〇年代、この頃電子工学は目覚しい発展を遂げつゝあって、その産物の一つとして磁気録音器が一般化された。俗にテープレコーダーと呼ばれるこの器械によって、手軽に録音したりそれを再生して聞くことができるようになった。

此の度お生れになる新宮様の御産声を録音してそれを保存することができれば、それは史上一二四代天皇の中始めてのことであり、皇室の良き記念になることゝ思われる。そして又、後世に於て帝室の歴史とエレクトロニクス発展の年代経過との相関性等で良き追憶となることゝも考えられた。

更にはこの度の御慶事は単に皇室御一家の御慶事であるに止らず、国を挙げての御慶び事である。親王御誕生を待ち望んでいた国民に対して、健かにお生まれになった親王さまの第一声は、皇室に寄せる新しい国民感情に応える何よりの贈りものであり、皇室と国民を結ぶ親愛のかけはしとなるものと想像される。

このことを実現し得る可能性のある立場にあるのは、心音監視（録音も含む）を担当する私達を措いて他にはない。私は御産声を録音することを計画した。事前に責任ある立場にある人達に相談した場合、若しこれを差し止められたとすれば、再びその機会は回ってはこない。そして従来の慣習からすればその懸念は大きい。この点を考慮し誰方にも御迷惑の掛らぬよう、敢て事前に相談することを止め、私の獨断でことを進めた。〉

「皇孫の産声」を録音するという発想は、目崎氏でなければ思いつかない斬新なものだった。それだけに慎重の上にも慎重を期し、録音に直接関係する人物だけにこの計画を打ち明けた。具体的には小林教授と鈴村助教授、そして橋本医局員と杉本医局員の四人である。

心音用マイクは出産の直前になると取りはずされることになっていた。もともと胎児の心音を集めるマイクだが、監視室のダイヤルを切り換えるだけで通常のマイクとしても使えた。新宮が誕生したら、目崎氏は自らこのマイクで産声を録音するつもりでいたのである。そしてダイヤルの切り換えは鈴村助教授に依頼することにしたと、目崎氏は次のように記している。

〈事前の用意としては胎児心音器フェタールスコープに高周波数帯域増幅回路を附加し、胎児心音監視が終ると同時にダイアルを切換ることにより、監視室に於て自動的に御産声が録音できるようにしておいた。

このダイアルの切換は鈴村助教授にお願いした。ダイアル切換の目的は申上なかったが、医療に関する電気的装置については特に御造詣の深い同助教授のことゝて、その目的とするところは充分推察されておられたようであった。〉

この録音方法は接続不良で失敗した。目崎氏はあわてた。すぐさま別の方法を考えなければならない。が、時間はなかった。そこで目崎氏は、ごく単純な方法だったが、生まれたばかりの新宮のそばまでテープレコーダーを持っていって直接録音しようと考えた。ところが、堅物で知られた橋本氏に断られるのである……。

〈御出産と同時にダイアルは切換えられたが、その操作の時、入力ジャックの接続が不完全となり誘導できなかった。（別なマイクを一個入れておけば間違いなく録音できるが、こうすると分娩室内での会話が常に全部録音されるので遠慮した。）次に新宮様のお側に録音器を置き録音することを考えたが、この時心音監視を共に担当していた橋本先生から「御産声の録音は吾々が指示を受けたことではないから」ということで反対された。然し「この機を外しては再び後では望んでもできないことで、万一の時は録音テープを焼却して、なかったことにすれば良い。この際多少出過ぎたこと丶お叱りを受けることがあっても、後で残念がられることのないよう。時が時、ことがことであるから」と議論を繰返し、やっと了解を得た。〉

橋本氏を説得した目崎氏は、テープレコーダーを新生児室（沐浴室）に運び込んだ。そこには保育器のなかで誕生したばかりの新宮が休まれていた。新生児室を管理する杉本氏に、手際よく事情を説明した。杉本氏は黙ってうなずいた。目崎氏の手でテープレコーダーのスイッチが入れられると、一五インチのリールが回転しはじめた。

〈一六時四〇分頃沐浴室にテープレコーダーを持って録音に向った。新宮様のお入りになった保育器は杉本先生が管理しておられた。御産声録音のことを手短に話し杉本先生の了解を得た。

新宮さまは両手を軽くお握りになり静かにお寝みになっておられるようだ。マイクをアルコール消毒し保育器の中に静かにしのばせる。暫くはお動きにもならずお声も立てられない。時間はたつ。お声はとれない。静かにお動きになる。お声はない。時計の容赦なく秒をきざむ音のみ……。

杉本先生が新宮さまの位置を少しお移しした。手足を動かされる。お声はない。もう一度元の位置にお戻しする。盛に動かれる。口を大きくお開けになった。素早く録音器が廻転する。大きなお声をお出しになる。大きな声、声。だんだん小さくなる。又静かにお寝みになった。

録音は終った。

この日の新宮さま御出生以前の心音と、この時のお声の録音は小林教授の解説を附け、私の手許でこれを編集、同教授より美智子妃殿下に献上された。〉

この産声が録音されたテープは、後日皇太子家に献上され、同じものが正式に小林教授、目崎氏、橋本氏の三人にも贈られた。いずれ天皇となる親王の産声が、テープレコーダーという近代的な器械で録音されたのは皇室の歴史が始まって以来初めてであり、その意味において浩宮は、二〇世紀のエレクトロニクスの進展とともに誕生したといえるのかもしれない。

2月24日（水）　AM9：00
哺育医師として松山、眞田、我妻、杉本各東大産婦人科医局員が当る。
3交代に当宿（別紙当宿表に）
皇太子来院。
午前10時宮様と対面。手を握って喜ばれる。
皇太子、杉本先生に色が黒いか白いかと聞かれる。

二月二十四日の記述の一部は目崎氏の勘違いかと思われる。

杉本氏の記憶によれば、皇太子から、

「色はどうですか？　白いほうですか、それとも黒いほうですか？」

とたずねられたのは前日二十三日の夜である。おそらく二十四日に報告を受けた目崎氏は誤って記載したのだろう。

黒木従達東宮侍従から男子誕生の知らせを受けて宮内庁病院に駆けつけた皇太子は、マスクをつけると、佐藤侍医長と杉本氏をともなって新生児室にはいられた。

この時分、母子は同室でなく、見舞い客の雑菌から抵抗力のない新生児を守るため、別室に隔離する〝母子異室〟が一般的だった。未熟児を育てる四原則でも述べたように、感染予防が重視されていたからである。皇太子がわが子に面会するためにマスクをつけたのも、また美智子妃のいる御静養室ではなく、別室の新生児室で面会されたのもそのためだった。

外はすっかり闇におおわれていた。

生まれたばかりの親王は、蒸気が立ちのぼる部屋でひとり眠っていた。そのとき皇太子から出た第一声がこの「白か、黒か」という言葉だったという。

杉本氏は驚いたが、即座に、

「白いほうではないでしょうか」

と答えると、皇太子はほっとした様子で「そうですか」とうなずかれた。

星川元侍医によれば、皇太子が肌の色をたずねたのは、自分の肌の色が黒いのを気にしていたからではないかという。

「美智子様は肌が真っ白でしたが、いまの陛下は黒かったですからね。学習院の初等科のころ、ご自分の肌の色が黒いことを悪友たちにからかわれ、気になさっていました。

『色は黒いか白いか』とお聞きになることで、浩宮様がご自分に似ているか、妃殿下に似ているかと確かめられたのでしょう」

結婚後、皇太子は正田家に里帰りする美智子妃に同行したとき、

「（一般の人から）美智子には賛嘆の声がしきりにかかるのに、ぼくには『ワーッ、黒い』としかいってくれないんですよ」

と語ったといわれる。

皇太子を見送り、ほっと一安心した杉本氏は、突然腹が減っていることに気がついた。午前中に斎戒沐浴したあと、誰も食事をとっていなかったのである。

宮内庁大膳部から食事が運ばれた。当時の杉本氏にとって、目の前に出された料理は何もかもめずらしいものだった。

「南側に御静養室があり、北側には医局のような部屋があって、私たちはそこで食事をとりました。病院の方は別です。御所料理というのか、鮭を卵で包んだような珍しい料理でしたね。でも大膳部で作って運んでくるもんですから、冷えてあまり美味しくないんです。ただ、妃殿下のお食事は電気コンロで温めて出していました。二月二十三日の深夜にお役目を終えて宮内庁病院を退出したのですが、そのとき事務官から『お酒がいいですか、コーヒーがいいですか』とたずねられたので、私はお酒を頂戴しました。当時はそれほど飲酒運転にはうるさくなかったですからね」

東大から派遣された医師にはこのような弁当が用意されても、宮内庁病院を含めた宮内庁の関係者には何も出されなかった。自分で弁当を用意するか、出入りの業者に頼むしかなかったのである。

元宮内庁病院の看護婦も首をかしげる。

「宮内庁というところは、外から来られた方には厚く、内部にいる人間には冷たいというところがありましてね。菊葉会（旧総理府共済組合宮内庁支部）というところから弁当を運んでもらっている職員もいましたが、それはもう粗末なものでした」

宮内庁職員も立場は同じだった。山崎登元東宮会計係長も、その日の夜食が準備できずに頭を悩ませていた。

「われわれ東宮職には、ご出産にそなえて当直というのがございました。数人ずつ御殿に泊まり込むのです。侍医さんや女官さんたちと『今夜は怪しいぞ』なんて話しながら気をもんでいたのですが、たまたま私が当直の日に『（陣痛が）始まった』ということで東宮御所から宮内庁病院に詰めることになりました。夜になりまして、宮内庁病院に詰めていたわれわれは夜食がほしくなりましてね。黒木（従達）さんから『何か食べるものを、パンでも買ってきてくれませんか』といわれ、外に飛び出して食料品を売っているような店を探したのですが、パン屋さんなど一軒もなくてね。まして夜ですから何も調達できずに引き返してきたことがありました」

宮内庁病院産婦人科医長という立場にある目崎氏も同じである。当直のときは夫人が弁当を届け、それができないときは皇居に近いラーメン屋に出向いて食べていたという。むろんこれらはすべて自費である。ドライな人なら憤懣《ふんまん》やるかたなしだろうが、文句のひとつもでなかったのは、彼らのいずれも皇室を敬愛していたからにちがいない。

生前、目崎氏はこう語っていた。

「自分だからこうしてやれるんだ、という気持ちがあって、苦労は苦労にちがいなかったが、喜びのほうが大きかったね。家内が帰ったあと、妃殿下が『奥様ですね、お変わりありませんか』と、お声をかけてくださる。そんなお言葉に、当直の疲れも眠気もどこかへ行ってしまうんだ。こういう喜び、いまの若い人には、わからんかもしれないね」

記録をとり続けていた橋本氏や杉本氏は、さすがに疲労が極度に達していた。夜も更けてから小林教授に「このままでは身体がもたない。誰か代わりのスタッフを派遣してほしい」と訴え、翌日から同期の我妻堯医局員や新生児に関心のあった松山栄吉、眞田幸一両医局員が医師団に加わることになった。我妻堯氏と松山栄吉氏は、のちに「避妊問題に関してはわが国の第一人者」として知られる人物である。

彼ら三人が加わることで三交代制になり、橋本氏と杉本氏はようやく解放される。杉本氏の記憶によれば、看護婦もこのときから三交代制になったという。

2月25日（木）ＡＭ11：00
両陛下御見舞　約25分間
保育器、硝子越しに初対面され保育器使用を申し上げていなかったのかびっくりされておられた。手を握って喜ばれた。
2月26日（金）授乳開始　母乳のときは保育器のまま静養室へ。母乳よく出てよくのまれる。

三交代制になってから以降、すべての記録は松山栄吉医局員のもとに集められることになった。一九九四年版『現代日本人名録』（日外アソシエーツ編）によれば、松山氏の肩書は東京都社会保険指導部指導医療官となっている。私はさっそく松山氏の自宅をたずねたが、応対にあらわれた家人によれば、松山氏は入院中のため面会は無理だとのことであった。かわりに、かつて雑誌に掲載された松山氏のメモを引く。

〈第2日目（24日）朝、出生14時間後、ブドウ糖5％液を与える。夕方、ミルク½を与える。

第3日目（25日）朝ミルク。ためしに午後第1回の直接哺乳をおこなう。まだ十分に母乳出ず。夜、搾乳母乳を与える。

「搾乳母乳というのはね、電動の搾乳器という、ブラジャーのカップみたいなもののなかに乳首をうけるのがあって、電気で乳房を圧迫し、母乳をしぼって乳をとる機械です。私が使用法をご説明して、妃殿下がおつけになり、その搾乳したお乳を、看護婦が時間ごとに新生児室で与えていたんです」（真田氏）

4日目、美智子さまがマスクをかけ、白衣をつけられ、新宮さまを抱かれて4時間おきに直接、授乳されるようになった〉（『女性自身』昭和四十三年十一月十八日号）

誕生から四日目の二十六日から、授乳時間がくると保育器にいれられた親王が御静養室に連れてこられ、美智子妃から母乳が与えられた。この日飲まれたミルクの量は一五五ccだった。

御静養室には菊のご紋がついた小さな白いベッドがおかれていた。心地よく眠る浩宮の枕元には、赤地錦の袋におさめられた白鞘直刀の守刀が安置されていた。贈剣の儀で昭和天皇から贈られたものである。その脇には、瀬戸物でできた幅二〇センチほどの猫の置物があった。蓋を開けると、中に紫色の紐が一本納められていた。その紐にはいくつか結び目があった。浩宮がくしゃみをするたびに結んだのだという。むかしは結び目が多いとたくさんくしゃみをしたということで風邪をひいたのではないかと疑った。はるか昔のしきたりがそのまま生きていたのである。この結び目は、浩宮が退院するまでつづけられたという。

三月二日からは日中は新生児室で、そして夜は御静養室で美智子妃といっしょに休まれるようになった。

そのころになると、母乳は浩宮が飲みきれないほど出たという。はじめて母となった美智子妃の、ゆるぎない自信とたおやかな笑顔が浮かぶようである。

御静養室で美智子妃から話しかけられた医師のひとりは、こんな想い出を語っている。

「はじめての出産では、誰でも母乳が出にくいものです。ある皇族の方がお見舞いに来られ、『ホルスタインのようにお乳を出さないといけませんよ』といわれたのを、妃殿下は大変気にされていました。あるとき私は、『今度来られたら、モウモウってご挨拶されたらいかがですか』というと静かに笑っておられたのですが、数日後にその皇族の方が来られると、妃殿下はほんとにそういわれたのです。そんなジョークが通じる素敵な方でした」

若い医師たちが印象的だったのは、美智子妃の話題の豊富さと育児に対する強い研究心だった。インドの福祉問題から流行歌まで、その該博《がいはく》さには誰もが目を瞠った。

「妃殿下は気軽にわれわれとお話をされました。そういうときは、『何かお飲みになりますか』とお酒までいただいたこともあります。でも、御静養室でお休みになっていても、われわれがはいると、きちんと背筋をのばして座られているのです。それはそれは、気の毒なほど神経を使われていました」

美智子妃は育児書のバイブルともいわれた『スポック博士の育児書』も読んでいたという。この育児書が日本語に翻訳されるのは昭和四十一年だから、このとき美智子妃が読んでいたのは原書である。

御静養室では、東宮仮御所から運ばせたLPレコードに耳を傾けていることが多かった。弦楽の静かな曲で、モーツァルトかシューベルトが多く、積み上げれば厚さ一五センチほどになったという。胎教という言葉がまだ一般的ではなかったその頃、東宮仮御所で、美智子妃はお腹にいる浩宮に聞かせていたのだろうか。もちろん誕生後も、こうした静かな曲が流れるなかで浩宮と過ごされている。浜尾元侍従によれば、「妃殿下は児童文学がお好きで、浩宮様がお腹にいるときから、お声を出して絵本を読まれていました」という。これも富美子さんから学んだ育児法かもしれない。

誕生して間もない浩宮をみていた杉本氏も、音楽がもたらす影響に驚いたことがある。

「ご出産後はお子さまへの音感教育とおっぱいの出がよくなるという二つの意味があったようです。そのせいか、ほんとに美智子様のおっぱいはよく出ました。毎日の哺乳量をグラフにしてお見せすると、とても喜んでおられましたね」

新妻との間に世継ぎの皇子が生まれ、はじめて父親となった若き皇太子は、毎日のように二人を見舞われてはしきりに愛用の8ミリカメラを回していた。

2月29日（月）
浴湯の儀
讀書鳴弦の儀

生誕から七日目の〝お七夜〟では、「命名の儀」のほかに「浴湯《よくとう》の儀」が行われる。

命名の儀では、天皇が大高檀紙《おおたかだんし》（厚手でしわのある和紙）にしたためた皇子の名記と、宮内庁長官が書いた称号（幼少時の宮称）の二枚を三つ折りにし、勅使によって皇子の元に届けられる。このときは菊の紋章がはいった箱に納められ、東宮仮御所に届けられた。

新宮の名前は『中庸』から「浩宮徳仁《なるひと》」と名づけられ、この二日後に皇族の戸籍である「皇統譜」に記入された。

浴湯の儀は平安時代から伝わるといわれる。その昔、御湯殿の儀ともいわれたが、読書役と鳴弦役が湯殿で悪魔を払い、皇子の健やかな成長を祝福する儀式である。「読書鳴弦の儀」ともいう。

新宮が女官に抱かれて浴室にはいると、衣冠単《いかんひとえ》をつけた諸役が浴室の外に並び、まず読書役が国書の一節を読み、将来の皇子が文運豊かになることを祈る。このときは宮内庁病院の一室に幕を引き、金屏風を立てかけて行われた。女官長に抱かれた新宮は、新調された檜のたらいで産湯につかると、読書役が日本書紀の一節を読んだ。それが終わると鳴弦役に選ばれた二人が一歩足を踏み出し、「おおっ」と声をかけて弓の弦を引き絞り、ビュンと放つ。武運と破魔を意味するといわれ、これが三回繰り返されるという古式ゆかしい儀式である。

3月1日（火）PM0：00　皇居北の間
祝宴
産婦人科看護婦当宿解除

出産後も交代で宿直していた宮内庁病院産婦人科の看護婦二人は、この日をもって美智子妃をお世話するための当直を解かれ、あとは消毒準備などの雑用に専念することになった。前述したように、東宮侍医の要望で、〈（病院看護婦の）当宿は3月2日まで〉となっていたからである。無事出産されたのだから、東宮とは関係のない宮内庁病院職員は美智子妃に近づくなということだろう。

医師も東宮侍医三人が交代で宿直することになるから、宮内庁病院医長の目崎氏も責任のある職から解放されることになった。

余裕のできた目崎氏は、秘書課から美智子妃出産までの経過を書類に作成して提出するようにと命じられた。おそらく、当時の宇佐美毅宮内庁長官に報告するためだろう。目崎氏はこれを〈記録及感想と意見〉としてまとめたが、それは次のようなものだった。

〈感想及意見

1．入院

此の度の御入院は名のみで東宮職の一部が移られた形である。之れは止む得ぬと考へられるが、少なくとも医療に関しては入院の形が望ましかった。

佐藤東宮侍医長試案では出産当日の病院関係医務最高責任者は村山院長になっているが、事実は名のみである様に感ぜられ、又東宮職幹部も御入院後は病院におまかせしますと申されながら、事実はそれに反し色々の面より統一なく命令権が一定されておらぬので、何かと感情問題が起り易かった。

此の後は医務に関しては医務主管に一切の主導権（命令権）を与へ、統一すべきであると考へられる。

名実共に御入院の形をとるとともに、宮内庁病院産婦人科の立場を明に致し度く希望す。

2．発表

事実の公表を望む。医師の眞の苦労の表はれないのはともかくとして、発表に何か矛盾を感じさせ、何か想像させる恐あり。疑をもつものあり、又事実近く想像しておるものもある。

3. 器具その他

病院に於て使用する医療に関するもの一切、病院が準備すべきである。種々のところで準備するのは統一なく、不備のことあり、不経済であり又紛失する恐あり。時に感情問題を起し易い。

4. 胎児心音監視装置その他

之れの設置（東大産婦人科教室及浦上器械店の御好意に依り拝借したもの——購入出来なかったもの）に依り、胎児心音拡大継続聴取、心音の波長観察、心音図記録を同時に長時間行はれ、御分娩経過観察に非常に役立ち得たことは世界最初であり大成功であった。

蘇生器、電気吸引器（器械店の御好意にて拝借し、使用後購入し得たもの）及保育器の完備により蘇生に成功し、立派に御成長を得たことは誠に喜ばしい次第である。

5. 然し東大より指摘された調乳室（調乳台）、新生児室の不備は甚だ残念であり、次には必ず完備すべきである。尚万全をきせば Oxygen-Air-Pressure-Lock を備へる必要がある。（虎ノ門《ママ》病院より拝借予定であったもの）〉

すでに述べたように、ここにも〈御入院は名のみで東宮職の一部が移られた形である〉と記されている。東宮妃の出産は東宮で仕切るという意固地さは尋常ではない。かといって彼らは、東宮で仕切るとははっきりいわなかった。〈御入院後は病院におまかせしますと申されながら、事実はそれに反し〉と書かれているように、表向きは目崎氏や村山院長にお任せしますよ、と口でいいながら、それを守るわけでもなく、結果的に無視するかたちでうやむやのうちに東宮職がすべてを仕切っていたのである。何かにつけて物事が曖昧模糊にすすめられていくため、スタッフの間に感情の軋轢が生じてくるのは当然だった。

問題はそれだけではなかった。東宮、宮内庁病院、東大の三者がそれぞれが独自に準備したため重複した器具類も多く、はなはだ不経済だった。こうしたことを避けるには、一般の病院と同じように、美智子妃は〈御入院〉とし、病院で必要とするものは病院で購入するという、本来の姿にすべきではないかというのが目崎氏の意見であった。〈事実の公表を望む〉とはいったいどういうことだろう。当時の宮内庁担当の記者にたずねてもいまひとつはっきりしない。

かつて目崎氏は、「美智子妃御懐妊」が噂になっていたころのことについて、「事実を発表したほうがいい。うやむやにすると勝手なことを想像される。風邪だというから朝日の記者がかぎまわっているんじゃないか。昔はそれでもごまかせたが、いまはそんな時代じゃないんだ」と私に語ったことがある。そのことをさして書いたのだろうか。

佐藤東宮侍医長の『浩宮さま』にこんな記述があるのも気になる。

〈四時十五分にご誕生になったその発表が、四時三十八分になったというので、またまたさまざまの推測をうんでしまった。ご誕生後保育器にお入れしたというところから、中には、ご誕生当時宮さまのご容体が悪かったのではないかというような、うがった観察も出たものである〉

いつまで経ってもお生まれにならず、同じような文面を読み上げる橋本総務課長に、記者たちから罵声が飛び交うほど記者クラブは緊迫していた。それなのに二三分も遅れて発表したのである。何かあったのではないかと疑ったのも当然であった。なぜ二三分も遅れたのか。

「体重二五四〇グラムは少なすぎる、もう少し何とかならないかといわれる方がいましたが、医師はもちろん断りました」

という宮内庁関係者の証言もあるが、しかしそのために発表が二三分遅れたというのは不自然である。いずれにしろ発表そのものに虚偽はなかったのだから、このことが〈事実の公表を望む〉と書いた理由ではないのだろう。あるいは、ほかに二三分も遅れる事情があったのかとも想像したが、少なくともそれに類する証言はなかった。いったい目崎氏はなぜこれを書いたのか、残念ながらついにわからずじまいである。

3月2日（水）沐浴開始
ベッド（日中　新生児室、夜　妃殿下と同室）。母乳授乳の場合は静養室へ。
沐浴は別紙図の如く、当室にて行う。
3月3日（木）母乳分泌良好
3月11日（金）両陛下御見舞
3月12日（土）御退院
医局にて慰労会
4月14日（木）東宮仮御所
50日祭　東宮仮御所庭園　お茶の会。
1．東大関係　小林教授、鈴村助教授、柏木婦長、松山栄吉博士、眞田幸一博士、
我妻堯博士、杉本毅学士、橋本武次学士、
2．宮内庁病院　塚原御用掛、村山皇室医務主管、檜山御用掛、目崎、後藤
3．東宮職幹部
目崎　銀シガレットケース（金御紋入）　金一封。

生前、目崎氏は私に「ご入院中の妃殿下は、新聞記者がいないときに散歩されていた」と語ったことがある。ほんとにそんなことがあったのかと思っていたところ、こんな証言があった。語るのは元東宮事務員である。それは退院前の、うららかな暖かい陽射しにつつまれた日であったという。

「妃殿下はお生まれになったばかりの浩宮殿下をお抱きになって宮内庁病院を出られ、皇居の庭を散歩されたことがありました。風のない穏やかな日でしたが、和服姿の妃殿下は、付き添いの侍医さんと女官さんといっしょに大変しっかりとした足取りで本丸のほうまで散歩されました。私は遠くからそのお姿を見ていたため、妃殿下に抱かれた浩宮殿下のお顔は拝見することができませんでした」

母となった実感がその足取りにもあらわれているようである。

出産後間もない頃、美智子妃は母となった喜びをこんな和歌に託されている。

含《ふふ》む乳《ち》の真白きにごり溢れいづ子のくれなゐの唇生きて

浩宮は母乳で育てられた。

自分の子供は自分の母乳で育てる。ごく当たり前のことながら、それは宮中にも戦後民主主義が浸透しつつあることを象徴していた。

1960年、浩宮を抱き宮内庁病院を退院する美智子妃。右は牧野東宮女官長

出産から十九日目の三月十二日、浩宮の体重は五〇六グラムも増えて三〇四六グラムになっていた。標準体重まであと一息だった。

この日の午後二時半、美智子妃は宮内庁病院を退院する。病院の玄関に渡された木製の橋の前には身動きができないほどのカメラマンが集まっていた。

美容師を呼んで髪を整えられた美智子妃は、白地にしだれ桜の着物を召された。

やがて白羽二重にくるまれた浩宮が牧野女官長に抱かれてあらわれた。その前をゆっくりと歩く美智子妃。そこにはまぶしいほどの笑顔があった。

第六章　美智子妃とトランジスタ

昭和四十年——。

浩宮誕生からわずか五年しか経っていないが、岩戸景気といわれた史上空前の高度経済成長はかつてない大量消費社会を生みだし、日本社会を大きく変貌させていた。

昭和三十年代後半は「黄金の六〇年代」であったと同時に、「政治の季節」から「経済の季節」に切り替わった時代ともいわれる。安保闘争から高度経済成長へ。これを演出したのが岸内閣のあとを継いだ池田内閣（昭和三十五～三十九年）だった。

日本経済の国際化と高度成長による経済の近代化をめざした池田内閣が、その実現の目玉にしたのが所得倍増計画だった。「政治の季節」によって失われた人心を、所得を倍にするというバラ色の目標を掲げることで取り戻そうとしたのである。そのための経済成長率を、年平均七・二％から九％に設定した。しかし国民の多くは、日本経済がようやく戦前のレベルまでもどったというのに、いきなり一〇年後の所得を倍にするといわれてもにわかには信じられず、むしろ「池田の法螺《ほら》吹き」として冷ややかに眺めていた。ところが、案に相違して所得倍増計画は着実に動きだし、昭和三十五年に一万五〇〇〇円だった大卒の銀行員の初任給が、一〇年を待たずして八年後の昭和四十三年には、三万五〇〇〇円と倍以上にはね上がった。

給料は二倍になったが、それにともなって物価もうなぎ登りに上昇していった。たとえば昭和三十六年に四〇円（東京都区内）だったもりそば一杯が、昭和四十五年には一〇〇円になり、昭和三十五年に一丁一五円だった豆腐が、昭和四十五年には三五円にもなって、物価は倍増かそれ以上になっていた。

この間に東京オリンピック（昭和三十九年）、新幹線（昭和三十九年）、名神高速道路開通（昭和四十年）と大型工事が相継ぎ、テレビは一家に一台にまで普及する。敗戦の衝撃で、自ら「四等国民」と自虐的に語っていた日本人が、「一等国民」の意識を持ち始めるのもこのころだった。

食うや食わずの時代を乗り越えたのが昭和三十年代とすれば、昭和四十年代は大量生産と大量消費が日本の隅々までいきわたり、やがてやってくる飽食の時代の片鱗を見せはじめる頃だった。開高健氏は『ずばり東京』というルポで、「黄金の六〇年代」の裏側にひそむ荒涼たる風景を描いたが、昭和三十八年の遺失物取扱所から見た社会も〈つぎの時代への過渡期〉をよくあらわしている。

〈金だけでも一年に千五百万エンおちるというのだ。カメラもおちる。時計もおちる。トランジスタ・ラジオもおちる。だいたい東鉄（東京鉄道管理局）管内だけで、いっさいがっさいを含めたら、金額にしてざっと数億の品と金が一年におとされるというじゃないか。よほどの忘我の狂乱がこの都の住人たちの頭のなかにたちこめている！　……〉（カッコ内引用者）

高度経済成長は日本国民を物的な貧しさから解放したが、その一方で深刻な問題も引き起こしていた。そのひとつが、全国的な工業化と都市化の波による公害の発生である。昭和三十七年ごろから大気汚染によるスモッグの被害が各地で急増し、さらに昭和四十年には阿賀野川水銀中毒が発生して下流の人々をパニックにおとしいれた。サリドマイドによる奇形児があらわれたのもこの頃だった。それでも「消費は美徳」に浮かれた多くの国民は、その奇跡の成長を心から歓迎した。勤勉で倹約を美徳とした生活スタイルから便利な消費生活を求め、農村から次々と都市へ集まってきた。そして昭和三十七年、東京の人口は一〇〇〇万人を超える。

日雇い労働者の街として知られた東京の山谷は農村からの出稼ぎであふれ、国電は通勤客ですし詰め状態になり地価の暴騰は近郊の練馬に多くの〝百姓大尽〟を出現させた。非行化の温床といわれた深夜喫茶の氾濫に手を焼いた政府が、風営法（風俗営業等取締法）を改正して本格的に取り締まりを始めたのが昭和三十九年だった。もう何が起こっても不思議ではないといわれた「無責任時代」の到来だった。日本の都市はここかしこで「狂騒」が渦巻いていた。

高度経済成長にあわせ、皇室費の予算も次のように増えている。

内廷費（天皇家の私的生活費）

昭和三十五年度　五〇〇〇万円

昭和三十六年度　五八〇〇万円
昭和三十七年度　五八〇〇万円
昭和三十八年度　六〇〇〇万円
昭和三十九年度　六八〇〇万円
昭和四十年度　六八〇〇万円

宮廷費（天皇家の公的な諸経費）
昭和三十五年度　四億一〇〇〇万円
昭和三十六年度　三億九五〇〇万円
昭和三十七年度　四億四〇〇〇万円
昭和三十八年度　八億三三〇〇万円
昭和三十九年度　二二億四七〇〇万円
昭和四十年度　三八億一〇〇〇万円
（一〇〇万円以下切り捨て）

宮廷費が三十九年度から急激に増えているのは、昭和三十九年六月に起工して昭和四十三年十一月に落成する昭和宮殿の造営費が加わったからである。これを差し引くと、実質的に昭和三十九年度の宮廷費は八億円台だと思われる。

浩宮の出産から五年、東宮家の環境も大きく変化していた。昭和三十五年四月、お住まいの新東宮御所が元赤坂に完成したこともそのひとつであった。総面積四三〇〇平米。新御所の特徴は、皇太子家から「公私の生活が区別できるように」との注文で、公である事務室と〝奥私室〟といわれるプライベートの空間に分かれ、それぞれが長い廊下で結ばれていたことだった。〝奥私室〟には子供室や美智子妃専用のキッチンもあった。

浜尾実元侍従によれば、

「(奥私室の)二階が両殿下のご書斎やご寝室で、一階にはわれわれが皇子室と呼んでいた子供部屋が二つありました。東宮御所は全部洋間です。畳の部屋はありません。だから、浩宮様は朝から晩までお靴を履いてらっしゃるわけ。靴を脱がれるのは、夜、お寝になるときだけです」

新御所の総工費は、当時の金額で二億二三〇〇万円だった。

この新御所に勤務する東宮職員は、侍従六人、女官四人、侍医三人、看護婦四人のほか、内舎人《うどねり》や事務員など総勢六六名。このうち一七名が交代で宿直する。

昭和三十六年の秋には昭和天皇と皇后のお住まいである「吹上御所」が完成し、その年の十二月八日に御文庫から移られた。

かつての「倉庫のような」といわれた宮内庁病院も、昭和三十九年に床面積二四一二平米、鉄筋コンクリート二階建てに建て替えられた。

二階には、緊急時にいつでも使用できる「御料病棟」がつくられ、シャッターで通路を遮断すると一般病棟から隔離できるようになっていた。御料病棟には天皇家と東宮家が入院する病棟と、それ以外の皇族が入院する病棟の二種類があった。いずれも入口は一般病棟とは別で、すでに入院している患者に配慮しなくてもいいように設計されていた。

旧宮内庁病院では、入院中の美智子妃のために食事を大膳部から運ばせたから、その都度温めなおさなければならなかった。新しい病院では御料病棟の向かいに配膳室ができ、温かい食べ物がそのまま入院中の皇族の前に運ばれることになった。

新宮内庁病院は、もちろん産婦人科医長である目崎氏の意見も取り入れられた。目崎氏はそのために、浩宮の出産にかかわった医師たちからも意見を聞いた。相談を受けた医師によれば、「昭和天皇がご入院されることも念頭にあった」という。御静養室の出窓に障子がはめられたり、和風の雰囲気を取り入れたのも、あるいはそのせいかもしれない。

東宮家にとって何よりも大きな変化は、美智子妃から「ナルちゃん」と呼ばれた浩宮が、昭和三十九年四月に学習院幼稚園へ入園したことだろう。当時の浩宮は学習院幼稚園の年長組であり、翌年の春から学習院初等科に進級する予定であった。美智子妃の妊娠がわかったのは、五歳の誕生日を祝ってから二カ月後のことである。

皇室の変化は時代の変化であり、その変貌は医療の世界も同じであった。

皇太子御成婚で急速に普及したテレビは、二〇世紀初頭に発明された真空管が主役だった。しかし小型で低電力のトランジスタは、またたく間にこの真空管を駆逐していった。やがてトランジスタを使ったラジオやテープレコーダー、そしてハイファイステレオが誕生し、これらの商品が怒濤のように一般家庭へ普及していく。昭和三十五年から四十年にかけての特徴は、これまで高価だったこれらエレクトロニクスが、大量生産によってあらゆる家庭に浸透していく途次にあったといえる。

浩宮のときは、分娩に関するＭＥ医療機器といっても、胎児心音監視装置がやっと手作りで完成するような時代だった。が、それから数年もすると、胎児心拍数計や胎児心電計を組み合わせた分娩監視装置が輸入され、同時期に国内でも生産が始まった。

橋本氏が開発した胎児心音監視装置は大人の背丈ほどもあったが、それにくらべてこれらははるかに複雑で小型化されていた。

保育器は、閉鎖型が登場してから機能そのものに大きな変化はなかった。変化はかたちよりもその背景となる理論にあった。

「たとえば保育器内の温度についていろいろ意見がありましたが、全体の趨勢《すうせい》として、三〇度から三二度の暖かい環境がいいとわかってきたように、医療の内容よりも理論武装が進歩した時代でした」と馬場一雄氏はいう。

未熟児にはとりあえず酸素を与えればいいという考え方も、昭和四十年になると適量をコントロールすることがスペシャリストの間で常識となっていた。この時代は未熟児医療のバックグラウンドが学問的に確立しつつあったともいえた。

美智子妃の妊娠が判明したのはこうした時代であった。


昭和四十年四月十二日、目崎氏はホテルのロビーで小林教授と会っていた。桜が満開だというのに、この日は東日本を季節はずれの寒波が襲い、真冬なみに零度ちかくまで気温が下がった。目崎氏は厚地のコートを手にしていた。

「どうも妃殿下がご妊娠のようですね」

小林教授はいった。星川侍医から連絡があったのだという。

星川侍医が目崎氏ではなく、小林教授に打ち明けたのは、ふたたび美智子妃の妊娠が決定すれば小林教授が御用掛となって指図することは間違いないものの、宮内庁病院が使われるとはかぎらなかったからではないかと思われる。のちに美智子妃は「浩宮のときは大変でした」と親しい医師に語られたという。宮内庁病院ではなく、正田家の主治医がいた聖路加病院に入院される可能性もあったのである。

ただそうなれば、小林教授の立場は微妙になってくる。「御入院」にしろ「東宮の延長」であるにしろ、小林教授を御用掛にいただく以上、システムとして宮内庁病院か東大病院以外は考えにくい。宮内庁病院か聖路加病院か、それを決めるのは御用掛であり、小林教授が御用掛である以上、最終的には小林教授の決定にゆだねるしかないのである。

目崎氏は、美智子妃の妊娠を知って心底から喜びがふつふつとこみ上げてくると同時に、その背筋から冷んやりとしたものが伝わってきた。それは二年前の昭和三十八年、二度目の妊娠が流産となったことを思い出したからであった。

「御流産」――、目崎氏には思い出したくないことだった。『目崎ノート』にはそのことについてごく事務的なことしか書かれていない。

美智子妃の〈第二回目御妊娠〉が発表されたのは、昭和三十八年三月四日だった。

このとき戸田康英東宮侍従は、

「皇太子様は非常にお喜びになっており、かねてから大人のなかで育っておられる浩宮様の遊び相手がほしいと思っておられた矢先なので、大変気を配っておられるようです」

と非公式に述べた。

この「御懐妊」発表は、日本国中をふたたびわかせた。すでに「皇統」を継ぐ男子が誕生している。気の早い人たちは、もっぱら「次は男か女か」に注目していた。

目崎氏のところに、〈美智子妃御懐妊〉の報がもたらされたのは、これより約一カ月前の二月十一日だった。このとき佐藤侍医長は目崎氏にこういった。

「妃殿下にご妊娠の兆候がおありのようです。二月二十四日に殿下とスキーにお出かけになるご予定でしたが、先日これを中止いたしましたので新聞記者がうるさく、また週刊誌も勘ぐっております。外部に漏れぬよう充分ご注意ください」

あるギタリストのリサイタルに出席する予定が、風邪を理由に急遽キャンセルされたこともあった。とりまく状況は浩宮の「御懐妊」のときとよく似ていたのである。

目崎氏はさっそく浩宮のときの分娩要員であった鈴村正勝教授にフリードマン検査を依頼した。鈴村氏は、浩宮誕生直後に東大から日本医大に転任して教授に昇格していた。このとき目崎氏が鈴村氏に依頼したのは、御用掛である小林教授が学会で海外に出張中のため不在だったからである。何かと相談するには、かつて浩宮を出産されたときに協力を仰いだ鈴村氏がもっとも適任と判断したのだ。そのうえ鈴村氏は、産科に関して当時の日本でもっとも信頼のおける医師のひとりだった。

「妃殿下には少し微熱がおありのようで、検査は慎重にお願いします」

が、フリードマン反応による検査結果は、浩宮のときとは微妙にちがっていた。単純に陽性とはいえないものがあったのである。このため、検査は何度も繰り返された。

鈴村教授は目崎氏にこういった。

「フリードマンは陽性なのですが、どうも稽留《けいりゅう》流産の可能性もあり、再度の検査で陰性になるかもしれません。さらに検査をつづけたいと思います」

二月二十三日、浩宮の「御誕生会」のあと、目崎氏は東宮侍医室で星川侍医にひと通り説明したあとこうつぶやいた。

「ご懐妊のどこか変です。今回のご懐妊はどうもおかしい」

星川氏は膝をのりだした。

「それはどういうことですか」

「フリードマンの検査が普通ではないのです」

目崎氏が疑っていたのは胞状奇胎であった。放置すれば他の臓器に転移することもあって危険だが、きれいに除去すればそれほど心配することはなかった。

その後の検査と拝診から、疑われていた胞状奇胎が次第に確定的になってきた。

やがて小林教授が帰国する日になったが、目崎氏はじっとしておられず、羽田空港に出迎えを兼ねてこれまでの経過を報告した。そして翌日にでも拝診をと、お願いした。

小林教授の拝診も流産の可能性を指摘していた。

目崎氏は、佐藤侍医長や村山院長（医務主管）らにこれまでの経過を報告し、由本東宮侍医と手術の準備について話し合った。検査に間違いがなければそれに越したことはないが、目崎氏らの不安が的中したらいつでも手術ができるように準備しておく必要があった。このとき、手術は宮内庁病院で行う方法と、東宮御所に東大から手術道具一式を運び込んで行う方法の二案が提示された。前者は通常の入院であり、後者は戦前によくあった御静養室での治療と同じ形式である。どちらを選ぶか、最終的な決定は東宮御所に任せることにした。

その夜、宮内庁病院のトップである村山院長は、目崎氏に電話でいった。

「(宇佐美)長官は、どちらで手術を行うかは、三月六日の皇后様ご誕生日までに決めたいといっておりました。私は、新聞記者に公表してもいいから、手術は禍根を残さないように病院でやるべきだと申しあげました。病院はその心構えでいるように」

三月二日には皇太子と美智子妃に、「この度のご出産は断念せざるを得ません」と奏上した。この時点で宮内庁は、美智子妃の出産は無理だとわかっていたのである。

ところがその二日後の三月四日、なぜか宮内庁は「美智子妃殿下はご懐妊になり、静養しておられます。ご出産は九月末か十月上旬の予定」と発表する。嘘だった。

宮内庁が発表した直後、目崎氏の自宅に、女性週刊誌の記者からいきなり電話があった。妻は留守だといったが、居留守をつかっていると思ったか、いきなりやってきてドアを叩いた。マスコミは二度目の「御懐妊」を祝福する一方、宮内庁の発表に何かすっきりしないものを感じていたからである。が、正直にそれをいうわけにもいかず、かといって嘘をつくわけにもいかず、弱った目崎氏は、妻にあくまで留守で通すようにといいつけ、ひとり押し入れに隠れてやりすごした。

「こんにちは赤ちゃん」が大ヒットし、街は三年ぶりの慶賀ムードにわいていた。

それにしても結果がわかっているこんな嘘を、なぜ発表したのだろうか。この「御懐妊」の発表から一七日後の三月二十一日、宮内庁はおめでたの発表を取り消し、「美智子妃殿下は異常妊娠で、ただちに御流産の処置がとられた」と発表する。

「御懐妊」の発表があったあと、目崎氏から「手術はどちらで行うのですか」と問われた星川侍医は、こう答えている。

「もし万が一、手術をしなければならなくなったとき、東宮御所に一応手術の準備はしますが、なるべくなら病院で行うつもりでおります」

東宮侍医である星川氏も、通常の「御懐妊」でないことを知っていたからこそ、こうした発言になったのだろう。

その後も検査がつづけられた。

三月十八日、これまでの検査結果から、小林教授は「ご出産は諦めざるをえない」と判断し、一日も早く宮内庁病院で手術を行うことを決意する。

「異常妊娠」が発表された翌日、美智子妃は宮内庁病院に入院された。そして小林教授の執刀で手術を受けられる。このとき麻酔を担当したのが山村秀夫東大教授だった。当時、山村教授は麻酔科にこの人ありといわれた第一人者だった。

小林教授と山村教授という、当時の日本を代表する医師たちの手で行われた手術は、ほぼ完璧に近いものだった。

術後の経過もよかったが、流産という異常な事態に美智子妃は大きく肩を落とされた。精神的な落ち込みは目を覆うばかりで、医師たちは声をかけられなかったという。

そして三日後の二十五日、美智子妃はあわただしく退院する。

退院されてからもフリードマン反応による検査がつづけられていた。これは手術が完璧に行われたかどうかを調べるためだった。

手術が終わった直後、正田富美子さんは、

「絶対に再発はないでしょうね、お子様はお生まれになるでしょうね」

と、医師たちに何度も確かめたという。

母である富美子さんも、美智子妃と同じように受けた衝撃は大きかったが、幸いにもその後の検査でまったく問題がないことがわかり、皇太子と美智子妃を取り巻く人たちを安堵させた。小林教授は学会に出席するため、鈴村教授と目崎氏に後事を託してジュネーブに向かった。が、美智子妃のこころは安堵されていなかった。

四月十七日、美智子妃はご静養のために葉山御用邸へ向かう。宮内庁は約一カ月の予定と発表したが、最初から三カ月の予定で向かわれたという。

葉山御用邸に到着されてから約一カ月後の五月二十一日、目崎氏は小林教授から電話で「拝診の結果、ほとんど回復されたようです」と伝えられた。しかしそれは肉体的な回復にすぎず、精神的な回復はその道筋すら見えないはるか彼方にあった。

侍医たちが美智子妃の快癒を実感したのは、礼宮出産後だったと星川氏はいう。

「やはりあの流産がショックだったんでしょうね。われわれ侍医たちも、礼宮様がお生まれになるまで大変でした。礼宮様がお生まれになったから立ち直られたのか、立ち直られたから礼宮様がお生まれになったのかわかりませんが、いずれにしろ、美智子様がご気分的にカラッと立ち直られたのは礼宮様がお生まれになった後でした」

礼宮の誕生――、それは美智子妃にとって、深い闇のなかで見つけた一閃の光芒であったのかもしれない。

昭和40年

4月12日（月）ＰＭ７：00　ホテル大谷　小林教授

星川侍医より何かある様な電話ありと。

4月22日（木）ＰＭ２：30

宮内庁よりＧ（妊娠の意）の発表あり。

［ＰＭ10：00］　自宅より　電話　小林教授

Friedman Ｒのみとすれば[redacted]（五文字不明）も疑れるおそれあり。東宮御所で適当に発表せるものなり。

分娩はどこでなさるか決定なし。種々の噂あり。
４月27日（火）ＰＭ２：00　医局　杉村侍医
懇談
お上より次の様な御言葉があったときく。
未だはっきりせぬ時期に何故に急いで発表せねばならなかったのか。流産するこ
ともあろうし又他の事もあろう。確実になって公表すべきである。外出云々の理
由説明のためとすれば何も一々その理由を説明しなくてもよいではないか。都合
に依り中止でよいではないか。
［ＰＭ２：30］　医局　電話　園田主計課内廷係長
１．分娩にあたってどの位予算を必要とするか。前は１００万円を要したが。
２．修理して使用可能か。
［ＰＭ３：00］　事務　直　中島用度課係長
主計課平磯課長補佐に２００万円は必要と申してある。
（カッコ内は筆者）

「御流産」から二年が経った。
昭和四十年四月十七日、数日前に季節はずれの寒波に襲われてから、まるで春を忘れ

たかのような日がつづいていて、この日の朝も一段と冷え込みは厳しかった。

午前八時三十分、目崎氏は小林教授が出かける前に自宅を訪ねた。

小林教授は熱い紅茶をすすりながらそっと耳打ちした。

「まだ拝診はしておりませんが、どうやらフリードマン反応は陽性のようです」

目崎氏は黙ってうなずいた。

今回の妊娠判定もフリードマン反応だった。それは宮内庁が小林教授に直接依頼したものだった。それから五日後の四月二十二日、浩宮のときと同じように、宮内庁はフリードマン反応が陽性ということのみで「御懐妊」を発表する。

発表があった日の夜、目崎氏は小林教授から電話を受けた。

「拝診もしないのに発表とはいささか困りましたな。どうしてそんなに発表を急いだのでしょう。なにか訳でもおありでしょうか」

目崎氏は「私もわかりません」と答えるのが精一杯だった。実際、目崎氏もその理由に思い当たる節はなく、また知らされていなかったのである。

浩宮のときはフリードマン反応の結果が出た翌日の発表だったが、今回は発表まで五日間の余裕がある。にもかかわらず「拝診もしない」のはなぜだろう。

流産されたあとだけに、あまりにも早い発表に昭和天皇が危惧されただけでなく、それを聞いた記者たちの間からも疑問の声があがった。そのことは当時の週刊誌にもこう書かれている。

〈それにしても早い発表だった。皇室のご懐妊の発表は妊娠四か月ないし五か月たって、流産の恐れがなくなってから発表されるのが恒例である。「憶測が流れても困りますしいずれわかることだから」と宮内庁では語っている〉（『週刊女性』昭和四十年五月十二日号）

世間の憶測を恐れたというのである。

目崎氏は不安だった。四月二十二日付の『目崎ノート』の五文字は判読不明だが、「Chrio」と読めなくもない。「Chrio」という単語そのものはないが、「Choriocarcinoma」を略して「Chorio」とするところを「Chrio」と間違って記したのではないか。「Choriocarcinoma」は絨毛ガンのことを指す。妊娠性絨毛ガンの半数は胞状奇胎のあとに発症するといわれ、目崎氏はこれを心配したのではないだろうか。二年前に胞状奇胎で流産されていることを考えれば、目崎氏としては気が気でなかったはずである。しかし東宮はあえて「御懐妊」の発表に踏み切った。

戸田康英東宮侍従は、「御懐妊」を発表したあとでこう語った。

「皇太子様も美智子様も、浩宮様が一人っ子ということもあり、次のお子さんを待ちわびておられたご様子でした。今回のことは、非常にお喜びになっています。天皇、皇后両陛下への報告も、箱根のご巡遊からのお帰りを待ち受けるようにしてご夫妻からなさったほどです。両陛下も新しいお孫さんができるということで、たいへんなお喜びようであったということです」

発表から五日後、美智子妃は宮中でのイラン皇妹を迎えた午餐会に出席した。はじめは軽やかに話されていた美智子妃が、突然ご気分が悪くなられるというハプニングがあった。胞状奇胎による流産を克服しての妊娠だけに、その安否が気遣われた。東宮侍医の拝診によってその後は何ら異常がないことがわかったものの、これが昭和天皇をご心配させたのだろう、マスコミ対策のための早期発表に不快感を示されるのである。

「御懐妊」を発表したにもかかわらず、いまだに入院先が宮内庁病院かどうか決定しないことに苛立ったのか、小林教授は目崎氏にこういった。

「ご出産の場所がまだ決まっていないようですが、最終的な決定権は私にあります。問題もあるでしょうが、マスコミのことを考えると、私は宮内庁病院がいちばん適していると考えています。とりあえず私の独断で、五月十八日に宮内庁病院を非公式に見学します。そのあとで打ち合わせをしましょう。いずれ坂元正一講師の意見を承りますが、できるだけ近代的な設備を備えたいと考えております」

目崎氏はいちいちもっともだとうなずいていた。そして「御懐妊」の発表直後に小林教授が口にした疑問に答えるかたちでこういった。

「ご妊娠の発表については一回反対したようですが、東宮から強いご意見があって発表になったようです」

4月30日（金）ＰＭ２：00　医局　直　村山院長

昨年ドック時に検査の御希望の場合セイロカ、虎ノ門《（ママ）》その他の病院名はあがったが宮内庁病院名は出ず、結局セイロカになりそれを御本人の希望でなく周囲からそこが最も妥当ですから是非行かれる様にすゝめる御言葉を希望。

［ＰＭ３：30］　医局　直　星川侍医

1．小林御用掛拝診

2．病院の準備は8月頃よりする積り。今度は器械のみでよいのであるから幾分気楽である。

5月12日（水）ＰＭ２：00　病院　斎藤副院長

昨日部局長会議にて妃殿下御出産に病院としての予算はどの位必要か予算提出する様に事務長をへてありたいと。

手術室設備は穂積外科医長と打合せる。

五月五日の子供の日、目崎氏は東大病院に入院中の佐藤久東宮侍医長を訪ね、浩宮を出産されたときのことを話し合った。前回の出産で、反省すべき点があれば早いうちに解決しておこうと考えたからである。

「ご入院先がまだ決まっていないようですね」

目崎氏がたずねると、佐藤侍医長はこういった。

「警備のことを考えると宮内庁病院しかありません。元気になり次第、病院を拝観いたしますので、そのときにでも打ち合わせをしましょう」

目崎氏に異論はなかった。前年に宮内庁病院を新しくし、いつ入院されてもいいようにと二階に御料病棟をおいたのも、この日のためなのだと目崎氏は思った。

「この際、病院の設備も充分に整えて、浩宮様のときのように医療機器を東大から借りないようにしたいと思っております」

宮内庁病院で出産されるとしても、目崎氏が気になったのは、浩宮のときに胎児心音監視装置や蘇生器をいったん東大に買ってもらい、それを一時借りることで美智子妃の出産に使用したことだった。その他にも小さな器具も東大から運ばせた。これでは宮内庁病院は場所を貸すだけで主体性がない。目崎氏には宮内庁病院医長としての面子《メンツ》もある。医療機器はぜひとも自前でそろえたいところだった。

それに看護婦たちのことも気になった。浩宮を出産されたときは、何かと命令口調になる東宮や東大の看護婦に病院看護婦が反発したり、出産後は美智子妃に近づけまいとする東宮側と、雑用のみ強いられる病院看護婦との間で感情的な諍《いさか》いがあったりしたが、今回の出産ではこうしたトラブルをできるだけ避けたかった。

目崎氏は嗄《しゃが》れた声で佐藤侍医長にいった。

「手伝いの看護婦たちの間で、この前のように不愉快な問題を起こしてもらっては困ります。どうすればいいか、ひとつ慎重に考えていただけないでしょうか」

感情的な諍いが起こるのは、責任の所在がはっきりしていないためである。問題の解決には宮内庁病院が「東宮の延長」ではなく、美智子妃が宮内庁病院に入院されることで命令系統を一本化するのがいちばんいいのだが、東宮が簡単に了承するとも思えなかった。目崎氏にとって、これは予算の獲得よりもむずかしい問題だった。

「お互いにしばらく大変ですが、がんばりましょう」

佐藤侍医長から励まされたようで、目崎氏は思わず笑った。

佐藤侍医長と話し合ってから一週間ほど経った五月十四日、目崎氏は病院の応接室で星川侍医と会った。星川氏は、予定日は十一月三十日だが、もしかすると十二月中旬になるかもしれないと伝えたあとでこういった。

「昨日は東宮職の幹部が集まって会議をし、妃殿下のご分娩先は浩宮様と同じ宮内庁病院に決定しました。使用される部屋についてはいずれ重田侍従が来院されますので、そのときにでも打ち合わせていただきたい」

ところが、星川氏はそのあとでぼそっとこう加えたのである。

「このことはまだ両殿下にはご了承いただいておりません」

いまはあのときの病院ではない。病院そのものが新しく建て直されているのだから問題はないはずだが、東宮としてはいい出しにくかったのだろうか。

小林教授を御用掛に選ぶ以上、東大病院か宮内庁病院しか選択肢がないのだから東宮幹部職の決定は当然であった。東宮幹部が正式に宮内庁病院と決めた以上、いずれ美智子妃もそのことを了承してくれるにちがいない。星川氏の言葉を聞きながら、そうなれば宮内庁病院としても最新の医療機器の準備をしなければならない、と目崎氏は考えていた。

「五月十八日には小林先生が来られますが、あいにくその日は私の都合悪く、こちらにおりません。目崎先生のほうで器械の準備について打ち合わせをしていただけますか」

「わかりました。その結果は二十一日にでも星川先生にご報告いたしましょう」

と目崎氏がうなずいた。星川侍医はさらにこういった。

「ところで目崎先生、それには予算がどのくらいかかるか、一度、小林先生とお打ち合わせを願いたいのですがいかがですか。都合によっては私が小林御用掛と相談したうえ、本庁に予算を要求することにします」

もちろん目崎氏に異議があるはずがない。が、少しばかり気になることがあった。星川侍医が宮内庁の主計課と交渉するのはいいが、それでは宮内庁病院をさしおいて東宮が予算を請求するようにも受け取れる。星川氏の厚意を思いつつも目崎氏は不安だった。星川侍医はさらりといったが、考えようによっては目崎氏にとって重大な問題である。予算を請求するのは東宮御所なのか宮内庁病院なのか、星川侍医はどちらを考えているのだろうか。

目崎氏は「どちらが主体なのですか」とたずねた。

星川侍医の返事はあいまいで、目崎氏にはどちらとも判断がつきかねた。のちに目崎氏はこの件を斎藤副院長に伝え、東宮側と話し合った結果、予算案は病院側から提出することになる。

目崎氏は、どちらが予算請求の主体になっても最新のものを準備すべきであり、東宮もそれに反対するはずがないだろうと肚に据えた。

浩宮誕生から五年──、欧米を訪問した池田勇人首相はドゴール仏大統領から皮肉を込めて「トランジスタ商人」と評されるほど、トランジスタを使った日本製のテレビやラジオが海外にあふれた。目まぐるしく変化するエレクトロニクスの発達は、当然ME機器にも影響を与えていた。

たとえば後述の『目崎ノート』に出てくる〈胎児心音綜合監視装置〉（分娩監視装置のこと）もそのひとつである。浩宮出産のときに橋本医局員が開発した胎児心音監視装置には「綜合」という文字がない。たったこの二文字のちがいで、橋本氏が開発した時代とは隔世の感があった。

すでに述べたように、橋本氏が苦心惨憺《さんたん》して開発した装置は、胎児の心音をとらえるだけだった。当時の技術としてはこれが精一杯だったのである。新しく導入しようとしている分娩監視装置は、心電図、心音図、陣痛図、心拍数の四種類が同時に測定できるという画期的なものだった。それも胎児と母体を別々に、同時進行で記録できたのである。

これを考案したのは、通称「エレ研」と呼ばれた、東大産婦人科の「ME及新生児研究班」(ME研究室)だった。MEに関心の深かった小林教授の指示で昭和三十七年にできたグループである。

このメンバーのうち、坂元講師、藤井仁、堀口貞夫、武井徳郎各医局員は、小林教授の要請で美智子妃の分娩要員として加わる。杉本氏が「浩宮さんのときはまだ明確に医師団というかたちはなかった」と証言しているように、どちらかといえば杉本氏や橋本氏といった個人的な技量に負うところが大きかったが、このときは小林教授を筆頭に、東大ME研究室というグループでプロジェクトを動かしていくのである。

ME研究室が考案した分娩監視装置を製作したのは、当時ベンチャー企業として注目され、昭和三十八年に二部上場した日本光電であった。

これらの装置が導入されたとしても、解決すべき問題点がいくつかあった。分娩室の隣には沐浴室と監視室が並んでいたが、この監視室が意外にも狭かったのである。これをどうするかが病室改造にかかわるさし当たっての問題点だった。

5月18日（火）ＰＭ５：15→ＰＭ７：15　病院懇談　小林御用掛
穂積外科医長に特に手術室、病室の説明を願ふ。
御料病室、手術室、分娩室、一般病室等を見て頂きつゝ設備器械その他につき打合せ懇談す。
Ⅰ．病室
ベッドの下方（足側）のわくが取はずしが出来る方が可。
Ⅱ．手術室、分娩室
(1)手術室
帝切の場合使用
(2)分娩室
イ）無影灯　７灯にする。現在の４灯をスタンドにする。
ロ）インタホーンをつける（監視室及控室の連絡）
(3)陣痛室

監視室狭く感ずるので監視室として使用、或は控室とす。陣痛室は使用せず病室にて監視し直ちに分娩室へ。

(4)監視室

狭いので如何か。

Ⅲ．器械

(1)分娩台、胎児心音綜合監視装置、蘇生器、未熟保育器すべて新しく。

坂元博士と相談考へる。

(2)帝切の器械は東大の一式で準備する。

(3)麻酔器は山村教授に一任

(4)X線骨盤測定器

器械を新しくするか、修理するか考慮する。

X線技師を東大へ勉強に出張させる。

医療機器の導入や病室の改造といった打ち合わせがつづけられるなかで、宮内庁病院での出産をいかにすれば美智子妃に満足していただけるか、といったことが話し合われていた。そのひとつが、穂積外科医長を交えた小林教授との懇談だった。話題はもっぱら分娩台や医療機器の一新だった。

このとき小林教授は、〈帝切の器械は東大の一式で準備〉し、〈麻酔器は山村教授に一任〉している。麻酔は山村秀夫教授以外に考えられなかった。前回の流産の手術にも麻酔を担当し、すでに実績もある。山村氏の記憶によれば、東大の先輩である星川侍医か小林教授のどちらかから次のように依頼されたという。

「この前（浩宮の出産）の美智子妃殿下は非常に難産でした。ことによると今回は帝王切開になるかもしれません。その危険もあるのでぜひ麻酔を担当していただきたい」

無痛分娩のためではなく、帝王切開のための麻酔を求められたのである。

当時も無痛分娩による出産はあったが、日本ではほとんど普及していなかった。「麻酔は害があっても益はない。万が一、赤ちゃんに麻酔がかかったらおかしなことになるんじゃないか」と恐れられていたからだと山村氏はいう。医者の間ですら、「出産は痛みが伴うものであり、自然分娩がいちばんいいのだから麻酔なんか必要ない」といわれた時代だった。イギリスでも無痛分娩は神を冒瀆《ぼうとく》するものと信じられていたという。

浩宮を出産されたとき、山村氏に相談がなかったのは、あるいは小林教授もこうした固定概念から抜け出せなかったのかもしれない。しかし、浩宮の出産で苦しまれた美智子妃のことを考えると、やはり麻酔の第一人者である山村氏の力がどうしても必要だった。星川氏は帝王切開の可能性を考えて山村氏に依頼したが、小林教授には無痛分娩も頭の片隅にあったのではないだろうか。

小林教授は目崎氏に、麻酔器の選択を山村教授に一任することを伝えたあと「X線骨盤測定器」について話し合った。すでに述べたように、この装置は「児頭骨盤不適合」の診断、つまり、胎児が産道を通過するのに骨盤が狭すぎないかどうかを計測するためには欠かせないものだった。

しかし目崎氏が気になったのは、むしろこの装置を扱うレントゲン技師の腕であった。宮内庁病院では普段から頻繁に使っているわけではない。いざというときを考えるとやはり不安があった。そこで、宮内庁病院のレントゲン技師を東大でトレーニングしてほしいと依頼する。小林教授は快く了承した。

このあと目崎氏は、小林教授を誘って近くの丸の内会館で食事をした。このとき次のような会話が交わされたという。口火を切ったのは目崎氏だった。

「いろいろ予算のことがありますので、小林先生のほうでできるだけ早く器械を決めてくださるようにお願いしたい」

「器械は坂元先生に任せています。坂元先生と相談して早急に決めましょう」

「そのときご連絡をくだされば星川先生か私がおうかがいいたします」

目崎氏がいうと、小林教授は「わかりました」と答えた。

「ところで、浩宮様のときは橋本先生や杉本先生にお手伝いに来ていただきました。今回はどなたがお手伝いに来てくださいますか」

「東大の教室にいる者がいいと考えていますが、まだ誰とは決めておりません」

「浩宮様のときはあわやご早産かで冷や汗をかきました。何事もなく安心いたしましたが、今回もご早産その他のことが起こり得ないともかぎりません。少なくともご妊娠五カ月（六月下旬）までに人選してお決めいただけますか」

浩宮を出産される前の早産騒ぎを思い出すと憂鬱になった。このとき目崎氏が小林教授に伝えたかったのはこのことだったにちがいない。

「それまでには決めるつもりでおります」

目崎氏は安心したが、もうひとつ気がかりなのは、最近小林教授が学会で東京を留守にすることが多いことである。そのことは東宮でも気にしていた。

「もしも小林先生が学会その他でご旅行中に何かが起きたときはどうするか、先生がお帰りまで誰が責任者として処置するかを決めていただけますか。決められたら東宮御所へ知らせておいてください」

「（東宮の）佐藤先生に伝えておきましょう」

「ところで、ご妊娠の発表があった翌日、御所へ夜遅くご診察に行かれたということですが、いかがでしたか」

「いや、あのときはお休みになったということでそのまま帰宅しました。拝診はその翌日になりました。いまのところとくにお変わりはなく、すべて順調にすすんでおります」

5月21日（金）ＰＭ１：30→ＰＭ４：00　病院応接室　星川侍医

穂積外科医長と共に器械の打合せを行ふ。

第一回目　御出産の場合の予算

薬品　　４６、７００円

消耗品　３６、９００円

器械　１、８９１、３５０円

穂積医長作成予算（＋）小林御用掛作成予算（分娩室器械関係）を共にして用度課へ病院より提出。そのあとは星川侍医折衝

［ＰＭ３：00］戸田東宮侍従長

戸田東宮侍従長　御料病室分娩室その他を検分さる。

［ＰＭ４：00］パレスホテル　斎藤副院長

(1)器械その他の予算は病院より提出

(2)医局その他の室使用に関しては副院長の折衝

5月23日（日）ＡＭ９：00　電話　小林御用掛

1．器械類を早く決めて頂く依頼す。昨日星川侍医よりも電話ありたりと。

２．明日坂元博士と相談して決める由
５月29日（土）大雨　ＰＭ１：00→ＰＭ４：30　東大　坂元講師室、小林教授室
胎児心音、心電計、陣痛計の立案せる器械について日本光電技師の意見を伺ふ。
→予算３０３万
５月31日（月）事務所
予算を作成し提出

五月十八日に会って以来、小林教授から連絡がなく、不安になった目崎氏は「医療機器を早く決めていただきたい」と催促の電話をした。そして五月二十五日、大粒の雨が降るなかを、東大から坂元正一講師が武井徳郎、藤井仁、堀口貞夫《お》の若い各医局員と小櫃《びつ》美智子婦長を同行して宮内庁病院にやってきた。いずれも美智子妃の出産を担当することになるスタッフである。何が必要で何が不必要か、それを決める前に現在使用可能な病院の設備と、手術室、分娩室、御料病室などを調査するためだった。

彼らが選ばれたのは、かつて橋本氏といっしょに胎児心音監視装置の開発を手伝ったことがあり、その後を継いでＭＥ研究室のメンバーになっていたからである。

このとき宮内庁病院の設備を見学した坂元氏はその印象をこう語っている。

「陛下も入院される病院だと聞いたからよほどすばらしい病院だと想像していましたが、

そうでもないんですね。めったにないことだからそんなにお金をかけられないのでしょう。病室だけはきれいにつくってありましたが、われわれからいえばBクラス以下でした」

山村氏も「外科の手術をやる病院としては中の下ぐらいです。設備も悪いしモニターもなかったですからね」と語っているように、機器が新しくなっても、依然として設備は貧弱だったのである。戦後、宮内庁病院が一般に開放されたといっても、現実には宮内庁の職員とその家族が利用するぐらいであり、少人数の患者のためにやたら予算をつぎ込むわけにはいかなかったからだろう。

坂元氏は東大医学部を昭和二十五年に卒業したあと、昭和三十一年から七年間、東大医学部の助手をかねて関東中央病院に勤務した。そして昭和三十八年に東大医学部講師に就任。小林教授が退官した昭和四十五年、助教授を飛び越えて講師からいきなり産婦人科教室の第一〇代教授に就任する。のちに秋篠宮紀子妃が出産されたときは、小林教授と同じ御用掛を務めた。

坂元氏はもともと内分泌（ホルモン）が専門分野で、医局に戻ってきたときもホルモンの研究をつづけていた。昭和三十七年にME研究室ができると、小林教授から「あの連中をまとめるやつがいないんだ。悪いけど君が面倒を見てくれないか」といわれて引き受けた。MEに将来性を見たのだろう。出産のために購入するME機器をはじめとした医療機器の選択を、坂元講師に一任したのは、今回の出産もME機器でお迎えしたいという小林教授の深謀遠慮だったと思われる。

この坂元氏について、星川光正元侍医はいまも強い印象が残っている。

「坂元さんはやたらと医療器具や器械を買え買えとうるさかった。私も往生した記憶があります。もともと海軍の士官で、終戦後、東大医学部に入学して昭和二十五年に卒業していますが、昭和二十五年卒は鐵門倶楽部（東大医学部OBの同窓会組織）で〝二十五年組〟と呼ばれていました。二十五年組には変わった連中が多く、怖いもの知らずというか敗戦で自棄になっていたというか、旧制高校の出身者とちがってとかく元気がよかったですね」

浩宮の出産に立ち会った鈴村助教授は日本医大教授に転任し、かわりに中山徹也講師が助教授に就任したが、講師の坂元氏が物怖じせずにいえたのは、性格もあるだろうが小林教授の直弟子だったからだと思われる。その坂元氏は、「いっそのこと、みんな買い換えてしまいましょうよ」といって目崎氏を喜ばせた。買え買えといったのも、坂元氏にすれば「その時代の最先端の器械をつかうのは医者として当たり前でしょう。そのための研究をしているんだから」ということだろう。

「私に手伝ってくれといわれたとき、新しいことはすべてやるつもりでした。器械はその都度新しくしていかないと、私らだって不安です。だから、新しく開発されたものは全部入れました。東大にあった新しい道具も全部持ち込みました。昔はそんなのがなくてもお産ができたという人もいました。冗談ではありません。そういう人には、死んだらどうするのですか、と脅かしたこともあります。

当時は購入機器のリストを、私が小林先生を通じて書面で出していました。それを目崎さんが交渉するんです。ところが、予算がどうのこうのとなかなか認めてくれない。陋習《ろうしゅう》にとらわれるところですから、さすがの目崎さんも困っていました。あの役所は旧来の陋習にとらわれるところですから、

私も絶対ゆずらないから、こちらが強くいわないと（美智子妃が）お気の毒ですよ。紀子様のときだってそうです。絶対に誤診はできないからＭＲＩはどうしても必要だといったらやっと借りてくる始末なんです。その点、目崎さんはちがっていました。監視装置を使わなければ無理だとわかっていたから、必死に彼らを説得されていましたね」

目崎氏も坂元講師もぜひにと購入を考えていたのは分娩監視装置だった。

「欧米は戦争に勝っていますから材料はよかったのですが、最新型の記録器はむしろ、経済的に余裕のない日本のほうが使いよかったのです」

分娩監視装置は輸入ではなく国産の、それも最先端のものを自前で製作することになった。すでに述べたように、これが日本光電で製作された胎児心音計、胎児心電計、胎児心拍数計、陣痛計の四つを一体型にした分娩監視装置だった。

「こういう器械は普通ベッドのそばにおくのですが、あの病院では狭くて入れられない。だから、別室でゆっくり監視するための器械をつくろうとなったのです。そのほうが妃殿下もゆっくりお休みいただけますからね」

坂元氏はさっそく日本光電の技師を呼んだ。

「こちらもベストを尽くしますから、そちらもベストを尽くせることは尽くしてください。光電さん、頼みますよ」

この丁々発止《ちょうちょうはっし》で何を頼んだかといえば、値段を安くしてくれと、口ではなく目で語ったのである。そうしなければ、試作品だけに研究開発費が加われば途方もない金額になる。それを抑えるための交渉でもあった。

目崎氏は東大の小林教授室で日本光電の担当者と会って話し合った。日本光電の見積もりは三〇三万円だった。小学校教諭の初任給を基準に現在の貨幣価値に換算すればおよそ三〇〇〇万円強になる。しかし日本光電の社内から、「こんな安い金額でつくれるのか」と反対があったという。実際、日本光電は赤字を覚悟で引き受けたのである。

医療機器というのは、そう大量に販売できるものではない。ユーザーである病院の数で絶対量が決まってくるからである。おのずと量産はむずかしく、年間に一〇〇〇台も売れたらヒット商品というのがこの世界である。そういう市場規模だから、開発にかけたコストはそのまま商品の単価に跳ね返ってくる。竹内郁雄監査役が「投資の回収に時間がかかるから、採算がとれない」といいつつ引き受けたのは、最先端の医療機器を製作することで、最新の技術が社内に蓄積されることを期待したからだった。が、それ以上に美智子妃の出産に使われるという、金銭にはかえがたい「名誉」が優先したようにも思える。

この分娩監視装置は量産されなかったが、似たタイプが日本光電のカタログに載っている。価格は一七〇万円。もっとも日本光電が坂元講師から特注で製作したものは、「考えられるかぎり最先端の計器を組み込んだ」というから、市販すれば相当の金額になったにちがいない。

当時はこの価格の三分の一程度の普及版が各地の病院に導入されつつある頃だった。杉本医師の記憶にも「昭和四十年に設計された病院にはME室があった」というようにME機器は急速に普及しつつあった。分娩監視装置のすぐれた機能にようやく医師たちが気づき始めたといえるが、それだけではなく「医療裁判が増え始め、いざというときのために証拠を残しておこうということからでした」と前出の佐川和萬氏はいう。

ひと通り病院を調査した坂元氏は、「五月二十八日までに必要とする器械類の案をつくっておきますので、東大までご足労願いたい」といった。

五月二十九日、目崎氏は雨のなかを東大に向かった。教授室では小林教授や坂元講師のほかに日本光電の技術者がいた。このとき目崎氏ははじめて準備すべき器械の一覧表を見せられた。目玉は分娩監視装置だった。これから製作するものである。目崎氏は日本光電の技術者にその価格をたずねた。するとこう答えたと目崎氏はメモに記している。

「約三〇〇万円です。ほとんど原価ですのでこれ以下にはできません」

目崎氏は了承し、話題を坂元講師にふった。

「各部屋に空気清浄機を取りつけてはいかがでしょうか」

「あれは殺菌作用があると聞いております。ぜひ買いましょう」

このとき受け取った器械の購入リストをもとに、目崎氏は予算案を作成して二日後に宮内庁へ提出した。

第七章

「分娩はみせものではない」

六月にはいると、小櫃美智子東大婦長が美智子妃の助産婦に就任することが正式に決定した。浩宮出産のときの助産婦・柏木登美乃婦長が昭和三十八年十月三十一日付で定年退職していたからである。小櫃婦長が、東大病院の産婦人科看護婦長になったのは昭和三十八年十一月。三十五歳だった。この年齢で婦長になるからにはよほど優秀だったのだろう。のちに美智子妃から請われて東宮の女官になっている。

助産婦が決まり、これで美智子妃の出産を担当する主役がほぼそろったことになる。あとは細かい職務分担を決めて打ち合わせをすればいいだけとなった。しかし、このころから目崎氏をいちばん悩ませた予算獲得の攻防が始まるのである。

6月4日（金）ＡＭ1：00　病院　星川侍医
1．経過を報告
2．6月1日（火）小林御用掛拝診（内診）
3．助産婦は小櫃婦長に決り近日発令の予定
4．毎週金曜に打合せることとす。
6月11日（金）ＰＭ1：30　病院　星川侍医
1．購入する器械について星川侍医の個人的意見をＡＢＣ順に承る。
2．毎週金曜日にすべて色々打合せることとす。

野本秘書課長
来る6月14日午後2時に予算について説明に来るようにとのこと。
6月12日（土）ＰＭ１：00　東大坂元講師室　坂元講師
１．坂元講師室に於て坂元講師、藤井仁先生、小櫃婦長と東大作成せる必要器械一覧表と目崎作成提出せるものと比較しつゝ佐藤侍医長の御希望に沿い、ＡＢＣ順に必要程度を決める。
坂元講師より小林教授と最終的には決めて頂きたいとの希望あり。
２．引続き応接室に於て、武井、堀口両先生を加へ日本光電技師外崎氏他１名の方と昨日の現場調査をもとに色々検討する。その結果、
(イ)器械はそのまゝとする
(ロ)扉を改造する
(ハ)製作に約４ヶ月を要するので注文発注前に製作にかゝる。福田エレクトロのマイクは一応東大研究室が購入して日本光電に渡す（宮内庁購入方法は中止）
(ニ)設計　７月中旬
完成　９月中旬
東大実験　10月初旬

六月十七日、目崎氏は宮内庁病院の「工事申立書」を管理課に提出した。病室のどこを改造するか、坂元講師らと相談した結果をまとめたものである。管理課に要請したのは次の五点だった。それほど高額な改造ではないから、おそらく修正なしにこの案は認められたはずである。

一、分娩室から各部屋にインターホンを取りつける。
二、監視室と分娩室の間にある窓の戸車を取り替える。
三、監視室の入口を拡張し、棚などをすべて取り外す。
四、沐浴室の壁タイルを貼りなおす。
五、消毒室に高圧蒸気で消毒する装置を取りつける。

それよりも、目崎氏の視線は、最新の医療機器をそなえるのに充分な予算を獲得できるかどうかに向けられていた。

この『目崎ノート』には〈前は100万円を要した〉と書かれている。ただしこの金額には東大で購入した器械類は含まれていない。胎児心音監視装置もいったん東大で購入し、翌年度の予算で支払ったものである。それらを含めても二〇〇万円前後だろうが、今回の出産で東大と宮内庁病院側が提出した予算案は約一〇〇〇万円だった。昭和三十五年から四十年にかけて物価は約二倍になったことを考慮してもずば抜けて多い。これは宮廷費や内廷費とは別枠で大蔵省に請求することになっていた。

おそらく宮内庁の用度課か主計課がこの予算案にクレームをつけたのだろう。東宮の佐藤侍医長を通じて「予算が大きすぎるから、ご出産に絶対必要なものだけを購入するように検討してほしい」と小林教授に伝えてきた。このため、目崎氏は坂元講師や小櫃婦長たちといっしょに、東大側が作成した購入器械一覧表と目崎氏が提出したそれを比較しながら、必要程度に応じてＡＢＣ順に分類した。

もっとも購入すべきかどうかの決定権は小林教授にある。御用掛である小林教授が「すべて必要なものである」と決断したら、たとえ予算をオーバーしても宮内庁は購入しなければならないといわれていた。御用掛にそれだけの権限があることをさしているのだが、ただしこれは一般論にすぎない。戦前ならいざしらず、皇室の歳費が国家予算に組み込まれるようになった戦後、御用掛がそこまで強く出ることができるかどうか。それよりも小林教授の性格からはそこまで強い態度に出るとは考えにくかった。そこで目崎氏は坂元氏らと相談し、削る必要が生じたときの場合にそなえ、とりあえず必要順にならべたというわけである。しかし分娩監視装置だけは、坂元氏もいうように「これがなければ無理だ」というものであり、購入されることを前提に日本光電へ発注した。予算の決定を待っていては製作が間に合わないからである。

この装置は、胎児心音監視装置のように新しく開発するのではなく、胎児心電計や心拍数計など、これまで市販されている最新の器械を最大限に組み合わせたものだったが、それでも製作に数カ月はかかるはずだった。

装置の完成をいつにするか、当時はこれも重要であったと坂元氏はいう。

「当時は目まぐるしく技術が改良されていた時代でした。遅くなればなるほど、装置に組み込む器械もよくなってきます。かといってあまり遅くなると間に合わない」

この兼ね合いのなかで、九月中旬完成を日本光電との間で取り決めた。

宮内庁主計課と用度課は、前回の予算にくらべて一〇倍では大蔵省を納得させられないと考えたのだろう。六月二十一日、宮内庁の会議室に目崎氏を呼んで説明を求めた。

「浩宮様のご出産のときより予算が厖大《ぼうだい》になったのはなぜですか。その理由を大蔵省に理解できるよう説明していただきたい」

主計課長は目崎氏にいった。

これに対して目崎氏は、およそ次のように説明したという。

「浩宮様のときは設備が充分ではなく、ご分娩を担当する医師たちも大変苦労いたしました。今回はあのようなことが二度とないよう、生命に対して絶対の安全性に配慮することを前提に、万全の準備をせねばならぬと考えております。いまだに器械類の多くは戦前のものであり、前回のご分娩の際に新しく購入したものも、あれから約五年が経過して古くなっております。医療器械は年々進歩しており、生命の危機に対して万全の医療態勢で臨むには、より最新の器械を導入すべきです」

目崎氏のいう通りだった。浩宮が誕生したころは真空管が全盛だったのに、わずか二年後の昭和三十七年にはトランジスタを使った国産初の大型コンピュータが開発され、昭和三十九年にはＩＢＭからＩＣによる第三世代のコンピュータも登場している。エレクトロニクスの世界は駆け足で変化していたのである。

用度課長は目崎氏の説明に納得したのか、「とりあえずこの予算で大蔵省と交渉してはどうか。削れといわれたらそのとき削ればいいではないか」と主計課長に進言する。

主計課長も「生命の危機」といわれて反論できなかった。が、それでも予算案の削減にこだわったのか、「薬品の予算を以前の予算七万円に多少上まわる程度に削減できないか」と、かなり細かいことまで要求した。このとき目崎氏らが提出した薬品代は三〇万円。主計課にすれば病院側から提出された予算案をそのまま鵜呑みにするわけにもいかず、二〇万円でも削減させたことの実績を示したかったのかもしれない。

二時間ちかい話し合いの結果、主計課と用度課は、結局目崎氏らが作成した予算案をそのまま提出することにした。

当時の宇佐美毅長官や瓜生順良次長は、美智子妃の出産に関する予算にかぎり、きわめて鷹揚な態度をとっていたが、大蔵省と折衝する主計課長やその上司である大蔵省出身の皇室経済主管は殊のほか厳しく、ことあるごとに目崎氏を呼んで説明を求めた。

「どうしても必要なら何とかする」と宇佐美長官がいう一方、皇室経済主管は頑として認めなかったという。星川元東宮侍医は「美智子様のご出産となると金に糸目はつけず、こちらが望んだものはみんな買ってくれました」というが、現実は日崎氏たちが主計課とかけひきをしながらやっと手に入れた予算だったのである。

6月16日（水）ＰＭ５：00→ＰＭ８：00　佐藤東宮侍医長宅　佐藤東宮侍医長
Ⅰ．入院であるが御所が移って仕事は行う。
Ⅱ．御料病室以外の室使用及産婦人科入院中止については院長と相談してほしい。
Ⅲ．小林御用掛より提出の東大よりの分娩要員及助産婦の履歴書を拝見する。
中山徹也、坂元正一、藤井仁、堀口貞夫、武井徳郎、小櫃美智子（Ｓ３・７・13生）
Ⅳ．購入器械、工事について説明（御所或病院何れが予算に主なるかはっきりせず）
Ⅴ．妃殿下の性格及御所の事情を承る。
Ⅵ．職務分担は東宮侍医間で相談、その後東宮幹部と打合せ決めて、打合せるとのこと。
Ⅶ．内岩田帯　→７月７日（いぬの日）
Ⅷ．７月10日頃軽井沢へ。

Ⅸ．宮内庁病院で行うことは未だ申し上げていないが、その積りでおられる様である。
若し万一セイロカ御希望の場合は御用掛を小林教授辞任せられる由
6月18日（金）PM０：30　病院　星川侍医
あくまで入院である
6月24日（木）AM10：00　電話　佐藤東宮侍医長
(1)併任の辞令出す様に申し入れてある。
(2)看護婦何人か決めて御手伝い願い度い。御推選願いたし。
(3)分娩室内　９人の予定
分娩室　小林、目崎、中山、後藤、佐藤、小櫃、大武、田中、斎藤
［PM１：00］病院　薬品30万円を15万円位に減少してほしいと事務長より話あり。
後藤博士と準備せるも用度課長よりそのまゝ提出してはとの話あり。
6月29日（火）
用度課より予算を主計課に提出。説明打合せたる由
7月1日（木）病院　小櫃婦長
併任辞令発令挨拶来院。重田事務主管同道

本格的な梅雨の時期に入り、目崎氏が気になっていたもうひとつのことがあわただしく展開し始めた。それは、美智子妃の入院が、実質的に宮内庁病院への「御入院」というかたちをとるのか、それとも浩宮を出産されたときのように、名目上は入院でありながら「東宮の延長」になるのかという問題だった。「無事御出産」が最終目的ならどちらでもいいことで、国民から見ればこうしたことを議論すること自体ばかばかしいことなのだが、目崎氏ら宮内庁病院職員にすればどちらに決定するかでその立場も変わってくるという微妙な問題をはらんでいた。

予算案が一段落すると、このことが東宮と宮内庁病院の間で重要な問題となってきた。目崎氏は世間一般と同じように「御入院」にこだわったが、東宮側は美智子妃をお世話するのはあくまでも東宮であるという姿勢を崩さなかった。「御入院」となれば、病院のトップである村山浩一院長と主治医の小林隆教授がすべての実権を握り、東宮職は埒外に置かれることになる。たとえ短期間であっても、「御入院」は東宮としての存在意義を失わせるやもしれない、と彼らが考えたとしても不思議ではなかったものの、水面下で激しくかけひきが行われていたことが『目崎ノート』から伝わってくる。

六月十六日、目崎氏は佐藤東宮侍医長から呼ばれ、診察が終わったあとで侍医長宅に向かった。このとき目崎氏は、浩宮を出産されたときは命令系統が混乱して困ったことなど、問題点をいくつかあげて説明した。暗に「御入院」のかたちで命令系統を一本化してほしいと訴えたのだが、佐藤侍医長から返ってきたのは、

「入院であるが御所が移って仕事は行う」

というものだった。ところが二日後の六月十八日、星川東宮侍医の個人的な意見かもしれないが、目崎氏に「あくまで入院である」と語っている。

その三日後の二十一日、宮内庁秘書課から連絡があり、

「本庁の最高官会議において、併任の辞令は出さないように決定しました。理由は入院であるとのことです」

と斎藤英一副院長を通じて知らされた。目崎氏が喜んだのはいうまでもない。浩宮を出産されたとき、目崎氏は秘書課に「感想及意見」を提出して〈医療に関しては入院の形が望ましい〉と訴えたが、あるいはこの意見書が参考にされたのかもしれない。宮内庁病院の職員が東宮職との併任にならなければ実質的な入院である。ところが、これに東宮が反対したのだろうか。二十四日になると佐藤侍医長から、

「東宮職併任の辞令を出すように申し入れてある」

といわれる。そして翌二十五日、ふたたび斎藤副院長から、

「医局その他の使用について、東宮側と意見の衝突が多少ありました。どちらにしろご入院といっても名目だけなので、病院側が折れるのが最良でしょう」

といい渡される。目崎氏は憮然としていた。病院の幹部である副院長からそういわれれば意地を張ることはできない。目崎氏は諦めざるを得なかった。

これ以降、しばらく『目崎ノート』には「御入院」か「東宮の延長」かといった問題は登場しない。突如としてあらわれるのは三カ月後である。おそらくその間、目崎氏の知らないところで画策があったのだろう。九月二十九日の夜遅く、目崎氏は村山院長から電話を受け、こう告げられた。

「妃殿下は表向きご入院というかたちをとりますが、これはあくまでも名目で、結局は東宮御所の延長であります。これはすでに決定したことです。いろいろ陰でご苦労をおかけしますが、ここはひとつ皇室のために我慢をお願いしたい」

「皇室のために我慢願いたい」といわれて目崎氏も返す言葉がなかった。

「病院職員としては今後もそのつもりで行動し、なにごとも万全を期すようにして下さい。残念ですが、やむを得ないことです」

ところが、当時宮内庁病院に勤務していた後藤トモ子医師によれば、「礼宮様のときは病院にご入院するということで、予算やらなにやら全部病院でやりました。だから、礼宮様のときはご入院のはずです」と語っている。浩宮のときはいろいろ混乱したこともあったが、礼宮のときはそれぞれ責任分担がはっきりしていて、それほど混乱はなかったはずだと証言する医師もいた。これはいったいどういうことなのだろうか。

美智子妃の出産というプロジェクトは、東宮系、東大系、宮内庁病院系の三系統が合同で担当したが、それぞれの立場は必ずしも平等とはいえなかった。東宮系は東大系と別系統ではあっても、東宮侍従のほとんどは東大出身で立場は拮抗していた。その点、東大出身者でかためていなかった宮内庁病院系は立場も弱く、しわ寄せはここに集中した。これがトラブルの一因にもなったのだが、おそらく浩宮のときと同じ轍《てつ》を踏まないようになにがしかの配慮があったと思われる。たとえば職域をきめ細かく分けたり、責任分担をはっきりさせたりするといったことである。

ただ、目崎氏が危惧したことは完全に解消されなかったとみえ、美智子妃が出産されたあと、目崎氏は「御料病棟に希望のもの」と題した報告書を秘書課宛に提出している。前半に〈今回の御入院により特に必要と痛感せるもの〉として〈室の新設〉と〈設備〉に分けて具体的に示しているが、問題は後半の《希望》以下の部分である。

《御料病棟に希望のもの》

今回の御入院により特に必要と痛感せるもの

1．室の新設

イ）新生児室

ロ）調乳室

ハ)沐浴室
ニ)応接室(御休所)

2. 設備
イ)分娩監視装置の配線
ロ)照明度
ハ)各室の温度湿度の適正
ニ)廊下の冷暖房

《希望》

1. 病院産婦人科の準備係としての立場
特に助産婦。病院の立場を理解し善処する大きな心がほしい。

2. 東大関係、御所病院の連絡
東大病院の連絡は大体良なるも三者一緒の連絡にもう少し充分であってほしい。御互に十二分の連絡しても充分のことはない。無駄が出来易い。器械、沐浴槽その他。

3. 本庁との折衝にしかり

4. 分娩室、手術室の温度湿度の調整
今回は変動甚しく、急に上昇或急に下降し、調整不充分。静養室に於ても同じ。

〈温度湿度の調整〉以外、すべて人間関係である。これを読むかぎり、どこかで東宮が宮内庁病院関係者を見下しているようにも思える。こうしたことに漠然とした不安感があったのか、後藤医師は外来患者もかかえていて、彼らを無視するわけにはいかないとの理由で、のちに〈御分娩担当〉を辞退した。これで分娩室にはいるのは八名になる。後藤氏は分娩室にタッチしないかわりに、出産がどんな場面になっても困らないように、薬品類など一切合切の準備を引き受けた。

7月2日（金）ＰＭ１：00　病院　星川侍医
打合せ
1．10月末までに準備完了するように努力する
2．7月7日　内着帯　白羽二重
3．その日東宮幹部打合せ会
4．7月21日　三殿下軽井沢へ　9月16日頃まで御滞在予定
7月7日（水）ＡＭ９：30　御所
内御着帯式（出席せず）

7月15日（木）ＰＭ１：00　病院
中島氏より以下の如く予算通過をきく。（精細は予算書参照）
　病院　要求額　１０、３９６、０００
　　　　内示額　　９、３７９、０００
後藤博士に小器械（例、コッヘルその他）の必要数、要求数、現在数の比較調査を命ず。
7月18日（日）ＰＭ10：30　電話（東宮御所→自宅）佐藤東宮侍医長
勤務分担について色々の意見が出たから、その事情を説明して相談致し度いから御所でなく自宅に来訪せられたい。
分娩室に入るものを出来る丈少なくしたい。
助産婦（大武或田中）１名のみ。
7月21日（水）
両殿下、浩宮様　軽井沢へ
7月27日（火）ＰＭ１：00　東大産婦人科　小林教授、坂元講師、小櫃婦長
風間Ｘ線技師を連れて東大坂元講師を訪ね実習を依頼
東大小川技師に指導を受けることとなる。８月１日～10月末まで火、木週二回

七月十五日、〈美智子東宮妃殿下第三回御妊娠御分娩〉にかかわる予算は、最終的に一割減の九三七万九〇〇〇円と決まった。予定より一〇〇万円ほど少なかったが、これなら充分調整できる金額だった。目崎氏は胸を撫で下ろした。

予算案の通過から一週間後の七月二十一日、皇太子夫妻は五歳になられた浩宮をつれて軽井沢へと向かわれる。予定は九月十六日までの約二カ月だった。

軽井沢はもともと宿場町である。江戸時代には「浅間の三宿」として、沓掛《くつかけ》宿、追分《おいわけ》宿とともに大名の参勤交代や商人の往来で栄えた。ところが明治になると汽車が走るようになり、かつての賑わいが消えて淋しい村になった。この地が避暑地に適していることを発見したのはイギリス人宣教師のA・C・ショーだった。大正時代になると、西洋の避暑生活をまねて〝上流階級〟や文化人の別荘が次々と建つようになった。

昭和二十四年、皇太子は家庭教師のバイニング夫人にさそわれてこの軽井沢で過ごされた。このときの〝自由〟がよほど心地よく感じられたのだろう、皇太子は翌年の夏から毎年ここに来られるようになった。

この年の軽井沢滞在中、美智子妃は帰京の二日ほど前に川端康成氏の山荘をおしのびで訪ねられた。おそらく九月十四日前後だろう。

美智子妃の体調は申し分なかった。

浩宮の養育掛として軽井沢に同行した浜尾実氏によれば、この頃の美智子妃はミシンを使って産着を縫ったり、毛糸で御包《おくる》みを編んだりと出産の準備に余念がなかったという。

東宮御所では一日ごとに交代する侍医も、皇太子や美智子妃が軽井沢や那須で静養される場合、「往復が大変ですから、三人の侍医が一週間交代でお仕えする」（星川氏）のだという。このときは美智子妃が妊娠中でもあり、あとで小林教授も駆けつける予定になっていたが、それまでに万が一のことがあってはと地元の病院にも協力を要請した。依頼した病院は浅間病院と小諸《こもろ》の田村病院だったが、この病院が選ばれたのは、いずれもそこに小林教授の弟子がいたからである。

時間が前後するが、皇太子一家が軽井沢へ出立される前に、目崎氏は佐藤侍医長から電話を受けた。職務分担案についてであった。

「分娩室に入る者をできるだけ少なくしたいと考えています。できれば病院側の者を減らしたいが、検討していただけないでしょうか」

美智子妃は、「前（浩宮のご出産）のときは多すぎました」と周囲に漏らされたが、結局、ふたを開けてみれば今回もこの時点で総勢九名が分娩室に入ることになった。何やかやと議論百出しながら、これでは何も変わらないことになる。一患者とすればさぞかしご不満にちがいない、坂元講師もこういって首をかしげる。

「ご出産のときに侍医長や宮内庁病院の部長も立ち会わないといけないとはお気の毒で

す。なんでこんなことするんだろうと思いますよ。『親王殿下かどうか確認しなければなりませんから』なんていう人もいましたが、赤ちゃんを入れ替えるわけでもなし、そんなことはあとでもできるじゃないですか。さすがにこのときは妃殿下も断りたいといわれましてね。これはまずいと思ったから、（分娩に直接関係のない方は）窓から外を見るようにしてくださいといいました」

しかし東宮にすれば、おいそれと変えるわけにはいかなかった。それに万が一のことを考えれば、麻酔医や介助役の看護婦が別室で待機するより、その場にいたほうが何かと対処しやすいからである。

七月九日、目崎氏は、佐藤侍医長を中心とした東宮侍医三人が作成した職務分担案を星川侍医から受け取った。目崎氏と斎藤副院長はこれに多少の変更を加え、その理由と意見を添えたうえで、「最終決定は東宮でされたい」とふたたび東宮に返した。目崎氏の記憶によれば、およそ次のような配置であったという。

Ⅰ．全般の総指揮　村山皇室医務主管

Ⅱ．分娩室

主（小林御用掛、目崎医長、小櫃東大婦長）

控（中山東大助教授、後藤医員、大武田中両助産婦、斎藤看護婦）

立会（村山皇室医務主管、佐藤東宮侍医長）
東大分娩要員は小林御用掛の命に依り宮内庁看護婦は院長、斎藤副院長、或目崎医長、或は上沢総婦長の命に依り補佐す。

Ⅲ．手術室
術者（小林御用掛、中山東大助教授、目崎医長）
器械係　小櫃東大婦長
麻酔　山村東大教授、穂積外科医長
注射　星川東宮侍医
看護婦（雑役）佐藤婦長、望月看護婦、大武田中両助産婦

Ⅳ．分娩直後の沐浴及計測
(イ)沐浴　小櫃婦長　都合悪い場合　大武助産婦
(ロ)新宮様体計測　小林御用掛　都合悪い場合　目崎医長

Ⅴ．廻診
小林御用掛　都合の悪い場合　目崎医長

Ⅵ．沐浴及処置
小櫃婦長、大武、田中両助産婦３名と補佐として東宮看護婦３名が交互に行う。

Ⅶ．適当の時期まで目崎、後藤交互に当宿

この職務分担について東宮側から反対意見があったのか、皇太子一家が軽井沢へ出立する三日前の七月十八日、目崎氏は佐藤侍医長から電話を受け、「分娩室に入る者をできるだけ少なくしたいので、一度相談したい」と告げられる。

一向に改善されない分娩要員について、軽井沢でご静養中の皇太子夫妻も気になっておられたのだろう。佐藤侍医長との間で次のようなやり取りがあったと目崎氏は記している。

〈侍医作成の職務分担に関して

東宮幹部会に於ては医療に関しては侍医一任で承認せられたが両殿下より2～3の理由で変更の御希望があった。

変更その他の御意見が出るかと思い、分担案御説明申し上げる前に一応以下のことを申し上げた。

宮内庁病院以外の病院へ入院せられた場合は小林御用掛も関係されず又すべて先方に一任して侍医は遠慮せねばならぬが、宮内庁病院は御料病院であるので多少の我儘は申せるから此の際病院のものに或る程度光栄に浴させたい。

両殿下の御希望意見

1．分娩はみせものでないから出来る丈人を入室させたくない。この前は多すぎた。御料病院であるが病院のものは御料のものでないから遠慮して頂いて小人数にしたい。

2．沐浴他は一貫して一人にしたい。従って小櫃婦長一人にしたい。分娩直後万止む得ぬ時のために東大よりもう一人沐浴役を頼まれたい。補助は東宮看護婦にされたい。

3．帰所後のために東宮看護婦を東大へ沐浴実習に出してほしい。〉

病院がどこになるかいつまでも決定をみないままになっているのを憂えた佐藤侍医長は、「ご出産は宮内庁病院でお願いしたい」と申し出、皇太子ご夫妻はそれを了承するかわりに、通常の分娩と同じように分娩室に入るスタッフを少人数に制限したいと希望を述べられたということだろう。

これ以外にはとくに「御意見」も「御希望」もなかったという。考えてみれば、〈両殿下の御希望〉といってもごく普通のことである。無理難題でもなんでもない。それが簡単に通らないところに皇室のむずかしさがあった。

軽井沢から戻った佐藤侍医長は、自分の意見を交えながらひそかに次のような妥協案を考え、目崎氏に伝えた。

〈1．大武のみ雑用として残し、他2人は控として別室に待機する。
斎藤看護婦は妃殿下の附添で医療に一切関係しない。
2．沐浴　毎日小櫃婦長　補助東宮看護婦
小櫃婦長都合悪い場合は東宮看護婦
3．東大へ実習を依頼する
4．当宿は案通りの予定
5．帝王切開の場合の案は公表しない（小林御用掛の意見）〉

かつて目崎氏は、この出産で〈女子手伝いの不愉快な問題〉を起こしたくないと訴えたが、これに対して佐藤侍医長は、「東宮看護婦は妃殿下の付き添いだけで医療に関与せず」と答えたと『目崎ノート』に記されている。看護婦の職務を重複しないように分担すればトラブルも解消されると考えたのだろう。しかしこのときの佐藤侍医長の案では〈沐浴　毎日小櫃婦長　補助東宮看護婦〉と、東宮看護婦が沐浴に関与することになっていた。沐浴も医療である以上、約束違反である。『目崎ノート』の欄外に〈東宮看護婦は医療に関与せず附添のみの考へに反する〉と書いたのは、そのことが頭をよぎったからだろう。

後日、目崎氏は佐藤侍医長の提案について村山院長（皇室医務主管）と相談し、九月二十四日に佐藤侍医長へ次のように回答した。

〈1．9月23日小林御用掛拝診の筈
2．大武助産婦を雑用として分娩室に入れるようにする。
3．東宮看護婦2名10月4日より1週間交代に沐浴実習
斎藤看護婦は必要ないと思ふが本人は希望して行く積りでおるらしい。
4．当日沐浴係を小林御用掛に依頼〉

問題の東宮看護婦が沐浴に関与することについて、病院側から困るともいえず、結局村山院長は御用掛である小林教授にすべてゲタを預けることにしたのである。

8月16日（月）PM6：00　芝Crescent→自宅　小林教授
小林教授のお招きにて芝Crescent→目崎宅にて懇談
(1)何れ分娩関係のみで打合せを行う

(2)X線骨盤測定について両殿下に御説明せる件
9月13日(月)ＰＭ２：00　病院　電話　並木皇室経済主管
妃殿下御出産後、手不足で使用出来ぬものは華子妃殿下(昭和三十九年九月三十日に正仁親王とご結婚された常陸宮妃)の御出産まで充分に利用出来る病院へ貸して利用したら如何との大蔵省の意見だが如何か。
当方は此の後は大いに利用する妃殿下の場合と異って利用する御了承願いたし。
(多くの人を要せずに)
9月24日(金)ＰＭ７：00　東大小林教授室　分娩要員
分娩要員の打合せ会
協議事項：全般的に広く打合せ
○胎児心音綜合監視装置
坂元講師より全般的に説明。実験後、坂元講師より記録を頂く。
9月29日(水)ＰＭ９：20　自宅電話　村山院長
1. 色々陰でのみ御苦労かけるが皇室のために我慢願いたい。
2. 入院の名のみで結局は東宮御所の延長である。
[ＰＭ９：30]　自宅電話　佐藤侍医長
1. 職務分担表を作成するが過日のでよいか↓差支へないが後藤博士はどんな仕

事でも陰でするが当宿をして又何か問題が起きると困るから遠慮したいとの申出ありと伝へる。

九月下旬になってようやく分娩監視装置が完成した。製作の依頼を受けたとき、日本光電は最低四カ月はかかると主張したが、「テストもしなければならず、どうしてもご出産予定日の三カ月前までに完成してほしい」といわれ、わずか二カ月余りで仕上げたのである。日本光電の竹内氏は「かなりドタバタと製作して納入した」記憶があるという。坂元講師は、「金がかかったが、これで間違いのない診断ができる」といたって満足していた。完成した分娩監視装置は、大型の事務机の左側に小型のテレビが、そして右側にダイヤルがいくつもついた箱を並べたようなかたちをしていた。記録器は引き出しにあたる部分に内蔵されていた。坂元氏は「戦艦大和でした」と笑ったが、日本光電によれば、「最近の分娩監視装置はノートパソコン程度の大きさ」というから、まさしく巨艦と小型ボートほどの差があった。

この装置がどういう効果をもたらすか、まず分娩を担当するスタッフに説明しなければならなかった。そのため、九月二十四日に目崎氏ら十名が小林教授室に集まった。はじめて分娩監視装置を目にした目崎氏は、その大きさに目を瞠った。トランジスタを使うというのでもっと小型になるかと思ったら、五年前に橋本武次氏が開発した胎児心音監視装置の数倍もあったのである。すべての機能を盛り込んだためとの説明だったが、さすがにこれほど大きなものとは想像もしていなかった。

「これには記録紙がだらだらと流れないように受け皿もあるし、モニターを見ながら目の前で書けるようになっています。これひとつあれば、妃殿下の部屋を暗くしておやすみいただいても、監視室の電気スタンドをつければここで全部できるんです」

坂元氏は胸を張っていった。

坂元氏によれば、お産は生理的な現象にはちがいないが、その労働は母体にとって〈富士山に登るよりも遥かに苦しく、大変な仕事〉なのだから、〈手術に準ずる位の観察をすべき〉で、そのためにも分娩監視装置は欠かせないのだという。

この装置は監視室におかれ、そこで美智子妃と胎児を二四時間監視しながら、もしも異常があればすぐさま小林教授に伝えられることになる。

分娩監視装置は、このあと実際に使用するまでにいくつかテストを繰り返さなければならなかった。それには、まずお産の現場で使ってみることだった。坂元氏は、このテストを宮内庁病院ではなく、東大で行うつもりでいた。「宮内庁にいちいちお伺いをたてて目くじらをたてられたら困る」からである。

テストは日本光電の技術者といっしょに十月初旬からはじめることになった。

第八章　桜貝の宮

出産予定日まであと約二カ月と迫り、目崎氏は最終的な調整でゆっくり休んでいる時間もなかった。そのほとんどが、村山院長や斎藤副院長らとの意見の調整、小櫃婦長とリネンなどの消耗品についての打ち合わせ、東宮に予算をオーバーしたときの協力要請といった、いわば事務的なものだった。

10月3日（日）ＰＭ7：30　御所→電話　佐藤侍医長
東宮御所内の種々の問題について懇談あり。（秘）
1．職務分担を作り早く病院と打合せせぬので病院が困っている。
2．助産婦もう一名依頼の件。殿下がもう一名依頼してはとの御希望で小林御用掛に相談
3．11月初旬の打合せは遅い。目崎が云ふ筈はない。
以上のことは事実かとのお話あり。当方にはその様なことはないと御返事する。
10月6日（水）ＰＭ1：00　病院医局　星川侍医
今日までの器械その他の件について報告　東大より希望追加の購入のものある場合、病院で適宜処理するが不可能の時は御力添へを依頼す。
10月8日（金）ＰＭ2：00　病院　高久主計課補佐
課長が色々予算のことで申しておる様であるから一度来られた方がよい。

1. 多田助産婦の件
2. 器械の件
[PM6：00～PM11：00]　東大小林教授室　第3回分娩要員懇談会
坂元講師他分娩要員の作成せる別紙の如き連絡、器械、分娩監視に関する案について逐次協議する。
決定後は再び坂元講師のもとで整理さる。それを実行することとす。
10月11日（月）ＰＭ２：40　東宮御所　お招き
御着帯のお祝い　お茶
10月20日（水）ＰＭ１：30　東宮御所
美智子妃殿下御誕生日　御所
御出産経費について長官次長はどうしても必要なものは何とかする。経済主管は絶対に困る。
10月22日（金）ＰＭ２：00　病院　斎藤副院長
由本侍医より極内密に予定日より5日位前に（11月25日頃？）入院することに大体決るとの知せあり。10月20日の懇談のときに強く主張しておられたので昨夕の小林御用掛拝診のときに切望し決められたものかと推察。
[PM３：00]　自宅　佐藤侍医長

1．Ｘ線写真撮影は25日頃
2．その他　全員の打合せ会を出来る丈早くすること。

十月二日、それぞれ注文した医療器械がどこまでできあがったか、目崎氏は一軒ごとに医療器械店を訪ねてはその進捗状況を調べ、納入日を確認していった。

十月六日、万が一の帝王切開にそなえ、あわてないようにと分娩要員は全員、宮内庁病院の手術室に集まって帝王切開のリハーサルを行った。一般の患者相手なら、帝王切開であわてる医者や看護婦はいないだろうが、患者が美智子妃となれば、緊張のあまりどんなミスを引き起こすか見当もつかなかった。百戦錬磨で麻酔には手慣れたはずの山村教授ですら「緊張しました」というほどである。不安を取り除くためにはリハーサルで慣れておくことにこしたことはなかった。

その日、午後から監視室の改造工事もはじまった。これは、目崎氏が六月十七日に管理課へ申請したものである。監視室の入口が狭く、このままでは大型の事務机ほどもある分娩監視装置が入らない。間口を広げ、邪魔になる棚などを取り去る工事だった。

十月八日、高久要主計課長補佐から「金子（太郎）課長がいろいろ申しているようだから一度説明に来られたほうがよい」といわれて本庁の主計課に出かけた。『目崎ノート』によれば〈多田助産婦の件〉と〈器械の件〉について話し合ったとなっている。多田助産婦とは小櫃婦長に次ぐ多田なお主任看護婦のことである。

七月末、佐藤侍医長との話し合いで、東宮看護婦が沐浴の補佐をすることに疑問をもった目崎氏が、そのことを村山院長に訴えたことはすでに述べた。このとき村山院長は佐藤侍医長と相談し、沐浴の補佐を東宮看護婦以外の誰にするかを小林教授に一任した。小林教授は多田なお主任を指名したが、そのことが主計課の方に伝わっていなかったのだろう。主計課長は美智子妃の分娩要員に多田看護婦の名前があることを耳にし、どういう経緯で多田看護婦がいるのか目崎氏を呼んで問い合わせたということである。

十月十九日、目崎氏は宮内庁の主計課と用度課を訪ねた。それぞれ課長補佐と会い、最終的な準備段階で追加するものがあればできるだけ認めてくれるようにと頼んだ。用度課はともかく、主計課のほうがとくにうるさかったという。九月十三日の記述にもあるように、皇室経済主管は大蔵省の意見だと断りながら、美智子妃の出産で使った医療機器を次の皇族の出産まで他の病院にリースしてはどうか、と要請しているほどである。予算が決定したあとも、とかく主計課は目崎氏にいろいろと注文をつけていた。

おそらく課長補佐は、大きな金額でなければ認めるとでもいったのだろう、目崎氏は宮内庁病院産婦人科の後藤医師や看護婦たちに追加の消耗品や薬品などを調べさせ、不足分をリストアップして提出した。

ところが一週間後の二十六日、目崎氏は提出した書類について用度課の課長から呼ばれ、このままでは予算超過で面倒なことになると突き返された。このため、用度課の各担当者といっしょに、夕方までかけて〈ソロバンをはじきつゝ残りの予算内に入れるべく色々苦労又折衝〉をしたが、結局その日には終わらず、翌日の午後も予算調整に頭を悩ませなければならなかった。

そんななか、予定日まであと六週間と迫った十月十二日、分娩を担当する医師と看護婦が東大の小林教授室に全員集まって最後のミーティングが行われた。

ここで決まったのはおよそ次のような内容だった。

一、仮死でなければ保育器にいれない。

浩宮は未熟児でなかったが、「万全の措置をとるため」として保育器に入れたことがかえってあらぬ憶測を呼んだ。今後はこのようなことがないようにと、よほど危険な状態でないかぎり保育器に入れないことを決定したのである。

二、仮死でお生まれになればお元気になるまで保育器に入れる。

保育器内は温度二七度、湿度八〇％、酸素濃度は三〇％から四〇％を維持。

三、美智子妃と新宮の対面は御静養室。

もしも帝王切開なら、ご気分が落ち着かれてからとする。

四、美智子妃の入院後は東大の小櫃婦長と多田主任が交代で当直する。

五、出産後、小林御用掛は毎朝九時三十分に拝診し、沐浴はその後とする。

六、母乳による授乳は二日目、すなわち四八時間後とする。

未熟児で誕生されたときは、浩宮のときと同じ小児科の高津忠夫教授に依頼していた。前回の出産で待機した馬場一雄助教授は、昭和三十八年に日大教授に転任していたから、今回は馬場氏のかわりに東大小児科より三名、築地産院より二名の小児科医がこれに加わる予定だった。

11月2日（火）　AM10：00　病院　坂元講師外8名
1．分娩監視装置搬入、調整
2．器械点検
3．各室の予備点検
昼弁当《ひるべんとう》→図書室にて
夜→小川軒（渋谷）　ちどり
出来得れば来る8日午前中に妊婦による試験希望
11月8日（月）　AM10：00　病院図書室
佐藤侍医長と中山助教授、坂元講師、その他東大分娩要員と懇談。―目崎
更に新宮様の御静養に対して特に御静養室、並びに沐浴室にて細かく打合せ
例、浴槽等　備へ付けの沐浴槽か瀬戸引たらいか。大体備へ付けのものを使用す

るものとす。

11月10日（水）ＰＭ１：00　病院図書室　総務課田島課長補佐
佐藤事務長、目崎
　１．新聞記者見学の件
　　イ）整備掃除後（消毒の前）分娩室、手術室、静養室案内
　　ロ）写眞はとらせぬ
　　ハ）総務課長、佐藤事務長、斎藤副院長が案内
　２．自動車歩行者の通行の件
　３．一階以上に昇らせぬ。
　４．恩給局に協力を依頼
佐藤事務長と掃除は13日頃より始めることに大体決める。
11月12日（金）ＰＭ１：00　宮内庁病院医局
合同打合せ会
《協議》
　１．御変り前の入院は如何
　２．おみとどけ役を呼ぶ時期
　３．報道関係に分娩室に入室の時間発表は何時にするか。

4．発表と殿下に申し上げた時期と異なった場合は、佐藤→由本→黒木

5．保育器には24時間入室させるのを原則とす。—初湯は行う

6．新宮様の体重身長発表の時期

7．未熟児のときは高津教授に依頼。小児科未熟センターの係に依嘱す。

粉乳。黒木侍従より明治粉乳を使用してはとの発言。佐藤侍医長、長い経験より森永を使用すると答辨あり

十一月二日、目崎氏は渋谷区代官山のフランス料理店「小川軒」で食事をした。相手の名前は書かれていないが、〈出来得れば来る8日午前中に妊婦による試験希望〉と語っているところをみると、おそらく小林教授か坂元講師だろう。

この日、東大でテストを終えた分娩監視装置は宮内庁病院に運び込まれ、浩宮のときと同じように、実際に妊婦でテストをするための準備がととのえられた。そして十一月八日、このテストは無事終了する。

十一月中旬から病室などの清掃をはじめることになったが、その前に宮内庁病院の医局に事務担当を含めた関係者全員が集まって最後の打ち合わせが行われた。十一月十二日の「合同打合せ会」である。

『目崎ノート』には、このとき出席したメンバーは、東宮御所から鈴木菊男東宮大夫、

黒木従達東宮侍従ら十六名。東大医学部からは、小林隆御用掛、坂元正一産婦人科講師ら八名。宮内庁病院からは斎藤英一副院長、目崎鑛太産婦人科医長ら八名の合計三十二名だった。

ここでちょっとした問題がもちあがった。一カ月前から東宮側は、美智子妃を出産予定日の四、五日前に入院させたいと小林教授に申し入れていたが、この日、正式に提案されたのである。

浩宮のときは深夜に突然陣痛が始まり、車で病院に駆け込むというあわただしさだった。病院に到着するまでの美智子妃は車内で脂汗を流されたといわれる。到着後も産室へは担架で運ばれた。そうした経緯から、万が一のときは分娩室のそばでお休みになっていただいたほうが安心できると東宮側は考えたのだろう。

「ご心配であるから早く入院させたい」

という東宮側に、目崎氏や小林教授らはこぞって反対した。

「ご出産前からの入院は妃殿下の精神的負担も大きいから考えものである」

反対の理由はそれだけではなかった。予定日はあくまでも予定日であって、予定日の四、五日前といってもそれがいつなのか、正確な月日を特定するのはむずかしかったからである。たとえば、予定日の四日前に入院したとする。もし、出産が予定日より一〇日ほど遅れたら、美智子妃は御静養室で二週間も過ごされなければならない。これは精神的にもかなりのストレスになる。産科医はこぞって無理だと反対したが、東宮側は執拗だった。

目崎氏たちは頭をかかえ、しかたなく、

「小林御用掛が十一月二十二日に拝診されるのでそれによって決められてはいかがか」

と折衷案を出した。

この案に東宮側は了承した。

予定日より以前に入院されるとなると、当直の役割分担もあらたに決めなければならなかった。目崎氏から、「私がみなさんとよく相談して決めましょう」と提案があり、結論は二十二日以降に持ち越された。

会議場となった宮内庁病院医局は、人いきれも加わって次第に熱を帯びてきた。それほど広くない部屋に、合計三二名もの人間が詰め込まれたのである。

「妃殿下が分娩室に入られた時間ですが、報道関係にはいつにしますか？」

東宮側から質問があり、目崎氏は次のように答えた。

「それは小林御用掛がその時期を決めることでいいのではないでしょうか」

さらに東宮側から「保育器は使われるのですか？」との質問があった。

この件に関しては一カ月前の十月十二日、分娩要員のみが集まったミーティングで〈仮死でなければ保育器に入れない〉と決定したばかりである。が、これには東宮側から不安の声があったのだろう。目崎氏が〈分娩室、手術室の温度〉が〈調整不十分〉としたように、環境への不安もあったのではないかと思える。ふたたびここで協議された結果、先の決定を翻して〈保育器には24時間入室させるのを原則とする〉とした。

医療面の質問はたいてい東宮側からであり、これに答えるのは小林教授や坂元講師ら東大側であった。逆に事務手続き上の質問は東大側から出され、これに東宮側や病院側が返答した。たとえば次のような一問一答である。

「分娩室にお見届け役を呼ぶのはいつがよろしいでしょうか?」

「参候者（参殿伺候のこと）には記者がついていると思いますので、なかなかむずかしいのではないでしょうか」

「沐浴のときに佐藤侍医長が参候者に報告するというのはいかがですか」

「それでは参候者の役目が果たせないでしょう」

「形式だけなのだからいいではないですか」

次々と質問が飛び、意見が調整されていった。このほかにも〈新宮様の体重身長発表の時期〉や未熟児の場合の処置などについて質問が出たが、それぞれ東宮御所側、東大側、宮内庁病院側の三者間でまとめられていった。

最後に粉ミルクについて議論された。

「粉ミルクは明治を使用してはいかがか」

発言したのは黒木上席侍従だった。これに佐藤侍医長は反対する。

「私は長い経験から森永を使用しております。森永でよろしいのではないか」

昔は御料牧場から牛乳を運ばせて使っていたという。この牛乳を薄め、そこに五％前後の砂糖や穀粉を加えたりして母乳のかわりとしたが、この時代になると未熟児の栄養研究もすすみ、それ専用に製品化した粉ミルクも販売されていた。大手は森永と明治で、星川氏によれば「どちらにするか最後までもめました」という。

なぜもめたのか。それは一〇年前の〝森永ヒ素ミルク事件〟が尾を引いていたからである。

昭和三十年の夏、岡山県を中心とする西日本各地で、森永乳業徳島工場製造のドライミルクを飲んだ乳児が、発疹や発熱、貧血のほか、腹部が異常に膨れあがったり皮膚の色が黒くなるという症状が相次いだ。いわゆる〝森永ヒ素ミルク事件〟である。製造過程でヒ素が混入したためだった。このミルクで中毒を起こした乳児は約一万二〇〇〇人、そのうち一三三人が死亡したが、この時分はまだ被害者が原告となって、国と森永乳業を相手に損害賠償請求の裁判がつづいていた。何事にも慎重すぎる宮内庁が、なぜこの森永乳業のミルクを選択肢のひとつに加えたのだろうか。

坂元氏によれば「ヒ素ミルク事件はまったく関係がありません。たまたまあの事件は岡山で起こったけど、近年起きた雪印の事件とちがって全社的におかしいということはなかった。だから深い理由はなかったと思う」という。

あの事件からすでに一〇年も経っているのだから問題がなかったのはわかるが、胎児心音監視装置に抵抗する宮内庁が、森永乳業のミルクをすんなり受け容れたとは考えにくい。

この〈合同打合せ会〉から三週間ほど経ったころ、目崎氏はある侍医に「粉乳の件はどうなりましたか」とたずねたところ、こういわれたという。

「黒木（上席侍従）さんが明治乳業にお願いして粉ミルクを献上させたようです。また、テレビを見ておられた浩宮様が、コマーシャルに出てくるチョコレートが欲しいといわれましたので、これも粉ミルクといっしょに献上していただきました。正田家も常々明治のようですから、いずれ粉ミルクは明治と決まるのではないでしょうか」

ところが意外にも、宮内庁は森永乳業の粉ミルクを選ぶのである。星川氏はいう。

「たしかに粉ミルクの選択で揉めました。浩宮様がお生まれになる前、森永ヒ素ミルク事件が起こったからです。メーカーも選ばれると宣伝効果があるから必死に売り込んだのでしょう。最終的に森永に決まったのは佐藤侍医長の判断だと思います。それだけの権限がありますからね」

森永乳業にすれば、ヒ素ミルク事件の汚名を返上する絶好のチャンスと映ったのかもしれない。

11月16日（火）ＰＭ１：30〜ＰＭ２：15　総務課長室
打合せ会
総務課（課長、田島課長補佐）、東宮御所（重田主管、山崎事務長）、主計課（高久補佐）、病院（斎藤副院長、佐藤事務長、目崎）
1．記者病院見学の件
侍従職東宮御所共に落成のときに病院を見学させたから今更その必要はない。

ⅰ．本日ＰＭ２：00よりの記者会見に専門家でない斎藤副院長が分娩室、静養室及び監視装置を説明。

ⅱ．経費　３５０万＋40万　新しいものは監視装置のみ。他は更新したとす。

ⅲ．分娩室、手術室は掃除したので見学させられぬ。遠くよりみせる。

ⅳ．11月17日午後３時30分　見学させる案内順を決める。

11月22日（月）ＡＭ10：00　電話（自宅→村山院長）
1．当宿の件（御出産前）
佐藤侍医長と相談の結果、侍医長では決められぬが当宿の必要はないのではないか。

拝診は侍医でも御用掛でもむづかしいから之れは難しい。私はお変りのあった場合のことを申すのである。その場合は当然ではないか。
2．未熟児の場合は東大小児科へ
［PM2：00］電話（病院→田島総務課課長補佐）
1．分娩監視装置の写眞は長官の言に従い記者に渡さなかった。
2．ヤングレディに手洗場の写眞が出たので写眞をとらさぬことになっているのに如何したのかと新聞記者よりうるさい質問あり。ヤングレディ取材記者を呼び、問ふと、もらったが、もらった方の名は申せぬ。新聞記者はその理由を申せで困っている。病院当局も出所不明の由。
11月23日（火）祭　PM9：00　電話（自宅→坂元講師）
1．小林御用掛拝診の御様子に依り整備に伺い度いが如何。当方全然不明。
2．来る29日午後2時頃最終整備。若し急ぐ様な場合は26日午後4時頃。

美智子妃の出産予定日もいよいよ迫り、目崎氏は連日のように佐藤侍医長と会っていた。杉並にある佐藤氏の自宅を訪問したり、電話でのやり取りが頻繁につづけられた。〈美智子妃殿下御分娩計画〉の大筋が決まったあとだから、内容はほとんどが実務的なものだった。

たとえば十一月二十二日の電話で、佐藤侍医長とこんな会話が交わされている。

「分娩室に入られる方で、立会人と斎藤看護婦は分娩要員ではありません。斎藤さんは看護婦ですが、妃殿下の付き添いで、お産には直接かかわりません。この方たちの服装をいかがいたしましょうか。私は他の分娩要員と同じでいいと考えております。東宮のご意見もうかがいたいのですが」

目崎氏はたずねた。これに対して佐藤侍医長はこう答えている。

「分娩室内のスタイルは、分娩担当の者と同じであるほうがよろしいでしょう。したがって斎藤看護婦も立会人も同じ服装にしましょう」

服装のデザインもすでに決定していて、いまさら数人だけの服装を別にするわけにいかないのだから当然のことである。念のために東宮の了解を求めたということだろう。

さらに目崎氏は、すでに決定したはずのこんなことも確認している。

「妃殿下がお変わりなくご入院された場合ですが、このときは小林御用掛が毎日拝診されると了解してよろしいでしょうか。また、その際は小櫃婦長と多田主任は宿直されるのでしょうか」

たずねられた佐藤侍医長は、予定日前の入院を重ねて強調した。

「東宮の幹部はご分娩の一日か二日前にご入院されることを希望しています。これについて小林御用掛におたずねしたところ、予定日を決めることはむずかしいが、できるだけ希望に沿うようにしたいといわれました。いずれにしろ小林御用掛の判断に任せます」

佐藤侍医長は事前の入院にこだわった。そして是が非にも小林教授に予定日を決めてもらうつもりであった。すでに小林教授は前日の十一月二十一日に拝診していた。のちにこのときの診断結果をもとに、美智子妃の出産予定日を十二月五日から十日頃と東宮に報告する。そして東宮は、これを基準に入院日を十一月三十日とするのである。

その場合は宿直をどうするのか。目崎氏はたずねた。

村山宮内庁病院長から、「当宿の必要はないのではないか。事前にご入院される日を決めるというのは、侍医でも御用掛でも診断はむずかしい。私はお変わりのあった場合のことを申すので、その場合はもちろん当宿は当然ではないか」といわれたばかりである。目崎氏もこれには同意見だったが、東宮側の本意を確認しておく必要があった。

佐藤侍医長はよどみなく答えた。

「妃殿下がご分娩前に入院された場合、小林御用掛が毎日一回は必ず拝診し、ときには二回拝診していただきます。小櫃婦長と多田主任は、予定どおり交代で当宿します。そのときの状態によって目崎先生にも宿直していただきますが、それについては小林御用掛に決めていただきましょう」

「未熟児でお生まれになったときはどなたが病院に来られるのでしょうか」

「その場合は東大小児科から医師三名と看護婦二名、築地産院から医師二名と看護婦二名が来られます。高津教授にはご分娩がはじまったときにお知らせすることにし、それまで自宅にて待機していただきます。もしも未熟児のときは、小林御用掛のご指示でさきほどの看護要員といっしょに来院していただくことになっています」

「宮内庁病院の大武と田中の両助産婦も宿直いたしますが、小林御用掛の拝診がなければ当宿の意味がありません」

「むろんそうです」

「われわれは宿直で何をするのか、役割が曖昧なままでは混乱いたします。小林御用掛とよくご相談くださるようお願いします。宿直中のご様子は、朝、私が小櫃婦長か多田主任から報告を受け、東宮侍医にご報告するようにいたします」

「わかりました。私も小林先生とよく相談しておきましょう。ところで本日予定していた拝診ですが、新嘗《にいなめ》祭の前夜でもあり、昨日二十一日にいたしました」

　新嘗祭とは、その年にとれた穀物を皇祖と神々に供える儀式である。主役は天皇と皇太子で、皇后や皇太子妃は参列しない。天皇家にとっては大事な大祭でもあり、かたちの上で直前の拝診を遠慮したということなのだろう。

11月24日（水）ＰＭ１：30　病院　斎藤副院長
斎藤副院長より以下の話あり。

村山院長より電話にて由本侍医よりの知せに依れば11月21日の小林御用掛の拝診にて只今御順調であり多分12月5日〜10日の間になるのではないかとのこと。

[PM2：00] 電話(病院→坂元講師)

小林教授が一応整備状態をみて色々打合せたいから11月29日午後2時頃自動車を迎へによこしてほしい。中山助教授、坂元講師にて来院の由。

直ちに佐藤事務長に自動車の準備を依頼。

日本光電技師3名最後調整に来る。

東宮御所職員、去る22日に運ばれた荷物等の整理に来院

11月25日(木) AM10：30 電話(東宮御所→目崎宅)佐藤侍医長

1. 只今御順調

2. 明26日小林御用掛の拝診あり

3. 30日午後2時頃レ写眞(レントゲン写真)をとりに行かれる

11月27日(土) PM8：00 電話(佐藤侍医長→目崎宅)

1. 皇居内の展覧会へ行かれることを望まれたが色々陳列について申されると奥にさわることもあるので、おさわりになるから御出掛けにならぬ様にして頂く。

2. 両陛下には21日の拝診に依れば来月4〜5日頃で多少のずれはあるかも知れぬと言上。

11月28日（日）PM9：30　電話（御所→目崎宅）佐藤侍医長

1．11月30日（火）妃殿下、午後2時出発→2時30分着にて病院X写眞撮影の予定。午後6時までに乾燥させてほしい。7時より小林御用掛、東宮幹部集り、その写眞により大綱を決めたい。

2．都合に依り見学される。

〈皇居内の展覧会〉というのは宮内庁職員美術展のことである。十一月二十四日から皇居内で開催されていた。美智子妃は前々からこの美術展に出席したい意向をもらされていたが、侍医たちに制止されてやむを得ず諦めたという。出産予定日まで指折り数えられるようになったいま、もしも不測の事態が起きたらと侍医たちも気が気でなかったのだろう。

それにしてもなぜ美智子妃はこの展覧会にこだわられたのだろうか。じつは、この展覧会には、五歳の浩宮が美智子妃といっしょに製作した「新宮さまのお部屋」という工作が展示されていた。それは〈木片での赤ちゃん用ベッド、浩宮さまがベッドのそばでお話をしてあげるときにすわるイス。そのうしろにはボール箱を使ったおもちゃのカラーテレビが紙芝居もどきに「鉄腕アトム」を放送中〉（『朝日新聞』昭和四十年十一月二十五日付）という作品だった。木片のベッドに寝かせた人形は、美智子妃が浩宮といっし

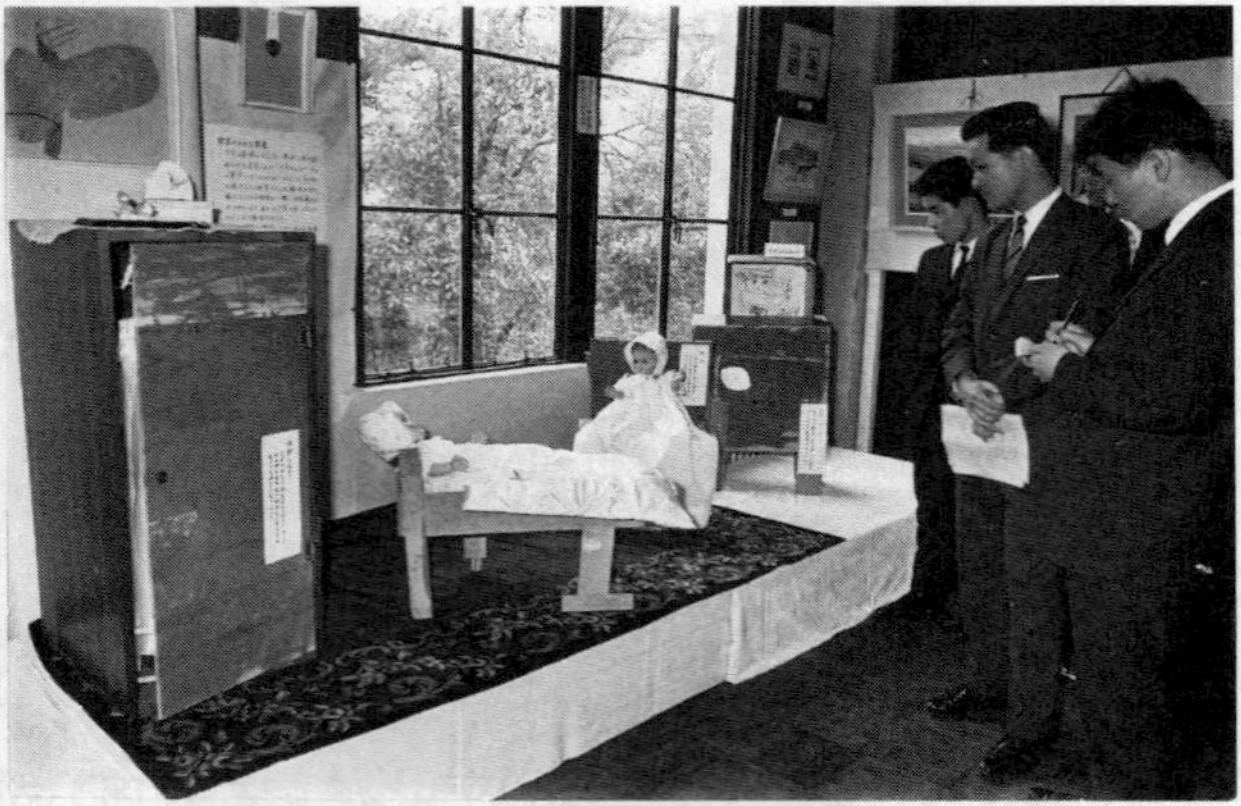

1965年、宮内庁職員美術展に出品された「新宮さまのお部屋」

ょに二カ月がかりで作られたのだという。そこにはやがて生まれてくる新宮を心待ちにしている母と子の思いが込められていた。美智子妃は、浩宮の母としてこの展覧会に行くことを願ったが、出産を目前に、それはかなわぬ夢となった。

新嘗祭前日の拝診によって、美智子妃の出産予定日は十二月五日から十日までの間と決定すると、宮内庁病院をはじめ、東宮も宮内庁もあわただしく動きはじめた。美智子妃の入院が十一月三十日と決まったからである。

さっそく御静養室がホルマリン蒸気で消毒された。目崎氏から連絡を受け、日本光電から技師三名もやってきた。分娩監視装置の最終的な調整をするためだった。

このときはじめて病棟を見た技師は「宮

内庁病院というのはすごいところだという思いで行ったのですが、廊下はリノリュームで意外と質素でした。ここがオペ室でと案内されましたが、それほど広くもなく、たいしたことがなかった」ことに拍子抜けする思いだったという。
東宮御所から、美智子妃の入院にあたって当面必要な生活用具や三面鏡、箪笥《たんす》などが次々と宮内庁病院に運び込まれた。

11月29日（月）ＡＭ６：40　御所　電話　佐藤侍医長
1．今朝５時半頃より軽度のお痛みを感じ、只今５分に１回位感ずる。おしるしなし。一応分娩室、御静養室に暖房を入れてほしい。
2．直ちに後藤医師、大武、病院に連絡する。
［ＡＭ９：00］　電話（病院→自宅）網野事務
東宮御所重田主管より電話にて精密検査をするので午前10時頃妃殿下御来院せられるから目崎に知せとのこと。
［ＡＭ11：00］　電話（病院→御所）星川侍医
午前10時に来院とのお知せ後、何の御連絡なく御様子不明なので星川侍医より御電話にて御様子を伺ふ。
只今やすまれておられるので午後２時頃来院される予定。精密検査予定新聞記者へは單に精密検査のため（入院でなく）来院すると発表してある由。
［PM２：00］御来院
［PM２：30］発表　精細な検査のため来院、その結果により入院を決める。
レ線骨盤撮影
１．レ線に不安を感じておられるので緊張してレ線室に入られる。
２．レ線撮影後　小林、中山、坂元、目崎にて協議。４人にて充分に協議の結果もう一度撮影することを小林御用掛より妃殿下に御依頼申し上げることとす。御許しを得撮影。
第２回目撮影guthman（ガースマン法）のみ。坂元講師援助にレ線室に入る。
１．写眞全般的にぼけている
　坂元講師全写眞より検討、計算され推測経線を出す。
レ線御休所　４人協議（小林、中山、坂元、目崎）
結果　線の結果、その他の状況より帝切になることもあり得るので、両陛下、東宮殿下に御説明御許可を得ることとす。
両陛下↔村山侍医長
東宮殿下↔小林御用掛
［PM８：00］小林御用掛　御説明に東宮御所へ

十一月二十九日午前五時半ごろ、美智子妃は突然「お痛み」を訴えられた。

これは予想外だった。

当直していた佐藤侍医長はあわてた。

まず小林教授と小櫃婦長に連絡をとり、至急御所に来るようにと伝えた。権限はすべて御用掛である小林教授に一任されていて、たとえ東宮侍医長でも美智子妃の入院を判断することはできない。

このあと目崎氏も佐藤侍医長から連絡を受けた。

「あるいは、お痛みはこのまま落ち着くかもしれませんが、とりあえず小林御用掛と小櫃婦長を呼びましたので、それによってご入院かどうかを決めるつもりです」

受話器をおいた目崎氏は、折り返し後藤医師や大武看護婦に電話をいれた。そしていつ出産となってもいいように、産室を準備するよう伝えた。

東宮御所に、当時の高級国産車であるプリンス・グロリアが差し回された。

学習院幼稚園から戻った浩宮と皇太子が玄関まで見送りに出られた。

「おたたさま、どこへおでかけ？」

幼い浩宮がたずねた。

美智子妃は「皇居へよ」と軽くいわれた。美智子妃もまさかこのまま入院になるとは思われなかったのだろう。

東宮御所から皇居まで約三キロ。車はノンストップで走りつづけた。

いまなら、いつ出産されても早産にはならないことだけは確かであったが、東宮では念のために精密検査をする必要があると判断した。

まず骨盤のレントゲン写真を撮り、そのあとで小林教授が内診することになった。しかし美智子妃はレントゲン撮影を快く思われなかった。胎児がX線をあびることの害を懸念されたのである。

日本光電の佐藤雄治氏によれば「いまはフィルムの感度もよくなっているし、コントラストをよくする倍増管がはいっていて照射する線量も減っていますが、当時はかなり線量が多かった記憶がある」という。いまでこそX線が胎児のみならず人体に与える害は常識のようにいわれているが、当時は専門家以外にそんなものを心配する声は露もなかった。美智子妃がその影響を心配したのは、それだけ専門的な知識があったからだともいえた。

美智子妃にX線の害について説明したうえでX線骨盤測定器の前に立っていただいた。いまでいうインフォームドコンセントである。

ところが、この撮影を失敗してしまうのである。ちょっとずれたために一部がピンボケになっていた。児頭の一部が鮮明に写っていなかったのである。距離の測定を間違えたからだと思われるが、これはきわめて初歩的なミスだった。

小林教授は苦りきった顔でいった。

「困った、困った。撮り直すのもどうだろうかねぇ」

狭い控え室を行きつ戻りつ、落ち着かなかった。

目崎氏をはじめ、小林教授、中山助教授、坂元講師の四人が相談した結果、やはりもう一度撮影するほかに方法はないという結論になった。そのことを美智子妃に伝えるのは御用掛の役目である。小林教授はさらに困りきった顔でいった。

「もう一度撮らせてくださいなんていえない。どうご説明すればいいんだ」

その言葉に三人は黙ってしまった。

目崎氏は、「レントゲンの結果によっては帝王切開も考えられるのですから、この際、正直に申しあげましょう」といった。坂元氏も「大丈夫ですよ」と声をかけた。

小林教授の説明に、美智子妃は納得されたようだった。

二回目はガースマン法といって側面から撮影することになった。ところがこれも失敗してしまう。それも前回よりさらに悪く、全般的にボケていたのである。今度は四人が四人とも頭をかかえてしまった。まさか「二度目も失敗しましたので三度目の撮影をお願いします」というわけにはいかない。小林教授は蒼白になっていた。しかたなく坂元講師が、写りの悪い複数のレントゲン写真から慎重に推測することになった。

その結果、場合によっては帝王切開になる可能性も考えられた。

このときはまだ美智子妃の容態に緊迫した様子はなく、小林教授はそのことを皇太子に報告するために車で東宮御所へと向かった、

一方、美智子妃の出産を取材していた記者たちは、美智子妃が入院する以前から宮内庁病院の周辺で群れをなしていた。

浩宮のときは、前日の昼すぎに小林教授が「ご出産は予定通り三月一日前後」と発表したため、記者たちにとって美智子妃の入院は寝耳に水だったが、このときは赤坂警察署から美智子妃の「御入院予定」がもれていたのである。美智子妃に宮内庁病院で精密検査をしていただくことを決定した直後の十一月二十九日午前九時、東宮から赤坂署に「皇居までノンストップで車を走らすのでよろしく」と電話がはいったためだった。当時の状況から考え、東宮から皇居までノンストップで車を走らすなどというのは美智子妃の入院以外になかった。

宮内庁は、新聞記者には定期検査にすぎないと発表したが、彼らは陣痛が突然起きて小林教授が呼び出されたことに気づいていたのである。

宮内庁の発表に納得できない記者たちは報道担当官を問いつめた。

「早期破水ではないか」

という質問も出た。

しかし宮内庁ではあくまでも定期検査といい張った。

午後二時半、鈴木東宮大夫の記者会見が開かれた。

記者から質問が飛んだ。

「妃殿下はお腹がお痛みになったのではないのか」

しかし鈴木東宮大夫は意味不明の言葉でこれをかわす。

「いや、お痛みというより、こう、なんですか、お腹がはったというような……」

鈴木東宮大夫もこのような言い方しかできなかったのかもしれない。早朝に痛みを訴えられたものの、この時点ではその痛みもおさまっていたからである。美智子妃が宮内庁病院に来られるのは精密検査を受けるため──。鈴木東宮大夫もそう信じていたのだ。

美智子妃は午後二時に宮内庁病院へ到着したが、東宮は御静養室にはいられたあとで正田家に連絡をいれた。正田家を訪ねてきた記者に、富美子さんは「もしご入院ということでしたら、私もうかがうところですが、まだ、そのように承っておりません」と答え、予定通り慈善映画会に出席した。おそらく富美子さんも、精密検査としか聞いていなかったのだろう。富美子さんに「美智子妃ご入院、ご出産近し」の一報が入ったのは映画の上映中だった。

11月29日（月）ＰＭ８：50　病室　女官室　電話（目崎→御所）小林御用掛

破水　直ちに御所におられる小林御用掛へ電話にて報告。
［PM９：50］　分娩室
小林御用掛　帝切に傾きMEの必要なしのお考へなるも、一同にてMEの活動これから必要とときMEの活動開始。
［PM11：50］　MEがよいので自然可能と経過をみることとす。
11月30日（火）AMO：05
小林御用掛より一応帝切の用意するように云はれておると多田嘱託より報告あり。
すべての消毒その他分娩準備開始。
［AMO：22］　分娩

小林教授が御所で報告中、美智子妃は急に産気づかれ、急いで分娩室に入られた。連絡を受けた小林教授もあわてて戻ってきた。

いつ出産になってもいいようにと、目崎氏たちは、〈帽子、マスク、白ズボン、ゴム前掛、消毒手術衣、ゴム手袋〉で、看護婦たちも〈帽子、マスク、看護婦衣、長白靴下、消毒手術衣、ゴム手袋〉の服装で待機した。

「よろしくたのむ」

小林教授の指示で彼らはいっせいに分娩室へと向かった。

分娩監視装置のスイッチが入れられた。

しわぶきひとつ聞こえなかった。

心音図や陣痛図が小さな音をたてて送り出されてきた。

美智子妃が分娩室に入られた直後から、医師たちの間で自然分娩か帝王切開かで意見が分かれた。帝王切開となれば、胎児に麻酔がかからないように全身麻酔をしなければならない。麻酔科の山村東大教授は、緊張の面もちで様子をうかがっていた。

医師たちの結論は、分娩監視装置でもうしばらく経過を見ようということになった。

外では記者たちの間でざわめきが広がっていた。検査を終えられたらすぐお帰りになるはずが、このまま病院にお泊まりになると伝わってきたからである。

やがて総務課長は、

「十一時十分、妃殿下は御産室へお入りになりました」

と発表した。

美智子妃が分娩室に入られたのが九時五十分である。おそらく十一時十分までの一時間二〇分、帝王切開による出産かどうかで医師たちの意見がまとまらなかったのだろう。分娩監視装置によって自然分娩が可能と診断され、小林教授もそれに同意したのがこの時間だったと思われる。分娩室の一時間二〇分を消したのは、余計な詮索をされたくないという宮内庁の〝配慮〟にちがいない。

浩宮のときに難産だったことを聞いていた山村氏は、少しでも楽にと考え、無痛分娩の許可を小林教授に求めた。

「ガスを吸入していただきますがいいですか」

小林教授はうなずいた。

山村氏は麻酔ガスの吸入口を慎重に美智子妃の口元に持っていった。

「強くかければ赤ちゃんのほうも麻酔がかかってしまいますし、妃殿下の意識もなくなります。産声だけは聞かせてあげようと思いましたので、痛みはとるけれども意識はあるように麻酔しました」

麻酔がかかっている間、美智子妃は大きな蝶々が飛んでいる夢を見たという。

分娩室に入られてから約二時間半後、小櫃美智子婦長が、

「親王様です！」

と震える声で叫んだ。

皇室にとって、はじめての無痛分娩だった。

元気な産声に応えるかのように、あちこちから「オオッ」という声が返ってきた。やがて彼らの笑顔が分娩室いっぱいにひろがった。

二年前の胞状奇胎による流産を克服しての出産だけに、立会人をつとめた佐藤侍医長は、モニターの前で喜びを抑えきれずに震えていた。

十一月三十日午前零時二十二分、皇位継承順位第三位の親王誕生だった。

のちに山村氏は、保科武子女官長から「妃殿下はお産のときはぼんやりしていてお顔を憶えていないから、あらためて御礼を述べたいそうです」といわれ、美智子妃のいる御静養室を訪ねている。このとき山村氏は、保科女官長を通じてこういわれた。

「妃殿下は、浩宮様のときは非常に苦しかったけど、今回はどういうわけか全然痛くなかったので不思議に思われています」

山村氏は「麻酔をしたからですよ」と答えると、保科女官長はちょっと驚いた様子だったが、美智子妃は笑顔でうなずかれたという。

親王は沐浴室で待機していた坂元氏、藤井氏、武井氏の三人に手渡され、体重と身長が計測された。

体重三〇〇〇グラム、身長五一センチ、浩宮よりもずっと大きな赤ちゃんは、十二月六日の命名の儀で「礼宮文仁《あやのみやふみひと》親王」と名づけられる。

日本光電の竹内郁雄氏は、陣痛の兆候があった直後に東大の産婦人科から連絡を受け、道具類一式を持って宮内庁病院に駆けつけた。「そろそろ監視装置を使うことになるかもしれないから器械の点検に来てほしい」と依頼されたからであった。

竹内氏は慎重に装置をチェックして問題ないと伝えたが、このとき医師のひとりから突然こう告げられる。

「実は、きょう妃殿下のお産なんです。もし途中で器械が壊れたりトラブルがあったりすると困るので、このまま待機してください」

竹内氏は出産が終わるまで控え室で待機することになった。

日中は暖かかった気温も、深夜になると七度ちかくまで下がっていた。

「私が結婚して間もなくでしたからよく憶えているんです。会社に行ったきり連絡がないんで女房が心配していましてね。分娩室のすぐ近くの部屋で待っていたのですが、お産がはじまってから誰も来ない。とにかく寒い部屋でした。こちらから連絡の取りようがなくて、結局明け方までその部屋でカンヅメになっていました。明け方ごろに小林先生が来られ、『申し訳なかったね』といわれましたが、宮内庁病院で用意していただいた車で皇居を出たら、朝来たときになかった新聞社のテントがいっぱいありました。うちに帰ってニュースを見たら、無事ご出産といってました」

街には号外が舞っていた。

午前四時半すぎ、小林隆教授は記者会見で、

「新宮様は泣き声も非常に大きく、血色もよくて手足を盛んに動かしたり、指をしゃぶったりされ、とても元気でした。今度の場合はメディカル・エレクトロニクスという近代装置を使って赤ちゃんの心電図などを自動的、連続的に記録できたので安心でした」

と、礼宮の出産ではじめてＭＥ機器を使用したことを発表した。

1966年、東宮御所の庭で礼宮とくつろぐ美智子妃

美智子妃が分娩室にはいられる直前の午後九時四十五分、皇太子につづいて正田富美子さんも病院に駆けつけたが、出産後の美智子妃の容態が安定しているのを見届けたあと、午前六時すぎに病院の裏階段からそっと帰っていった。

御静養室に戻られた美智子妃のそばには、生まれたばかりの礼宮が純白の産着にくるまれて眠っていた。これは美智子妃が自ら縫いあげたものだった。

坂元氏によれば、礼宮は「生まれてすぐ母子同室だった」という。授乳のとき以外は新生児室に隔離されていた浩宮にくらべ、これは大きな変化だった。

浩宮が誕生した時代は、細菌感染を防ぐために母親と赤ちゃんを切り離す〝母子異室〟が一般的だった。しかし昭和四十年頃から〝母子同室〟に変わってくる。この考え方は、雁は孵化した直後に出会った動くものを自分の親と認識するといった、オーストリアの動物学者ローレンツが発見した刷り込みの研究から生まれたといわれる。

御静養室にはじめて足を踏み入れた人は部屋の温度がひんやりするのに気づく。「暖房機の故障かしら」とまず考えるが、そうではなかった。これが美智子妃にとって最適の温度だったのである。誰にも好みの気温というのがあるが、皇太子も美智子妃も「仲秋か晩秋」の、どちらかといえば肌寒いと感じるような気温を好まれたという。

御静養室におかれた白いベッドのなかで、礼宮は美智子妃に見つめられながら無心にねむっていた。礼宮は色が白く、耳が淡いピンク色に輝いていた。

美智子妃は礼宮を抱きながらこういわれた。

「きれいなお耳ね、桜貝の宮とおつけしましょうか」

このとき三十一歳の美智子妃は、二人の母親となった自信が溢れるかのように、ゆるぎなく満ち足りた微笑につつまれていた。

第九章　母の笑顔

礼宮の誕生から三年後（昭和四十三年）の九月十三日、目崎氏は星川侍医から美智子妃のフリードマン反応が陽性であることを打ち明けられた。これまでの出産はすべて宮内庁病院で行われており、もしも「御懐妊」であれば今回も宮内庁病院で出産されることは間違いなかった。

「大きい器械類は前回のご出産でだいたいそろっていると思いますが、小さいものではどんなものが必要でしょうか」

星川侍医からたずねられた目崎氏は即答をひかえ、「よく調べてからご連絡いたします」と返事をした。

星川氏は、美智子妃の予定日は来年五月六日だといった。

浩宮の出産が病院でなされたことが契機となり、昭和三十年代後半から病院での出産が加速度的に増えはじめていた。戦後のベビーブームがまき起こった昭和二十二年には、病院や診療所といった施設で生まれた赤ちゃんはわずか二・四％にすぎなかったのに、昭和四十年には八四％と、施設における分娩がまたたく間に自宅分娩を凌駕していった。やがて昭和四十五年には九六％を超え、自宅で出産する女性はほとんどいなくなってしまう。しかし、急増する病院出産に対して、医療施設は旧態依然で看護婦の数も貧弱だった。人手が足らないために分娩の分業化をする病院まであらわれる始末だった。こうしたアンバランスが引き金となって、昭和四十年ごろから「赤ちゃん取り違え事件」が続発して社会問題化している。

「黄金の六〇年代」といわれた高度経済成長は、東京オリンピックの翌年から一時的な停滞があったものの、とどまるところを知らず、拡大の一途をたどっていた。とくに昭和四十年末から五年間にわたってつづいた〝いざなぎ景気〟は、日本経済を世界に比肩するレベルまでに引きあげるスプリングボードとなった。この五年間の平均実質成長率は、なんと一一・六％と、夢のような数字だった。

技術革新と投資ブームに支えられた日本経済はこの期間に未曾有の発展をとげ、昭和四十三年には西ドイツを抜いて米国につぐＧＮＰ（国民総生産）世界第二位の「経済大国」にのしあがった。

所得倍増論で高度経済成長に火をつけた池田勇人首相が昭和三十九年に退陣したとき、さすがに「高度成長のゆがみ」を指摘する声もあったが、一度動きはじめた車輪はそう簡単に止まるはずもなく、その後も経済は拡大の一途をたどった。

しかし重工業偏重という野放図な経済の拡大は、風光明媚といわれた日本の環境をまたたく間に破壊し、ヘドロ公害や光化学スモッグをはじめ、四大公害訴訟といわれた水俣病、四日市ぜんそく、イタイイタイ病、阿賀野川水銀中毒事件となって周辺住民を塗炭の苦しみにおとしいれた。

高度経済成長という奇跡はそのなかにさまざまな社会病理を胚胎させ、そして噴出させていくが、これらに抗議するかたちで、消費者運動や住民運動などが活発になってくる。なかでも、もっとも破壊的でこの時代を象徴していたのは学園紛争だった。

小林教授がいた東大医学部では、インターン制度をめぐる学内紛争がこじれ、一触即発の状態にあった。昭和四十三年一月、東大医学部が無期限ストに突入すると、これが各地の紛争と呼応するかのように泥沼の様相を呈してくる。

小林教授が医学部長に就任したのは、東大全学部が無期限ストに入る二カ月ほど前の八月十日だった。その直後から〝大衆団交〟や〝青空集会〟の矢面に立たされた小林教授は、連日のように学生との対応に忙殺されていた。

十月から東大では全学部が無期限ストにはいった。そして「国際反戦デー」の十月二十一日、東京・新宿では中核派や社学同の反代々木系学生が新宿駅構内に突入し、これに群衆も加わって大規模な騒擾《そうじょう》に発展するという「新宿騒乱事件」が起こる。この事件は東大闘争をさらにあおることになり、大衆団交で林健太郎新文学部長が一七三時間もの間、軟禁状態になる場面もあった。

日本中の至るところで火種がくすぶっていた。

美智子妃の「御懐妊」が発表されたのは、そんな時代を背負った昭和四十三年九月二十四日のことである。浩宮から数えて四度目の妊娠だった。

昭和四十三年は明治維新から数えて一〇〇年目にあたり、欧米に追いつき追い越せという、明治以来の国家目標がようやく達成された記念すべき年でもあった。田中角栄総理による日本列島改造のブームがまき起こる四年前である。

9月13日（金）病室分娩室　星川侍医
妃殿下 Friedman（＋）（東大にて）
予定日　5月6日
9月18日（水）病院分娩室　西野院長、斎藤副院長
必要なもの検討しておく様に。
9月20日（金）PM2：00　病院分娩室　星川侍医
発表予定9月24日（火）
周囲の事情に依り拝診はないが協議の結果発表する予定
9月27日（金）PM2：00　病院分娩室　星川侍医
妃殿下　藤田嗣治追悼展にて気持悪くなられた由
10月4日（金）PM2：30　外来　電話　星川侍医
空気清浄器を御所で求めようと考へるがその必要ありや↓検討しておくと答へる。
小林博士より坂元講師へ問いたるに東大の新生児室にもあり。殺菌作用あるから
あった方がよいのではないかとのこと。

10月9日（水）ＰＭ２：30　事務室　網野事務員
10月31日までに主計課へ御出産予算を分類して提出
従って10月19日までに用度課へ提出したいので17日までに事務へ提出してほしい。
10月10日（木）祭　電話（小林宅→目崎宅）小林教授
只今の準備中を報告。坂元講師と相談して準備してほしい。
ドプラー、血液pH測定器、骨盤レ線台等必要。
10月14日（月）電話（坂元講師→目崎）
人事は未だ決っておらぬが前のことよく知っている5人［中山助教授、坂元講師、堀口、藤井両博士、小櫃婦長］で伺い、打合せたいがよろしいかの電話あり。午後1時30分に御来院願ふこととす。
［ＰＭ１：30］　打合せ会　病院図書室にて
分娩室、御静養室をみて打合せ
病院側よりの希望
1．病院産婦人科を活用してほしい。
東大側
1．鬼沢侍医がおられるから今回は高津教授が新宮様哺育はされるのか。
2．器械は大体よいと思ふが医療器械も進歩したので改良するとともに新しいものも揃へてほしい。

10月15日（火）ＰＭ0：30→ＰＭ1：30　病院応接室　星川侍医　目崎　小林博

購入もの打合せ

星川侍医より

1．侍医会議にて新生児哺育について

イ)2500以下のとき　東大小児科

ロ)2500以上のとき　産婦人科

入院中は勿論鬼沢侍医も共に。

10月18日（金）予算提出

小林博博士より事務へ提出

「皇太子、同妃両殿下は、第四回全国身体障害者スポーツ大会のため十月八日から同月十四日までの間、石川、福井、滋賀の各県へ行啓される予定であったが、皇太子妃殿下御懐妊のきざしがうかがわれるので、このたびの行啓は殿下おひと方にお願いし、妃殿下はおとりやめ願うことになった」

九月二十四日、宮内庁は美智子妃の「御懐妊」をこのように発表した。

その三日後、皇太子夫妻は数寄屋橋の東京セントラル美術館で開催されていた藤田嗣《ふじたつぐ》治《はる》追悼展を鑑賞された。藤田嗣治画伯は、「もう一度日本に帰りたい」といいながらこの年の一月にチューリヒで客死した〝モンパルナスの画家〟である。その日の午後、並木皇室経済主管は外来で診察中の目崎氏に電話でたずねた。

「前回は予想外に大きな予算で、大蔵省と折衝するのも骨が折れました。今回も同じ予算では認めてもらえないと思う。器械類はいまのままでよいのではないかと思うがいかがですか。現在のもので妃殿下がよろしければそのまま使いたいのですが」

目崎氏はしばらく考え、それには直接ふれずにこう返答した。

「できれば肌身につくものはすべて新規に購入していただきたいと思います」

並木氏は「それは当然でしょう」といい、こうつけ加えた。

「一応、予算案について東大と打ち合わせていただけますか。われわれがよくても、東宮もしくは東大で困るということもありますから」

十月九日、目崎氏は用度課、管理課、主計課、工務課など、挨拶回りを兼ねて協力の依頼に各課を訪ねた。用度課には〈器械、消耗品、薬品その他の購入〉を、管理課には〈分娩室の水道その他の改良〉を、それぞれ課長に面会して口頭で依頼した。そのあと主計課を訪ねたが、主計課長と課長補佐は、皇室経済主管と工務課長の四人で会議しているところだった。目崎氏はその席で、

「ご分娩台は東宮と打ち合わせたところ、そのままでよいことになりました」
というと、主計課長は非常に喜んだという。それに気をよくしたのか、酸素テント、蘇生器、保育器、レントゲン撮影器の購入を認めるような発言をした。

工務課長から「工事に関するものは早く提出してほしい」といわれたが、もちろん目崎氏はそうするつもりであった。ただ病院の改装は、礼宮のときですべて終えているのでそれほど大規模なものにはならないはずだから焦ってはいなかった。

それよりも問題は新しい器械類の調達である。ここ数年の技術変革は目まぐるしく、とくにトランジスタを使った新しい医療器械がぞくぞくと登場していた。なかでも「超音波ドップラー装置」は、昭和四十二年ごろに登場したときから目崎氏がもっとも関心をいだいていたものだった。

ドップラー現象は、理科の教科書でもあるように、救急車が遠ざかるときのサイレンは低く聞こえ、近づくときは高く聞こえるという現象である。近づくと音の波長が短くなって周波数が高くなり、遠ざかるときはその逆で波長の間隔が広くなって周波数が低くなる。この現象は超音波でも同じであった。超音波ドップラー装置はこの原理を利用し、二・五から六メガサイクル（一メガサイクルは一〇〇万サイクル）の超音波を照射することで物体の動きをとらえる装置だった。

超音波発生装置の実用化第一号はタイタニック号の海難事故だといわれる。沈没したタイタニック号の位置確認のために使われたのだが、実際には成功しなかった。その後、第一次世界大戦をきっかけに軍事面での応用が広がり、とくに潜水艦の探知を目的としたソナーやレーダーとして発展していった。

第二次大戦後、超音波の技術を医学に応用する研究がはじまり、昭和二十五年にアメリカではじめて超音波による断層像をブラウン管で表示することに成功する。これがのちの「エコー」の開発につながるのだが、美智子妃の出産で使われた「超音波ドップラー装置」がとらえることができたのは音だけであった。それでも胎児心電計や胎児心拍計にくらべ、はるかに正確な検出ができたという。

胎児の心拍数をとらえようと橋本武次氏らが開発したのは胎児心音監視装置だったが、陣痛時になると雑音が混入して役に立たなかった。そこで心電計が登場したのだが、心音計を凌ぐほど画期的なものではなかった。ところが昭和四十二年に登場したドップラーは、まさしく「産婦人科医界の革命」ともいわれたのである。当時、宮内庁病院産婦人科副医長で、ドップラーを購入リストのトップにあげた小林博医師はこう語っている。

「心音計は陣痛になると雑音で聞こえなくなるのですが、ドップラーは驚くほどクリアで、陣痛があってもぎりぎりまで心音を聞けました。心電計もドップラーが登場してから絶えてしまったはずです。胎児の状態を把握するには、pHを調べたりと方法はいくつかあるのですが、実際にはほとんど心音に頼っていましたね」

この装置の扱いはきわめて簡単だった。昭和四十二年にトーイツ社から発売された「ドップラー」は、オールトランジスタとニッケルカドミウム電池使用による小型軽量をセールスポイントにしていた。当時のパンフレットには、ドップラーの特長としてつぎの五項目をあげている。

〈妊娠12週以降なら、ほぼ100％胎児心拍動を検出できます。

胎盤位置を知ることができます。

肥満体、羊水過多の場合には影響なく、胎児心拍動を確実に聴取できます。

分娩時の陣痛発作時でも、全く影響なく胎児心拍動を検出できます。

本器により妊婦又は産婦に、胎児心拍動を聞かせることができます〉

胎児が生存しているかどうかがわずか妊娠一二週で一〇〇％わかるという。早期診断にとっても画期的なものだった。胎児心音計や胎児心電計で確実にわかるのは二五週前後だからとうていドップラーには及ばない。また超音波の指向性はきわめて狭いから、胎児の心臓の動きだけでなく、臍帯《さいたい》や胎盤血流、それに心臓の弁膜運動もとらえることができた。これまでまったくわからなかった胎盤位置も、胎盤血流から測定できたのである。価格もそれほど高くなく、そのうえ脇にかかえられるほど小さな器械だった。

発売されてから三年もすると、掌に載るようなサイズも登場している。昭和四十五年の『助産婦雑誌』に載った坂元正一氏らのレポートには〈価格も5～6万円から10数万円ぐらいで、実際に米国の大学病院などで産科医がみんなポケットにいれて持ちあるいているところもあります〉と紹介されている。

十月十四日、午前中に坂元講師から目崎氏に、〈人事は未だ決っておらぬが前のことよく知っている5人で伺い、打合せたいがよろしいか〉と電話があった。中山助教授、坂元講師、堀口医局員、藤井医局員、小櫃婦長の五人がやってきたのは午後一時半だった。さっそく宮内庁病院の図書室に集まった。

この日の深夜、アポロ七号からヒューストンを経由して日本ではじめて宇宙中継の映像が見られるはずだった。目崎氏はその話題になると浮き足だったが、それもつかの間、双方から美智子妃の出産に関する希望や意見が次々と出された。

小林教授はこのミーティングには出席していない。医局の封鎖や医学部学生の謹慎処分撤回問題などが山積していてそれどころではなかったのだろう。

やがて彼らは〈前の御出産のときに困った経験より、新しく購入希望のもの〉としてつぎの医療器械五点をリストアップした。

骨盤X線測定機

超音波ドップラー装置

胎児血液pH測定器

ビリルビン測定比色計

胎児移動監視装置

このミーティングに出席した八人はこれらを強く〈購入希望〉とした。骨盤X線測定機をトップにあげたのは、礼宮を出産されたとき、レントゲン撮影に失敗した理由を器械が古いからと考えたためだろう。超音波ドップラー装置はすでに述べた。胎児血液pH測定器は、血液のpH値を測定して切迫仮死を正確に診断するためのものだ。

ビリルビン測定比色計は、血清中のビリルビンを測定して胎児の黄疸を予防するためにも必要なものだった。胆汁の主要成分がビリルビンだが、これは赤血球が崩壊してできたものである。新生児のほとんどは黄疸になるが、通常は放っておいても一週間程度でなおってしまう。ところがたまに核黄疸に進行する場合があるという。

核黄疸の原因として母子間の血液型不適合などが指摘されているが、当時の治療法は交換輸血が唯一の方法だった。

このとき東大側から、〈器械は大体よいと思ふが医療器械も進歩したので改良するとともに新しいものも揃へてほしい。〉との要望が出されている。

これらの器械購入のほかに、分娩監視装置を瞬間心拍数と平均心拍数が表示できるように改良したり、御静養室や分娩室の温度と湿度を安定させる工夫をすることも議題にのぼった。このころにはルームクーラーや加湿器も普及し始めていて、これらはそれほどむずかしい問題ではなかった。

目崎氏が落ち着かなかったのは、やはり「東宮の延長」ということで宮内庁病院の職員がないがしろにされるのではないかということだった。そのせいか、この会合で目崎氏は東大側に、

「病院産婦人科をもっと積極的に活用してほしい」

と訴えている。しかし今回も予断を許さず、目崎氏はなにか割り切れない思いをいだいていた。

このときの決定を基準に、目崎氏と小林副医長は次の購入リストを作成した。

一、胎児血液pH測定器具　一六二万
二、ドップラー装置（マグナフラックスＭＤ５００）　五八万
三、ビリルビン測定比色計　二五万
　　島津スペクトロニック　（二〇万）
　　遠心沈澱器　（五万）
四、監視装置改良（心拍数測定）　八〇万
五、骨盤X線測定台（島津）　九〇万
六、児頭電極装着器（三立）　二万
七、deep freezer 付冷蔵庫　一〇万

八、酸素テント　五〇万
九、ＡＭＩＮＯ　ＳＣＯＰＥ　三万
十、電気搾乳器　六万
十一、ネブライザー（アトム輸入）　二八万

私がこのリストを、美智子妃が浩宮を出産されたときに待機していた馬場一雄氏に見せたところ、こんな感想が返ってきた。

「胎児の監視で重要なのは心拍数ですが、ここにあるのは監視装置とビリルビン測定装置、それにドップラーをのぞいて一般的な医療機器ですね。この中では新しいものといえばドップラーぐらいでしょう。どちらかといえば一般的な医療機器が拡充されたということではないですか」

ここでリストアップした医療機器は合計五一四万円。そのほかに金額がわからないものもあり、これらを加えると新規購入額は七〇〇万円前後と予想された。

10月20日（日）東宮御所
妃殿下御誕生日　妃殿下より病院の皆様に親切にしていたゞきました又よろしく御願いするとお伝へ下さいとのこと。

10月21日（月）網野事務官
予算プリント完成
すべて44年3月までに完成を要するため予算は43年度とす。
11月1日（金）ＰＭ１：00→ＰＭ２：00　病院応接室　打合せ　星川侍医、目崎、小林博
予算について再検討す。
11月8日（金）ＰＭ０：00→ＰＭ０：30　応接室　打合せ　星川侍医、目崎、小林博
星川侍医より次の話あり
1．11月5日（火）夜　小林御用掛、小櫃婦長　拝診
2．12月6日内御着帯式を小櫃婦長行う
小林博副医長より報告
1．手術台の修理が器械商人がみてガタが来ておるので全般的に修理必要とのこと。
約７万円。
2．新購入器械総計　７、５７１、６００円
改良修繕　１、８４１、９５０円

合計　　　　　　９、４１３、５５０円

11月20日（水）ＰＭ３：00→ＰＭ３：30　手術室の浴室　斎藤副院長
明21日午後２時より妃殿下御出産に関する事務につき課長会議を開くので秘書課より出席してほしいとの電話連絡あったが、出席していたゞけるか［斎藤氏都合悪いため］
小生結婚式にて都合悪いので小林博医員に依頼す。
11月22日（金）ＰＭ１：00　外来　小林医員より報告
［ＡＭ10：00］　本庁　物品購入打合せ会
本庁：並木皇室経済主管、主計課長、用度課長その他
病院：佐藤事務長、小林医員、網野事務官
東宮御所：星川侍医
１．器械購入必要順序を説明
２．薬品購入預り方式はやめてほしいと侍医より希望。
主管困る様にしないからその方法は当方にまかせてほしい。
11月30日（土）東宮御所　礼宮御誕生日
皇太子　モーニング
妃　ピンク色のドレス

浩宮　学習院制服
礼宮　赤の着物
12月6日（金）ＡＭ９：40　東宮御所
内ご着帯式を行う
12月13日（金）応接室にて　午後1時　星川、目崎、小林博、打合せ
小林博氏より説明
別紙の如く重要なもの、大部分通るもの、全般的に2割けずられたので別紙赤印のものを保留或数を減少することとす。
3人の意見→2割位致し方ない。購入価格の安くなった場合考慮を願ふことにす。
ドップラーは一応妃殿下御入院まで東宮御所に持て行くこととす。
妃殿下　西洋美術館へ行かれるの中止する。
12月10日武道館へ行かれた時咳がひどかったため。

十月二十日、東宮御所で美智子妃の誕生日が祝われたが、その帰路、星川侍医は目崎氏を呼び止めこういった。
「東宮用に病室を礼宮様のときと同様に使用させてください。もしそれが不可能なら病院のそばにプレハブを建てたいのですがいかがですか」

いかがですかとたずねられても、病院側としては喜んで応じるわけにもいかず、目崎氏は「院長と相談して御希望に沿うようにいたしましょう」と一礼した。星川氏の言葉は、目崎氏が希望していた「御入院」ではなく、これまでと同じ「東宮の延長」を示唆していた。すでに「東宮の延長」はこれまでの前例になっている。いずれ皇室のしきたりという大きな波が、目崎氏らを呑み込んでいくにちがいない。それゆえに目崎氏は、かつてのように「御入院」にこだわるつもりはなかった。むしろ、それぞれの責任範囲は明確にすることでトラブルを引き起こさないことのほうが現実的と考えた。それに美智子妃の出産はもう三度目である。たとえ「東宮の延長」でも看護婦たちは慣れている。それほど混乱はないだろうとも思えた。

浜尾元侍従によれば、このときプレハブを建てたはずだという。

「そうでした。プレハブを建てて東宮の事務室を臨時に設置しました。そこに詰める職員は五、六人でした。交代で侍従が一人、女官が一人、事務員、自動車の運転手とか、そんなもんですかね」

十月二十一日の夕刊は、メキシコ・オリンピックのマラソンで君原健二選手が銀メダルを獲得したことを大々的に報じていた。この日、目崎氏は、網野事務官から会計課に提出する予算書を受け取り、まず小林教授と斎藤副院長に目を通してもらった。そのとき目崎氏に並木皇室経済主管から電話がはいる。そのやりとりを『目崎ノート』から拾ってみる。

「今月の末までに予算を大蔵省へ提出せねばなりません。およそで結構ですが、東大の小林先生と打ち合わせてどれくらいの金額になりましたか」

「だいたい七〇〇万ぐらいです」

これでも目崎氏は控えめな数字だと思った。分娩監視装置のように大型の医療機器を購入する必要がなかったとはいえ、この三年間で物価もかなり上昇している。礼宮のときに計上した一〇〇〇万円にくらべたら七〇〇万円は高いとは思えなかった。しかし並木皇室経済主管にとって意外な数字だったのか、

「そんなに多いのならこちらで削りますよ」

と声を荒らげた。経済主管にすれば、三年前にそろえたばかりではないかという思いであり、目崎氏にすれば三年も経ったのだからという気分にちがいない。

「この予算請求の責任者は誰ですか。西野院長ですか斎藤副院長ですか。それとも星川侍医ですか。あるいは目崎先生あなたですか」

「いや、誰というわけではありません。星川先生や小林先生とも話し合って決めたということです。そういうことなら、とりあえずこの旨を斎藤副院長に伝え、あらためて星川先生と打ち合わせをしていただきます」

「お願いします。その前にまず予算の責任者をはっきりしていただきたい。そしてその

予算ではまず大蔵省は認めないと思っていただきたい」

非常識な金額を請求しようというわけではないのに、予算をなんとしてでも切りつめようとする大蔵省の意向が理解できなかったのは目崎氏だけではない。当時の宮内庁主計課職員もいう。

「当時の佐藤総理や吉田元首相は、皇室がお金に困っているなんてことはないように、必要なものがあったら何でもいってくれとおっしゃっていたんです。だから、器械の購入でうるさくいわなかったはずですが、やっぱり下の方が難色を示すんでしょうね」

かといって無理を押し通すのは得策ではない。十月二十五日、宮内庁病院の医局に西野重孝院長、星川光正東宮侍医、小林博副医長、穂積良和外科医長、そして目崎氏の五人が集まった。病院側と東宮側の意思統一をはかるためだった。このとき次のように決定したと目崎氏は記している。

病室使用は前と同じにする。看護婦宿舎も同じ。
購入のものをＡＢＣに分類す。
Ａ．絶対的必要のもの
Ｂ．或る程度ゆずってもよいもの
Ｃ．遠慮してよいもの

礼宮のときと同じように、購入予定の器械類を必要の程度に応じてＡＢＣに分類し、主計課との予算会議でどうしても削らなければならないときはＣの〈遠慮してよいもの〉から順に削ろうというものであった。

これについて後日、小林教授は次のように述べたと『目崎ノート』に綴られている。

「こちらが要求する器械は、できるだけ全部認めてもらいたいが、万が一やむを得ぬ場合はビリルビン測定器をゆずってもいい。ただし分娩監視装置の改良は絶対にゆずれない。レントゲン撮影機は、新規購入よりもむしろ、技師にもっと技術を磨いていただくほうが大切である。腕さえしっかりしていれば充分使える器械である。場合によってはこれもゆずっていいのではないかと思う」

十一月二十一日、美智子妃の出産に関係している宮内庁の担当者が全員集まった。〈妃殿下御出産に関する事務〉について対策を話し合うためだった。次の六項目はこのときの会議で議題になったものである。ただしこの会議に目崎氏は出席していない。親戚の結婚式が重なったためである。だからこの報告は、翌二十二日に、目崎氏の代理として出席した小林博宮内庁病院産婦人科副医長から聞いてまとめたものである。

〈1．主に東地区開放に依る種々の打合せ。意見の交換を行い結論を出さず。

2. 即ち一般参観人を大手門より入門させてよいか。病院の前を歩くのをやめ、止まるのではないか。
3. 屋上御散歩のとき公園より見えるのではないか。
4. 御見舞の皇族方出産関係者をどの門より入っていたゞくか。平川門？
5. 病院の室使用については後日東宮御所と病院で直接打合せる。
6. 12月2日　妊娠5ヶ月発表　12・6日内帯〉

本丸と二の丸がある二一万平米を皇居付属庭園として整備し、「東御苑」の名称で一般に開放したのがこの年の十月一日だった。当時、土曜日曜になると見学者がひきもきらず、大手門からとなりの桔梗門まで長蛇の列ができたという。見学コースの途中には宮内庁病院もあり、美智子妃が入院されたとあれば、見学者が病院の前で立ち止まることも予想された。そのためには東御苑への入苑を一時停止すべきかどうかといった、医療のことではなく事務的な問題がこの日の議題であった。

翌十一月二十二日、小林副医長は佐藤正喜病院事務長らと共に並木皇室経済主管や主計課長と「物品の購入」について打ち合わせた。この日の経済主管は、意外にも「病院の困るようにはしないから当方に任せてほしい」と好意的だった。『目崎ノート』によれば、これより三週間後の十二月十三日、主計課から報告を受けた小林副医長は、その結果を目崎氏と星川氏の前でこう説明したと記している。

「別紙のように、要求していた重要な医療器械は大部分通りましたが、全般的には二割ほど削られました。この分に関しては、購入を予定していたものを保留するかその数を減らすことにします」

しかし、ドップラーをはじめとした必要な器械類のほとんどが認められたことで目崎氏らは胸を撫で下ろした。「二割なら致し方がないでしょう。とりあえず購入数を減らすことにして、価格が安くなった場合はあらためて考えることにします」

目崎氏らはいった。

小林博氏の記憶によれば、結果的に購入を希望した医療機器はすべて認められたという。

「私が購入リストをつくって目崎先生に渡し、目崎先生が予算の交渉をしてくれました。何事もないように最悪のことを想定して準備しましたが、幸いにもすべて通していただき、これで宮内庁病院の医療機器は一新できました。予算の獲得に私が苦労しなかったのは、事務官も頑張ってくれたからではないでしょうか。紀宮様のときはそれほど新しい器械への抵抗はなかったと思います」

十二月五日、小林教授は年内最後の拝診をした。美智子妃からときどき浮腫を訴えられたこと以外、これまでになく順調でまったく異常は見られなかった。

昭和44年
2月4日（火）ＰＭ２：00　病院医局　東大、東宮御所、病院打合せ会
3月7日（金）ＰＭ１：30　応接室　星川侍医
調乳台その他の打合せ
記者クラブ↓3月12日御着帯式・賢所にて
3月9日（日）ＰＭ３：00　パレス・ホテル　小林御用掛
1．3月10日より金沢の学会出張の件。
イ）大体5月10日頃になる御様子なので行くものは出掛ける。但し何かあった場合直ちに飛行機で帰京することにする。
ロ）4月初旬に一応拝診していたゞく。
2．最近よく御外出の御様子
3．3月7日（金）拝診
3月12日（水）いぬ　ＰＭ４：00〜ＰＭ５：30　東宮御所　日月の間　着帯式のお祝のお茶会　大雪　積雪30㎝
東宮殿下　モーニング
妃殿下　洋装ビロードの紺色

浩宮　学習院制服
礼宮　着衣（赤）
3月27日（木）ＡＭ８：00　坂元講師宅　電話
１．3月31日　下打合せを赤坂口悦にて行う。
坂元、小林、目崎３人にて。一応小林御用掛に報告
２．病院にての打合せは４月８日９日頃は如何。分娩監視装置がそれまでに整備
されるや否や疑問。整備されずとも行いたい。
３．東大は学会へ全員出席の予定。
４月１日（火）記者クラブにて主管発表
１．４月より御進講休止
２．結婚10周年のお祝いは10月に行う
４月２日（水）
分娩室、手術室、御静養室、温度調整検査開始
４月４日（金）
プレハブ（東宮事務室完成）
電話架設
４月９日（水）ＰＭ２：00〜ＰＭ４：30　病院医局　医療打合せ会

報告及協議事項
山田事務官
1．当日の入門について
イ)大手門或乾門
ロ)他は桔梗門
2．何かお変りあったときの連絡方法
侍医→小林御用掛［拝診に依って各方面に連絡］
イ)一応参殿せられたことを各方面に知せる。
ロ)拝診の結果で再度入院や否やを知せる。それに依って各自に知せる。
小林御用掛へはパトカーが出迎へる。

坂元講師より小児科侍医2人おられるので東大当宿（新宮様係）に代っては如何の発言。由本侍医より御所にお2人おられなにかと御用あるから病院の方はおまかせしたい。若《も》し万一何かのときは勿論当宿する。

学会へ先生方行かれること申し上げたために緊張せらる。学会以外は都内にて行先を家人につげてほしい。病院は必ず誰れか残ってほしい。

皇孫ミルク　森永DGとす。鬼沢、車田両侍医
午後5時より小林御用掛拝診

御静養室にベル取つける。

二月四日、喧噪《けんそう》に明け暮れる世間をしり目に、宮内庁病院の医局では美智子妃の出産にかかわる二七名が集まって〈打合せ会〉が行われた。医学部長として「東大闘争」の矢面に立たされ、休む刻もなく動き回っていた小林教授も、この〈打合せ会〉には時間をやりくりして出席している。出席したメンバーは二七名だった。

議事進行は由本東宮侍医長が中心となってすすめられた。そして次のことが決定されたと『目崎ノート』は記している。

〈1. プレハブ6坪を建る。
2. 病室は礼宮殿下御出産のときと同じように使用する。
3. 看護婦寄宿舎も同じ。
4. 4月初旬にもう一度医務の打合せ会を行う。
5. 分娩室の温度調節もう一度検討。
6. 御静養室、特にトイレに呼鈴をつける。
7. 湿度は東宮御所の湿度器を持参。
8. 分娩室に音楽を流す。

9. 外来者用のマスク等病院で用意する。
10. 分娩室に入るもののみ半ゴム靴（白）を注文する。〉

それにしても、トイレに呼び鈴をつけ、外来者用のマスクを誰が用意するかなど、わざわざ二七名も集まって協議することもないと思うのだが、役所というところは何事も打ち合わせをしたうえでなければ一センチたりとも前にすすまないのだろう。

このあと二七名全員は、分娩室と御静養室を視察して解散するが、このときの決定事項とは別に、東宮側にとって気がかりなことがひとつあった。日本母性保護医協会（略称は日母。現在の社団法人日本母性保護産婦人科医会）の総会が四月初旬から、日本産科婦人科学会の総会が四月中旬から金沢で開かれることになっていて、小林教授をはじめこのプロジェクトの重要なスタッフの多くが参加することになっていたことである。

日母とは、ひと言でいえば「優生保護法」を推進するために設立された団体である。

終戦の翌年から出生の急激な増加が始まり、当時の政府に少なからず危機感をもたらしていた。このため、人口抑制策として、これまで非合法下にあった人工中絶を合法化する法案が衆参両議院に提出される。これが昭和二十三年に公布された優生保護法である。

中絶にあたり、当初は各都道府県に設置された優性保護審査会の許可を受けなければならなかったが、昭和二十七年の改正で、優性保護医に指定された医師が独自の権限で中絶ができるようになった。これがのちに「堕胎天国ニッポン」とまでいわれる引き金となるのだが、昭和四十三年当時、人工中絶に反対していた宗教団体の「生長の家」は、政治家に働きかけて優生保護法を廃止しようと動いていた。それと並行して、自民党も賛否両論にわかれ、廃止の可能性が論議されていたのである。

この当時、目崎氏は日母の常務理事をしていたからなかば出席を義務づけられていた。『目崎ノート』には〈東大は学会へ全員出席の予定〉と書かれているが、東大のスタッフは日母ではなく日本産婦人科学会に出席を予定していた。目崎氏はこの学会の評議員もしていたという。年に一度の総会は重要で、まして役員なら欠席するわけにもいかなかった。が、彼らが東京を離れたら、一時的とはいえプロジェクトは小休止になる。その期間中に万が一のことがあればかなり危険な事態になることも予想された。

小林教授の診断によれば、予定日は五月十日前後である。かねてからの申し合わせでいえば四月十日前後から東京を離れることができない。しかし美智子妃は胎児とともに順調に推移しており、四月中旬ぐらいまでなら問題がないとも思われた。このため、小林教授らは、四月初旬の拝診次第でこれらの学会や総会に出席するかどうかを決める腹づもりにしていた。〈何かあった場合直ちに飛行機で帰京〉すればいいと考えたのである。

しかし、美智子妃はこれに強い不安をいだいていたという。

東宮側は西野院長を通じ、小林御用掛が不在のときの対策について詳しく報告してほしいと要求した。さすがの目崎氏も危機感を持ったのか、坂元氏と電話で対策を協議している。坂元氏は小林教授と相談した結果、予定通りに四月九日のミーティングが終わったら拝診をし、その結果で学会に出席するかどうかを決めると目崎氏に伝えた。しかしこの診断がまたしても狂ってしまうのである。

四月九日、医療関係者全員による〈打合せ会〉が開かれたが、案の定というか星川東宮侍医から強い不満が飛び出す。

「鈴木東宮大夫には小林教授か目崎医長のどちらかが必ず居残っていると申し上げております。たとえ一日であれ、お二人とも東京を空けられるのは困ります」

おそらく由本侍医長と思われるが、次のような発言があった。

「小林技官（小林博副医長）が金沢の学会に出張するための旅費を請求したことから、医療関係者がこれほどいっぺんに東京を離れて大丈夫なのかと、並木経済主管から瓜生次長と鈴木東宮大夫に強い意見が出されています。これまで深刻に考えていなかった鈴木大夫も、いまやその気になって案じておられ、誰かが東京に残ることを願っております」

小林教授もこうした東宮側の意見を無視するわけにもいかず、万が一のために中山徹也助教授を残すと同時に、目崎氏らの日程をつぎのように変更した。

〈小林御用掛から小林技官（小林博副医長）に15日朝までに行けばよいとのことで小林技官14日夕航空で行くことに決める。目崎は16日より出勤予定（15日帰京）であったが14日夜着帰京することとする。直ちに飛行機の手続をとることとす。小林御用掛に何か変化のあった場合互に帰京と申し上げる。〉

こうして小林教授らは、四月九日の拝診のあと金沢へ出発するのである。

4月10日（木）
分娩室、手術室、御静養室を専門家に依り清掃。2日間4月10日～11日
［PM10：00］目崎→小林御用掛　自宅
昨夕の拝診の御様子を尋ねる。
特に異常認めず。多少緊張するのは学会出張のための心配のストレスのためならん。
4月15日（火）PM2：00　大道具搬入　御静養室
東宮御所よりタンス、屏風その他の大道具搬入、整頓
金沢　4月11日　日母代議員会
　　　12日　学会
　　　13日　評議員会

　　　14日　帰京
4月16日（水）ＰＭ10：00　金沢　小林御用掛
金沢より電話にて様子の御伺いあり。なしと御返事す。
［ＰＭ６：00］　東宮御所　由本侍医長
東宮御所へ電話し、由本侍医より別にお変りないと承り
［ＰＭ10：00］　金沢
小林御用掛よりの御電話にその旨伝へる
4月18日（金）ＰＭ６：30　ホテルオウクラ
木下二亮博士と懇談、食事を始めんとする時に突然ポケットベルが木下博士のポケットでなる。木下氏直ちに電話するに宮内庁より電話ありすぐかけろとのことであった。
電話（ホテルオウクラ→病院）直ちに病院に電話せるに妃殿下陣痛開始にて御入院とのこと。直ちに病院へかけつける
［ＰＭ５：00］　小櫃嘱託参殿
［ＰＭ６：20］　中山助教授参殿
［ＰＭ６：40］　御出発
高速を神宮入口より入る。お召車と借車の間に他の車が入って弱る。

目崎氏は十一日から十四日まで東京を離れたが、この四日間は美智子妃に特別変わりもなく、穏やかに過ぎていった。

十四日に金沢から帰京した目崎氏は、翌十五日からいつものように宮内庁病院へ出勤した。かつて〝ミッチーいじめ〟の急先鋒といわれた牧野純子女官長は、四月十六日をもって健康上の理由で退官することになっていた。そのころ、牧野純子さんを東宮女官長に推薦した松平信子さんは、すでに慈恵医大病院のベッドで昏睡状態にあり、皇室を取りまいていたひとつの時代が終わりつつあるのを予感させた。

その十六日の夜、金沢に残った小林教授から美智子妃の様子をたずねる連絡があり、由本東宮侍医長から「とくにお変わりなし」と聞いていた目崎氏はその旨を伝えた。そして予定日までまだ二〇日もあるのだから安心してほしいといって電話を切った。

翌十七日、女官長交代の記者会見が開かれ、この席上で美智子妃の容態をたずねられた黒木従達東宮侍従は、軽口を叩くほどの余裕で答えた。

「とてもお元気で、これといってお変わりもございません。浩宮様、礼宮様はご予定よりも早くご出産になりましたが、今度は、まあ、五月にはいってからになるでしょう。宮内庁記者クラブのみなさんから『五月の連休明けに願いたい』との要望がありましたが、こればっかりは何ともいたしかねます」

春の陽気に誘われたように、誰もが頑是無《がんぜな》いほどのんびりと構えていた。それだけ美智子妃が順調であった証左でもある。

四月十八日午後六時三十分、目崎氏が知人の木下二亮医師とホテルオークラで食事をしていたときだった。突然木下氏のポケベルがなった。目崎氏の妻からだった。何かあれば連絡するようにと、当時はまだめずらしかった木下氏のポケベルの番号を妻に教えていたからである。妻は目崎氏に、宮内庁から電話があったが用件をたずねてもいわないので至急連絡してほしいと伝えた。

目崎氏はその場で宮内庁病院に電話をいれた。

電話の相手は、陣痛がはじまったので妃殿下は入院されることになった、と早口にいった。小林教授が金沢出張のため、代理の中山徹也助教授に御用掛の全権が託され、拝診した結果、「念のためご入院」になったのだという。

目崎氏は呆然となった。予定日より三週間以上も早い。

あわててタクシーに乗り込むと宮内庁病院へ向かった。

美智子妃に陣痛の兆候があらわれたのは正午ごろだった。三時半ごろから陣痛がはじまったのだが、産婦人科医がいなかったためしばらく様子を見ていたのだという。

「ならばどうしてすぐお電話をいただけなかったのですか」

目崎氏は憮然としたが、いまはそんなことでいい争っているときではなく、あわてて出産の準備をはじめた。

東宮御所はあわただしかった。運よく三日前に簞笥などの大道具をはじめ、手回り品すべてを運び込んでいたからよかったものの、そうでなかったらいまごろは看護婦も女官も悲鳴をあげていたかもしれなかった。

午後六時四十五分、薄墨をはいたような宵闇を駆け抜けるように、東宮御所を出た黒塗りの車は権田原《ごんだわら》の坂を下っていった。後部座席で美智子妃を支えていたのは小櫃婦長でもなく中山助教授でもなく、皇太子だった。妻の入院に皇太子自ら付き添われるなどはじめてのことだった。この一事だけでも東宮家をとりまく変化がうかがえた。

夜七時のテレビニュースは美智子妃の入院を伝えた。

宮内庁病院と東宮御所は、小林教授の出張先を捜し回ったが連絡はとれなかった。それもそのはず、小林教授も坂元講師もその日は和倉温泉に泊まっていたのである。学会の行事も予定通りすべて終了し、最後の晩というので早いうちから大広間に集まって宴会がはじまった。宴もたけなわとなり、ちょうど酔ったところへ飛び込んできた衝撃のニュースに、坂元氏らはその場に立ちつくした。

「宴会中でした。『ご出産までまだ日にちがあるし、たぶん大丈夫ですな』なんていいながら飲んでいたわけですよ。そこへ研究室の堀口君が吹っ飛んできて、『いまテレビのニュースでお産がはじまりましたって放送してますよ』と泡を食っていうんです。耳を疑いました。『ええっ!』と声をあげた途端、みんな真っ青でした」

それにしてもなぜ小林教授は予定日をちがえたのだろうか。礼宮のときも、十二月五日から十日ごろ出産と診断したが、十一月三十日にお生まれになっている。結果的にこのときも診断がちがったことになる。予定日を正確に特定することはむずかしいと小林教授も常々こぼしていたが、小林教授が美智子妃の予定日をはずした理由はそれだけではなかったようにも思える。想像するに、それは、皇室に対する過剰な畏敬である。

ある侍医によれば「昔は拝診をするとき、立ってはいけないといわれ、膝を擦りながら陛下のそばまで行ったそうです。私も先輩侍医からズボンがすり減って仕方がないとよく聞かされました」という。敗戦によって天皇は象徴になったが、浩宮のときはそれを定めた憲法の公布からまだわずか一三年しか経っていなかった。皇室を畏れ敬拝する空気は、戦前生まれのなかでも、とくに明治生まれの人たちに色濃く残されていたはずである。

強い畏敬はときとして畏怖に変わる。畏怖が煙のようにまとわりついていては正確な診断を下せない。そして小林教授も目崎氏と同じ明治生まれだった。

たとえばこんなエピソードがある。美智子妃の出産にかかわったある医師の証言である。

「お産のお手伝いをしているのだから、アシスタントがそばにいないと小林先生も困るはずなんです。ところが先生は非常に遠慮され、アシスタントを中に入れないようにする。実際の妃殿下は気さくな方なのですが、妃殿下の前に出ると先生は直立不動でした。また、ちょっとむずかしいご容態だと、君ならどうするかねと訊かれる。そんなことより妃殿下を直接診断すればいいのですが、先生にはそれができないんです」

小林博氏も、遠慮したのだろうという。

「普通の人なら綿密に内診すれば出産が早くなるか遅くなるかはある程度わかります。しかし高貴な方だと触れるにも畏れ多くて思うように診察できないんです。遠慮したらお身体の状態が把握できないのはわかっていても遠慮します。小林先生も遠慮したのではないでしょうか」

これはなにも小林教授だけの問題ではなかった。侍医たちですら拝診に「畏れ多い」という気持ちが先立ち、皇族の前に出るとにわかに緊張するという。

［PM7：00］御入院 中山、目崎

［PM8：15］分娩室へ

いよいよ陣痛強く、間隔短いため分娩室へ移す。

［PM8：36］分娩

体重2、250g ♀ 身長45・2 成熟児的状態

麻酔　山村、穂積
新生児　高津教授
医局→宇佐美長官、瓜生次長、高尾管理部長、鈴木大夫来られ、慰労の言葉をいただいて夕食をす。
［PM11：30頃］　和倉温泉より坂元氏電話下さる。
明早朝飛行機で帰京するとのこと。
未熟児のため小児科に御一任、坂元氏等帰京後、援助されることとす。

夜七時に入院された美智子妃はますます陣痛が激しくなり、一時間ほど経った八時十五分に分娩室へはいられた。通常ならここで斎戒沐浴をするところだが、そんなことをやっている時間はなく、目崎氏ひとりが代表して入浴した。このあと手洗いをし、滅菌された手術着を着用して分娩室へと向かった。

予定とはだいぶちがったがそれぞれが配置についた。

分娩台の枕元には麻酔を担当する山村教授、右手には斎藤東宮看護婦と中山助教授、そのうしろに星川侍医がいた。左手には望月宮内庁病院看護婦と多田東大主任看護婦、足下には小檟婦長と目崎氏が待機していた。そして背後には雑用と器具一切の準備を担当する大武助産婦が控えていた。新生児室には小児科専門の鬼沢仁一侍医と車田孝夫東大医師（侍医就任予定の東大小児科医師）、それに小林副医長が待機していた。

分娩室にはいられた美智子妃は、これまでになくおだやかな表情だった。

わずか二一分、あたりは産声につつまれた。

体重二二五〇グラム、身長四五・二センチの内親王（皇女）だった。

目崎氏は時計を見た。八時三十六分だった。

坂元講師も堀口医局員も藤井医局員もいないため、分娩監視装置の操作に詳しい日本光電の技師二名を呼んで待機させていたが、あっという間の出産で、装置を動かして記録をとる時間もなかった。裏を返せばそれだけ安産だったということである。

内親王は数字のうえでこそ未熟児であったが、「保育器の外に響くような声をあげて泣かれるし、哺乳力も普通の赤ちゃんと変わらないぐらいだ」と鬼沢侍医が語ったように、医学的には〈成熟児的状態〉でどこにも問題はなかった。が、とりあえず決められたとおり、小さな内親王は高津小児科教授に一任され、保育器に入れられた。新生児室はしばらくかわいい産声に満ちていた。やがて泣き疲れたように眠った。

小林教授や坂元講師らが東京に戻るのは美智子妃が出産されたあとだった。

「夜が明けるのを待って小松空港に飛んでいきましたよ。早朝のことで七時にならないと鉄柵が開かないというんです。みんな柵にもたれてゲーゲーやっていました。わけを話してやっと空港ビルの中にいれてもらい、とにかく飛行機に乗せてくれと必死に頼みました。いやはや、あのときにはまいりました」

一番機で羽田に到着した東大産婦人科の面々は、とるものもとりあえずその足で宮内庁病院に向かった。坂元講師は、どんなお叱りを受けるかと覚悟して御静養室にはいったが、意外にも美智子妃はニコニコと応対されたという。

「その足で妃殿下に頭を下げに行きました。われわれ一同、ただひたすら『申し訳ありません』と平身低頭に謝ったのですが、妃殿下は意外にも、『いいえ、こちらのことはご心配なく……』と、そりゃ、ご機嫌がよかったのです。お嬢ちゃんだったから御機嫌がよかったのでしょう。助かりました。私は責任を感じ、その日は一人で当直しました。小林先生も相当冷や汗をかいたといっておられましたね」

このあと退院されるまで美智子妃の担当として坂元講師、藤井医局員、堀口医局員、そして小林博副医長の四人が交代で宿直することになった。

内親王は〈未熟児の域を脱する２６００g〜２７００g〉になるまで、高津教授の補佐役として鬼沢仁一東宮侍医、車田孝夫東大医師のほか、築地産院などの協力を得て五人の医師によって監視されることになった。

あるとき鬼沢侍医は、新宮の世話に手不足が生じたため、宮内庁病院の看護婦に哺育を手伝ってほしいと申し出た。ところが看護婦たちは即答をさけて返事をしなかった。

このため由本東宮侍医長を通じて目崎氏に直接依頼するのだが、このことから鬼沢侍医は「はじめから終わりまで御所と病院がひとつになってやる方がよいと考えているのに、どうもむずかしいものがある」とこぼしたという。しかし、過去に何度となく理不尽な仕打ちを受けた宮内庁病院の看護婦にすれば、東宮侍医から手伝ってほしいといわれてもおいそれと引き受けられなかったのだろう。いわば反射的に警戒心をもたげたにちがいない。それにしてもこの程度のことが話題になるのは、今回は浩宮のときに目崎氏が指摘した〈種々の感情問題〉が起こらなかったと考えていいのかもしれない。小林博氏も「何かに苦労したという印象はない」と語っている。その理由のひとつに、昭和天皇の侍医長でもあった西野重孝院長が、このプロジェクトの統括責任者として小林教授や目崎氏をバックアップしたからだともいわれる。

いずれにしろ、浩宮や礼宮のときとくらべ、このときの出産にはそれほどギクシャクしたものがなかったのか、目崎氏はこれまでのように〈種々の問題の件〉も〈感想及意見〉も書き遺していない。

四月二十四日、内親王は紀宮清子《のりのみやさやこ》と名づけられた。

美智子妃は待望の内親王にめぐまれ、ふくよかな笑顔が一段と明るく輝いて見えた。浩宮と礼宮を出産されたことで、美智子妃は皇太子妃としての〝義務〟でもある皇嗣継承という大役をすでに果たしていた。血の継続に拠ってたつ天皇家を盤石なものにしたいま、美智子妃が求めたものは、皇太子のそれと同じマイホームの完成ではなかった

1969年、東宮御所で紀宮をあやす美智子妃

だろうか。紀宮清子内親王は、いまひとつ欠けていた皇太子家のマイホームを、完璧でゆるぎないものにする最強の家族であったにちがいない。それは、カビの生えたような世界が時間とともに洗われ、美智子妃に向かって開かれようとするときに訪れた春ともいえた。

四月、まさしく春爛漫である。

これまでになくたおやかで清々しい美智子妃の表情が、当時の医師たちに三〇年以上経過したいまも強烈な印象として残っている。そこには三十四歳になった美智子妃の、皇太子妃ではない、ひとりの母としての笑顔があふれていた。

エピローグ

まったく予期しなかったことだが、本書を取材中に雅子妃が流産され（平成十一年）、その二年後に「御懐妊の可能性」が発表された。すっかり昭和三十五年当時に浸りきっていた私は、それ以来、過去と現在を行きつ戻りつするようになった。

かつて小林隆東大教授が御用掛として美智子妃の主治医になったように、雅子妃には東大医学部付属病院分院の堤治教授がその職についた。堤教授は、〝日本産婦人科界のドン〟といわれる坂元正一東大名誉教授の直弟子であると同時に、不妊治療の専門家としても知られている。もちろん坂元教授は、本書にもたびたび登場したように、美智子皇后の出産や紀子妃の出産に深くかかわった人物だ。

宮内庁が雅子妃の「御懐妊」を発表したとき、まだ妊娠六週前後だったといわれる。妊娠三カ月にならないと胎盤が完全に形成されないことを思えば、これは異常に早い発表だった。

これについて宮内庁筋から「雅子様を公務から早めに解放し、健康に気遣っていただこうという配慮」と伝えられたが、むしろ勝手な報道を抑え込もうという「配慮」であったともいわれている。なぜなら、二週間ほど前から雅子妃の「御懐妊の兆候」は一部のマスコミで囁かれていたからである。

毎月一回、雅子妃は宮内庁病院で検査を受けられ、そのたびに皇太子は雅子妃に付き添われた。美智子皇后のときは見られなかった光景である。この仲睦まじさから、雅子妃に向けられた皇太子の細やかな気遣いが伝わってくるが、これも時代の変遷といえるのかもしれない。

その一方で、「紀子様や皇后陛下のときとくらべてかなりちがった雰囲気」があると、宮内庁担当記者は口々に語る。それは、雅子妃が流産されて以来、宮内庁は情報漏れを異常なほど警戒している点だという。堤教授の東宮職御用掛は別にして、雅子妃の医師団がまったく明らかにされていないのも、宮内庁の情報管理を端的にあらわしている。

美智子皇后が礼宮を出産されたとき、御用掛であった小林隆教授は、医師団に山村秀夫教授、坂元正一講師、藤井仁、堀口貞夫、武井徳郎の各医局員を、そして助産婦役に小櫃美智子婦長、多田なお主任を選んだ。これに宮内庁病院の医師や看護婦、東宮の侍医と看護婦が加わり、はじめて国家的なプロジェクトができた。雅子妃にも同じような医師団がつくられていることは疑いようがないが、そうした情報はついに公開されなかった。

それにしても、美智子皇后の最初の出産から四一年も経過し、まるで時代を逆行しているような宮内庁の閉鎖的体質はいったい何だろう。ある中堅の宮内庁担当記者はこういって首をかしげた。

「もともと宮内庁は、国民には何も知らせなくてもいいという役所ですから、あの流産をきっかけにして、マスコミに厳しい姿勢を貫くことで今後の歯止めにしたいと考えているのでしょう。雅子妃の出産は国民的関心事だから仕方なく最小限の情報を提供しているだけなのです。それも公と私を厳格に区別して、明らかに公に属する情報だけを伝えるといった管理です。宮内庁は雅子妃を護《まも》るためだとか、雅子妃に負担をかけないためだとか説明していますが、結局、そのことが世の中の流れに逆行し、国民のなかで孤立していることが理解できていないのです」

「国民が皇室に対して何を望んでいるか、何を期待しているかを的確に感じ取ることが重要です」といった皇太子の言葉を、宮内庁的に解釈すれば、国民には何も報せるなということになるようである。

さて、雅子妃の〝御出産プロジェクト〟である。情報がない以上は、もとより想像するより他ないが、じつのところ、美智子皇后のときとそれほど変わらないというのが関係者の一致した意見である。つまり、医療器械や病室の壁紙が変わっても、「御出産」までのプロセスは何も変わらないということである。元宮内庁職員某氏がいった。

「いまの宮内庁には目崎さんのような親分肌の人がいないんですね。みんな公務員になっていますから冒険はしないはずです」

そのことを彷彿させる笑い話のようなエピソードがある。

平成十三年七月に行われた内着帯式でのことである。この日、蒔絵の箱に納められた紅白の羽二重の帯を女官が捧げ持つ場面があった。宮内記者会はこれをビデオ撮影したいと申し入れた。ところが宮内庁の回答は、四一年前も写真だけであって動画の前例がないと断ってきたというのである。

「法律よりも前例が優先する」宮内庁の前例踏襲主義は、何かにつけて美智子皇后の出産を前例にしているという。裏を返せば、美智子皇后の出産がわかれば、皇室の「御出産」はおよその推測が成り立つということにもなる。それができるのも目崎氏が書き遺したノートのおかげである。

ただ、美智子皇后が出産されたときとは決定的なちがいがある。それは、出産そのものに国民の誰もが不安をいだいていないということである。その背景には、さまざまなME機器の進歩によって新生児の死亡率がかぎりなくゼロにちかづいていることがあげられる。コンピュータがこれら医療機器の進歩に大きく寄与していることはいうまでもない。そのなかには、かつて目崎氏が空想したように、子宮のなかの胎児をカラーの立体像で映し出す装置もある。そのひとつひとつが、ひと昔前には空想すらできなかった機器である。お産を安全なものにしたのは、こうした監視装置だった。

半世紀前、これらの機器はひとつとしてなかった。出産は自然の営為であり、そこに人為的な手が加わることなど想像もつかなかったのである。これを一変させたのがエレクトロニクスの発達であり、そのとば口に立ったのが美智子皇后の出産であった。

私は、美智子皇后の出産にかかわったある医師からこんな手紙をもらったことがある。取材に応じられない理由を縷々《るる》述べたなかの一部である。

〈一九六〇年代の半ばに一般臨床で使える分娩監視装置が作られ、微量血液ガス分析装置が胎児の状態の評価に使えるようになり、更に一九七〇年代の後半からの超音波断層装置の発展は早期の妊娠診断、胎児の発育やWell-beingの評価に大きな役割を果たしました。メディカル・エンジニアリングは恐らく美智子妃の出産の後に大きな発展を見せたように記憶しています。このような医療技術の発展が、医療の妊娠、分娩へのかかわりに余裕を生み、妊娠水泳、ラマーズ法、夫立会い分娩、自然分娩志向へと変化していきました。この出産にかかわる安全性の増大により、夫婦が自分たちの子供の出産をどのように迎えるかを考えることができるようになりました〉

美智子皇后の出産がこれらの魁《さきがけ》であり礎《いしずえ》であったことはいうまでもない。まさしくそれは、日本の出産が近代化していく夜明けであった。

美智子皇后の出産は、未来を切り拓こうとした多くのパイオニアたちの賜物といえるが、彼らが出産の近代化という歴史の一ページに刻んだ痕跡をいま知ろうとしても、古参の宮内庁関係者からすら「へえ、そんなことがあったんですか」と逆にたずねられる始末である。わずか四一年前のことなのに、それほど遠い出来事になってしまった。皇室のみならず、われわれが享受するだろう近代的な医療技術の出発点は、深い闇の中に埋もれたままだった。やがて朽ち果てようとしたとき、忽然と照らし出してくれたのが、目崎鑛太氏の遺した一冊の古ぼけたノートだった。われわれに歴史の一端をかいま見せてくれたノート。それは、いまや眩いばかりに輝いている。

あとがき

冒頭に、ある人物を介して『目崎ノート』を託されたと書いたが、ある人物とは、私の友人であり週刊誌記者だった沼崎京二氏のことである。過去形で書いたのは、二〇〇〇年暮れに肝硬変で死去したからだ。五十三歳の働き盛りだった。

なぜ彼が『目崎ノート』を所有していたのか。また、なぜその『目崎ノート』が私の手許に渡ったのか、ここでその経緯を述べておきたい。そのことは、同時に、私が本書を書くことになった動機を明らかにすることでもある。

私が沼崎氏とはじめて会ったのは昭和五十一年（一九七六年）だった。駆け出しの記者だった私は、沼崎氏の手引きで取材のイロハを覚えた。彼は奇妙な男だった。一八〇センチをこえる体軀《たいく》のうえに口髭をはやし、一見してヤクザの親分のような風貌は近づきがたい印象のほうが先に立つ一方で、付き合ってみると、じつに神経が細やかで、義理人情に厚く、けっして他人の悪口はいわなかった。

あるとき、彼は「目崎鑛太医長が語る素顔の皇室」という企画案を会議に提出した。

取材に手がかりがあったわけではなく、「妃殿下の出産に目崎先生という有名な医長がいたが、独占インタビューができたらおもしろい」といった程度の漠然としたものだった。担当編集者は現職の宮内庁病院医長が取材を受けるはずがないといい、彼自身もそう思いつつ、無駄足でもいいからと、当時、東京・目黒区にあった目崎氏の自宅をたずねた。ところが気を揉むほどのこともなく、意外にあっさりと沼崎氏の申し込みを受けたのである。これが「妃殿下『おめでた』のお医者さん36年間の回想」(『女性自身』昭和五十二年三月十・十七日号)という記事だった。

沼崎氏と目崎氏は、その後も互いに連絡を取り合いながら、池袋のTという鰻屋でよく酒を飲んだ。私が沼崎氏の紹介で目崎氏にあったのもこの鰻屋だった。

記事が出てから十数年も経ったころ、沼崎氏は何気なく目崎氏にいった。

「ところで先生、あのインタビューのとき、何かノートのようなものをごらんになっていましたね。あれは何ですか」

このときはじめて『目崎ノート』なるメモが存在することを告げられた。彼はぜひ見せてほしいといった。目崎氏は「いいよ」のひと言でこれを承諾する。十数年のつき合いでふたりの間に深い信頼関係が築かれていたからだろう。日をあらためて目崎氏の自宅を訪ねた彼は、そこではじめて手にした『目崎ノート』に驚愕し、思わず「コピーさせてほしい」といった。目崎氏はしばらく腕組みをしたまま考え込んでいた。そして、

「妃殿下のご出産は多くの人たちが力をあわせたからこそできた。当然にはちがいないが、陰で支えるばかりで陽が当たらなかった人たちもいる。興味本位ではなく、皇室のプライバシーに配慮したうえで、そうした人たちの労苦を後世に残してくれるなら」と条件を提示した。もとより承知であった沼崎氏は、そのことを目崎氏に約束してノートを受け取った。

ところが、彼はいつの間にか『目崎ノート』を本棚の奥にしまい込んでしまった。

それから多くの月日が流れた。あるとき、ふたりで酒を飲みながら、かつていっしょに炎天下を歩きながら取材した沖縄の赤ちゃん取り違え事件のことが話題になった。

私はこの事件を『ねじれた絆――赤ちゃん取り違え事件の十七年』（文春文庫）として一冊の本にまとめたのだが、当時の出産事情を調べているうちに、MEといった用語や、出産に分娩監視装置のような医療機器が使われていることをはじめて知った。同時に分娩監視装置がなかったために、助けられるべき赤ちゃんを救えなかった例を、うんざりするほど数多く聞かされた。

これらME機器が沖縄で普及するのは昭和四十七年の沖縄返還後だった。沖縄で出産が近代化するのはこのときからだったが、日本本土ではすでに一〇年以上も前から普及していたこともこのときはじめて知った。それは、美智子妃の出産がきっかけとなったと、医師たちは口々にいった。私は驚いた。

美智子妃が出産した昭和三十五年は、あらゆる分野で日本が近代化していくとば口だったが、私にとってもいちばん懐かしい時代だった。それらが重なって私は強い興味をおぼえ、日本の戦後史を、出産という視点から書けないだろうか、と思ったのはそのときだった。とはいえ、周囲を見渡しても資料などあるはずがなく、私のなかでほのかにともった炎は照らすべき材料がないまま、ひっそりと燃えつづけていた。沼崎氏の部屋で酒を飲みながら、突然そのことが浮かび上がってきたのである。

沼崎氏はじっと私の話に耳を傾けながら、よたよたと立ち上がり、押し入れから分厚い封筒を取り出して私の前に突きだした。

「おれはもう取材はできない。目崎先生と約束したのに反故《ほご》にしちまった。おまえにやるから、おれのかわりに取材しろよ」

これが本書の骨格となる『目崎ノート』だった。

クセのある文字は判読するのにひと苦労したが、読みすすむうちに、ひとりの女性が出産するのにこれほど多くの人たちがかかわったのかという驚きと同時に、エレクトロニクスを駆使した新しい器械を手ずからつくってでも安全な分娩に備えようとする新世界の人たちと、見慣れない器械にただただ拒絶反応を示す旧世界の人たちとの葛藤が鮮やかに浮かび上がってきて、思いもかけぬ興奮にひたっていた。なかでも美智子妃の出産にかかわった関係者の氏名があますことなく記されていたことは、取材の大きな支えになってくれそうだった。医師や看護婦だけでなく、事務方や業者の氏名まで書かれていたのである。

この『目崎ノート』をもとに、それから約一年かけて取材をし、七〇枚足らずの原稿にまとめたのが『文藝春秋』（平成十三年一月号）の「皇太子浩宮の産声を録音した医師」である。その後も私は迷うことなく取材をつづけた。

本書はじつに多くの人々の証言から成っている。にもかかわらず、「宮内庁関係者」とか「元宮内庁事務官」といった曖昧な用語が頻繁に登場する。それは、皇室に直接触れた人に取材しようとするとまず取材拒否か沈黙、あるいは無視といった壁につきあたり、運よくその片鱗を語ってくれたとしても、よほどのことがないかぎり匿名が条件となるからである。単に医療器械のことを知りたいと思っても、「美智子妃の……」ともらした途端に寡黙になる人もいた。そこには皇室に対するある種の「遠慮」があった。

私はあらためて「菊のカーテン」にふれたような気がした。

『目崎ノート』のほか、『旧奉仕者会会員名簿』や『職員録』から一〇〇名以上の関係者をリストアップして取材を申し込んだが、結果的に半数以上から断られたことは、何よりもそのことを如実に物語っている。彼らが身を隠すように取材を拒絶した理由を、最近退職したある宮内庁関係者がこう解説してくれた。

「マスコミにしゃべると、『あの人はおしゃべりだからね』と、いつの間にか噂になっておつき合いもなくなります。皇族の誕生日に呼ばれていた人も、マスコミにしゃべった途端にパタッと呼ばれなくなるんです。だから自己規制せざるを得ないのです」

「いじめ」の世界によくある「無視」の構図と似ていなくもない。こうした粘着質的で小姑的官僚意識に凝り固まった人たちが皇室を支配しているのである。それでもあえて協力していただいた人たちには、この場を借りてこころから感謝を申しあげたい。

取材先を訪ねるたびに断られ、どうなるかと不安を抱きつつ取りかかったテーマだったが、とにもかくにも『文藝春秋』に掲載できたのは平尾隆弘氏と松井清人氏の両編集長のご助力があったおかげである。また、単行本化にあたっては大松芳男氏にたいへんお世話になった。さらに取材を手伝ってくれたジャーナリストの入江吉正氏と片瀬裕氏、そして皇室全般について助言をいただいた高橋常夫氏には深く感謝を申しあげたい。

最後になったが、文中の専門的な記述に関して目を通していただいた杉本毅氏と永野正史氏の両医師、橋本武次氏が書かれた論文を私に預けてくれた和子夫人、そして東大のME研究室創設にかかわり、昭和三十年代から四十年代にかけて書かれた論文を貸してくれた藤井仁氏にはあらためて御礼を述べたい。肩書は断りがない場合、すべて当時のものとした。当たり前のことだが、一冊の本を世に送り出すことは、まるで美智子皇后の出産と同じように多くの人の手を経た結果であることを、いまあらためて嚙みしめている。四一年も前のことゆえ、語ってくれた方の記憶違いということもある。誤りはその都度ただしたつもりだが、たとえあったとしても最終的な文責はすべて私にあることはいうまでもない。

本書の随所に目崎氏の会話が登場するが、これは目崎氏が遺したメモのほか、私が生前に目崎氏から直接聞いたことと、沼崎氏が書き遺した数冊の取材ノートをもとにしている。また文中の『目崎ノート』を読まれて気づかれた方もいるだろうが、宮内庁病院産婦人科医長という立場にあった人が書いたにしては、肝腎の美智子妃にふれた部分はきわめて少ない。これは「興味本位にしない」という約束通り、プライバシーにふれると思われる記述はすべて私の判断で割愛したからである。また、文中の略字や字句の間違い、それに読みづらい符丁などは私の一存で修正させていただいた。

もし本書が、後世に記録として残るなら、それはひとえに『目崎ノート』を書き遺した目崎鑛太氏と、私に『目崎ノート』を託してくれた沼崎京二氏の賜物といえる。ふたりの冥福を祈ってやまない。

二〇〇一年十一月

奥野修司

講談社文庫版あとがき

皇太子の誕生を医療革命からとらえた本書の単行本を出版してから五年、皇室をめぐるさまざまなドラマは、いやが上にも時代の変遷を感じさせたが、それでも変わらないことは一つだけあったと断言できる。それは美智子皇后（現・上皇后）の出産以来、天皇ご一家の出産には常に最先端の医療機器が、それも実験的に使われてきたことだ。そのことは、平成十八年に紀子妃が悠仁《ひさひと》親王を出産されたときにもいえた。

紀子妃の出産で、皇后の時代ともっとも大きく異なるのは、エコー（超音波画像診断装置）の存在だろう。

超音波で画像診断ができるこの装置の登場で、赤ちゃんの奇形や胎盤の位置まで事前にわかるようになり、分娩の安全性は飛躍的に高くなったといわれる。出産の近代化とは、ブラックボックスといわれた子宮内を正確にとらえることであり、その意味でエコーは最強の装置だった。

紀子妃の出産で注目されたのは部分前置胎盤と診断されたことだろう。

前置胎盤とは、胎盤が子宮口を塞いでしまう症状で、胎盤の一部がかかっている場合を部分前置胎盤という。

患者の七、八割は出産前に出血があり、出産で大量出血がおきることもある。主治医の中林正雄院長から報告を受けた秋篠宮は、「死亡率は何分の一ですか」「どういう治療が必要ですか」「輸血の可能性はありますか」と、科学者らしく冷静な質問をされたという。だが両陛下は、前置胎盤という報告に非常に驚かれ、とくに皇后はたいへん心配されたという。皇后が出産を経験した三十年前には、前置胎盤は十人に一人が死亡する危険な病気だった。心配されたのはその印象があったからだろう。が、現在の死亡率は一〇〇〇人に二、三人まで減少している。

この診断ができたのも、八〇年代から普及しはじめたエコーがあったからだ。

エコーがない頃の前置胎盤は、内診するか、出血してはじめてわかった。ときには、前置胎盤とわかった途端に大量出血することがあって、妊産婦の死亡率も高かった。もしも今回のご懐妊が三〇年前だったら、あるいは紀子妃に危機的な状況がおとずれていた可能性もあったのである。

また紀子妃の妊娠を確定したのもエコーであった。

紀子妃が妊娠検査薬で陽性反応を確認されたのが一月。妊娠反応だけでは子宮外妊娠の可能性もあり、秋篠宮邸にエコーを持ち込んで再検査となった。超音波で胎児を確認できるのは妊娠六週目以降のため、二月七日に宮邸で検査を受けられたが、その直後にスクープされた。しかし、関係者によれば、

「非常に危ないスクープで、あの日の超音波検査は、八割方、胎児の心拍はないのではと予測されていたのです。ある意味で、心拍がないことを確認するための検査でした。ところが心拍があったものだから、これはよかったと喜んだ一五分後に、NHKにテロップが流れたのです。紀子様はそれを知って衝撃を受け、思わず、部屋に隠しカメラが取りつけられているのではと周囲を見回されたそうです」

この時期の超音波検査は一週間ごとに行うのが普通だ。元侍医によれば、「心拍がないものだと思っていた」というのは、「おそらく一週間前の一月三十一日にもひそかにエコー検査をしたところ、胎嚢は見えたものの、まだ心拍動がなかった。そこで再度二月七日に超音波検査をしたという意味だろう」という。

このとき紀子妃は妊娠六週目であった。

妊娠六週目といえば、胎児をつつむ胎嚢がまだ二センチ程度。だが現在のエコーなら、その中の胎児の拍動や様子もはっきり見える。

かつて皇后が浩宮を懐妊されたとき、妊娠八週目で発表したが、当時の医師は正常妊娠かどうかわからず、誕生までのプレッシャーは相当大きかったという。しかしエコー

なら、確実に判定できたはずである。

また最近では立体画像で見ることができる3Dエコー、動画をリアルタイムで見ることができる4Dエコーがある。宮内庁病院にも3Dエコーがあり、紀子妃も定期検診のときに利用された。3Dエコーなら立体画像だから、胎児が男か女かは、素人でも相当わかる。また、愛育病院には最新式の4Dエコーがあり、ご入院後の検査で使用されたかもしれない。

さらに紀子妃の出産では、画期的な医療機器が、それも実験的に使われた。それが、当時実証試験中だった「周産期妊婦支援システム」である。これは、自宅で妊産婦が自ら胎児心拍数と母体の陣痛圧を計測し、そのデータをNTT DoPa通信網を通して、主治医の携帯電話に送信するというものだ。

紀子妃に使われたのは、医療機器メーカーのトーイツが制作した「モバイルCTGモニタ」だった。秋篠宮邸から返却されたばかりという、機器の現物を見る機会を得たが、脇に抱えられる小さなカバン程度の大きさ（二四×一八×九センチ）で、重量はわずか二キログラムだ。

本体にプローブと呼ばれる円盤状のセンサーが二つ接続されていて、ひとつは超音波を照射して胎児心拍数を測り、もうひとつは母体の陣痛圧を計測する。また、本体にはハガキ大のタッチパネル式LCDがついており、計測した数値が折れ線グラフで表示される。これらのデータを見比べると胎児の状態が一目瞭然でわかるという。

使い方は簡単で、お腹に二つのプローブをあてて、ベルトで二〇分間固定しているだけだ。計測が終わると、データは自動的にパケット通信でサーバーに送信される。携帯メールのようなものと想像してもらえばよい。

ちなみに紀子妃の場合は、データ送信時の安全を考慮してか、偽名での登録だったという。

このシステムが画期的なのは、自宅にいる妊産婦の様子を、主治医が遠隔地にいてもデータを見ることができることにある。紀子妃に使われたのは、実証研究に愛育病院も参加していたからだ。

秋篠宮邸に「モバイルCTGモニタ」が運び込まれたのは七月初旬で、紀子妃がはじめて測定されたのはその翌日だった。測定中は、本体の前面にあるスピーカーから、「ドッ、ドッ」という胎児の心音が聞こえてくる。

しばらくは週に一度の割でデータが送られてきたが、部分前置胎盤が発表されたころから二、三日に一度となり、八月一日から秋篠宮邸に看護婦が常駐するようになると、毎日測定されるようになったという。看護婦が常駐するまでは、紀子妃自らプローブにゼリーを塗り、腹壁に装着されたようだ。

一部には、紀子妃が前置胎盤とわかっていながらなぜもっと早くご入院させないのかという声もあった。だが、実際は入院の前日まで、主治医はこの遠隔システムを使って、赤坂御所にいる紀子妃の胎児の状態を、毎日モニタリングしていたのである。

皇室の出産には最先端の医療を導入するという流れは、おそらく今後も変わらないだろう。それは本書にも書いたように、皇室における出産は「絶対の生」が条件であるからだ。死は、血の系譜によって成立する皇室を危うくさせる。最新の医療機器はそれをふせぐために使われるのである。とはいえ、それが当然のごとく受けとめられるようになったのも、美智子妃の出産に当時の医者や看護婦たちが、旧態依然とした皇室のしきたりを打ち破り、最新で最良の医療環境で妃を迎えるという先例を打ち立てたからである。同時にそれは、日本の産科医療におけるエポックメイキングであったことを強調しておきたい。

二〇〇六年晩秋

奥野修司

『美智子さまご出産秘話』あとがき

出産という新しい生命の誕生に感動や驚きがあっても、私たちが生まれてくる過程に注目することはまずない。ところが皇室においては、生まれてくる過程は出産に匹敵するほど重要なのである。その理由は、「絶対の安全性」が要求されるからだ。とはいえ、出産の過程で起こったドラマはこれまで一度も表に出た事はなかった。それが、元宮内庁病院産婦人科医長の目崎鑛太氏が遺した『目崎ノート』によって、皇室の歴史上、初めて明らかになったのである。

その『目崎ノート』を開いて驚くのは、世間の常識からほど遠いことが行われていることである。

たとえば、「美智子妃ご出産」をめぐって、東宮系、東大系、宮内庁病院系の三者が三つどもえになって縄張り争いをしていることがそうだ。

当時の美智子妃は、守旧派の人たちによる風当たりは強かったが、〝ミッチー・ブーム〟を巻き起こした世紀のスーパースターであった。そのスーパースターをお世話するのが東宮職員なのだから、たとえ「ご出産」であっても東宮の延長であると考えたようである。ところが美智子妃の「ご出産」がこれまでのように御所内の「御静養室」ではなく、皇室の歴史始まって以来初の病院出産だったからややこしい。通常の出産なら病院の医師に主導権がある。宮内庁病院の職員が、「我々が」と考えたのは当然だろう。一方で、「美智子妃ご出産」という国家的プロジェクトを任されたのは東大教授だから、陣頭指揮をとるのは東大側という暗黙の了解があった――。

こうして三者が三様に角を突き合わせては火花を散らすのである。

これを調整したのが目崎鑛太氏であった。豪放磊落というか、親分肌で気配りにたけた人であったから、当時の宮内庁には目崎氏以上の調整役はいなかっただろう。「ご出産」をめぐって陰湿な縄張り争いが繰り返されるなんてただ事ではないが、世間の常識からすれば、「ご出産」そのものも異常であった。

なんと、出産時に分娩室の若き美智子妃を囲むように、東大系、東宮系、宮内庁病院系を合わせて十名ちかくが立ち会ったのである。なかには妃殿下の産んだ赤ちゃんが取り替えられては大変だと、「お見届け役」までいたというから、当時二五歳の美智子妃がよくぞこれに耐えられたと思う。さすがに皇太子（現上皇）も、この時代錯誤の出産をおかしいと思ったのだろう。礼宮出産のときには、分娩室へ入る人数を減らすようにと要求するのだが、結果的にたいした変化はなかった。皇太子の力では、皇室の空気を変えることは至難の技であったのだろう。

なぜこんなことを書くかというと、雅子皇后が「適応障害」といわれたときのことを思い出したからである。雅子妃の「適応障害」がメディアで話題になっていた頃、ある精神科医からこういわれたことがあった。

「皇室という環境が変わらないかぎり、妃殿下の病気は治らないでしょうね」

『天皇の財布』を書いた森暢平氏が、毎日新聞時代に宮内庁担当記者として配属されたとき、東宮侍医が雅子妃の体調を説明するのに「生理がありました」と発表することに違和感を覚えたと書いているが、皇室に嫁いだ妃殿下の生理をどうやってチェックしていたのだろうか。ごみ箱もチェックされていると聞いたこともある。当時は「適応障害」を雅子妃のわがままと受け取った国民も少なくなかったが、世間の常識から理解しがたい環境が、若き妃殿下を「適応障害」にしたのではないだろうか。

雅子妃の悲運は、世間からすれば非人間的で異常としか思えない皇室の空気が、平成になっても変わらなかったことにある。戦前生まれの美智子妃はそのことに耐えられたが、戦後生まれの雅子妃には耐えられなかったということだろう。

＊

話は変わるが、美智子妃がおられた宮内庁病院三階の御料病室には、原書の詩集や育児書などと並んで、週刊誌や月刊誌も置かれていたという。

当時の週刊誌は発行部数も百万部を超え、テレビに匹敵するメディアであった。当初この話を聞いたとき、美智子妃も週刊誌がお好きだったのだろうかと思ったりもしたが、それはあり得なかった。そのことに思いあたったのは最近のことである。

明仁皇太子がご結婚された昭和三十四年はテレビ時代の始まりだった。この年だけで民放は二十一局も開局し、前年に百万台だった白黒テレビの台数が、ご成婚直前には一気に二百万台に達している。もちろん「皇太子ご成婚パレード」を見るためである。『皇室アルバム』が始まったのもこの年だった。そしてその五年後には、東京オリンピックをきっかけにカラーテレビが急速に普及していく。

テレビの普及と同時に、週刊誌が次々と創刊されたのもこの時分だった。もちろん美しい美智子妃を取り上げるためである。高度経済成長の波に乗った週刊誌は、数年もすると発行部数が百万部を突破した。ある意味で、国民が描く皇太子夫妻像は、テレビと週刊誌によってつくられていくのである。

若き皇太子夫妻がそのことを意識されなかったはずがない。

平成の象徴天皇像がいかにして創られたのかを取材していたときである。私の脳裏で突然、週刊誌を開く美智子妃の姿が浮かんだ。

戦前の昭和天皇は姿を見せないことで威厳を保った。おそらく戦後の巡幸（昭和二十一〜二十九年）が始まるまで、御真影を除けば天皇を見た国民はほんの一握りだろう。

戦後、昭和天皇は象徴天皇になったが、ある意味ではまだ〝大元帥〟だった。しかし、テレビや週刊誌の登場はそれを変える。新しい時代は、むしろどう見せるかであった。新天皇像をどう見せるかは、「国民からどう見られているか」でもあったはずである。

しかし、戦前は東宮仮御所の中で育てられ、学友以外に国民と交わることがなかった明仁皇太子に、国民からどう見られるかといった視点は想像もつかなかったはずである。

一方で民間出身の聡明な美智子妃は、それが時代のトレンドになることを充分すぎるほどわかっていたのだろう。

当時は皇太子夫妻が外に出れば、カメラマンや記者が必ず追いかけた。宮内庁もそのことは承知の上だから、絵になる場所があれば必ず撮影時間を設けた。こうした皇太子夫妻の行動が国民にどう伝わっていくか。唯一分かるのは、週刊誌に載った記事やテレビの映像を通してである。つまり、宮内庁病院の御料病室に雑誌が山のように積まれていたのは、国民からいかに見られているかを知るためだったに違いない。美智子妃はそんなにどう振る舞えばどう書かれ、それがどう国民に伝わっていくか。とを研究されていたのではないだろうか。

平成の天皇が、平成二十八年の「象徴としてのお務めについて」で「天皇として大切な、国民を思い、国民のために祈るという務めを、人々への深い信頼と敬愛をもってなし得たことは、幸せなことでした」と述べられたように、象徴天皇像の軸を国民との

「信頼と敬愛」に置かれたことは間違いない。だが、「信頼と敬愛」という抽象的な言葉を国民との間でどう結実させればいいのか。それが、週刊誌やテレビを通して新しい天皇像をどう見せるかにつながってくるように思う。

たとえば平成の天皇には、跪《ひざまず》いて被災者と同じ目線で語りかけるスタイルがある。もちろんこのスタイルを決断したのは天皇だが、そこには国民から「見られる」ことを意識された美智子皇后の影響があったのではなかったか。実際、美智子妃はご結婚当初から、障害のある人たちと接するときは必ず同じ目線で話されていた。それを天皇は見習うべきだと思われたのだろう。同じようにされたのはその後だったという。そう考えると、平成の象徴天皇像はテレビや週刊誌と共に生まれたものだともいえる。

美智子妃は、〝ミッチー・ブーム〟によって沸いたメディアを最大限に活かしただけではない。国民の出産を自宅出産から病院出産に替え、産科医療の近代化を加速させたという意味では、日本人の生活を大きく変えた女性だった。まさしく、戦後が生んだ最大のスーパースターだったのだと思う。

エレクトロニクスによって誕生した皇子が践祚《せんそ》して天皇となった年に

奥野修司

主な参考文献

皇室一般

『皇室制度講話』酒巻芳男著（岩波書店　昭和九年）
『宮内庁』宮廷記者団編（朋文社　昭和三十二年）
『天皇ヒロヒト』レナード・モズレー著　高田市太郎訳（毎日新聞社　昭和四十一年）
『この三十年の日本人』児玉隆也著（新潮社　昭和五十年）
『皇室と宮内庁』畠山和久著（教育社　昭和五十四年）
『天皇』第一巻　児島襄著（文藝春秋　昭和五十六年）
『天皇に関する12章』南方紀洋著（晩声社　昭和五十六年）
『天皇の組織と人脈』別冊歴史読本 Who's Who第三号（新人物往来社　昭和六十三年）
「天皇家の閨閥」（『歴史読本』昭和六十三年三月号）
『皇室の百科事典』歴史百科編集部編（新人物往来社　昭和六十三年）
『皇室事典（増訂）』藤樫準二著（明玄書房　平成元年）
『天皇家の仕事——読む「皇室事典」』高橋紘著（文藝春秋　平成八年）

美智子妃関係

「小林隆教授就任祝賀会」（『同窓月報』東大産婦人科同窓会　第一一四号　昭和三十三年）
『浩宮さま——美智子妃殿下の育児』佐藤久著（番町書房　昭和三十七年）
『東大産科婦人科学教室百年史　あゆみ』東大産科婦人科学教室百年史あゆみ編集委員会編（東大産科婦人科学教室同窓会　昭和五十九年）
『東大小児科の百年』東京大学医学部小児科学教室百周年記念誌編集委員会編（東京大学医学

部小児科学教室　平成元年）
「皇室・王家の結婚」（『THIS IS 読売』読売新聞社　平成四年九月号）
『心に残る人々』杉本毅著（近代文藝社　平成六年）
『入江相政日記』第六巻、第七巻　朝日新聞社編・入江為年監修（朝日新聞社　平成六年）
『皇后美智子さま』浜尾実著（小学館　平成八年）

新生児医療関係

『概説産科婦人科学史』佐藤美実著（医学書院　昭和三十二年）
『未熟児の保育』馬場一雄著（金原出版　昭和四十一年）
『未熟児の保育』船川幡夫、宮崎叶、馬場一雄著（診断と治療社　昭和四十三年）
『母子保健講座』我妻堯、前原澄子編（医学書院　昭和五十六年）
「未熟児医療の近代史」馬場一雄（『日本新生児学会雑誌』昭和六十二年）
『目でみる分娩監視の実際』橋本武次著（医学書院　昭和六十三年）
『周産期医療の実際』恩賜財団母子愛育会総合母子保健センター編・坂元正一監修（恩賜財団母子愛育会　平成三年）
『最新はじめての妊娠から出産まで』松山栄吉著（日本文芸社　平成四年）
『分娩監視の実際』橋本武次著（医学書院　平成八年）
『産婦人科20世紀の歩み』佐藤和雄編（メジカルビュー社　平成十一年）
「新生児医療の歴史」馬場一雄（『Neonatal Care』メヂィカ出版　第13巻第13号　平成十二年）
「未熟児保育器の歴史」中村常治、佐川和萬（『医科器械学雑誌』第29巻第10号）
「新生児医療の歩みと展望――未熟児医療を中

心に」馬場一雄（『周産期医療研修会研修ノート』恩賜財団母子愛育会総合母子保健センター編　平成十年）

統計および医療全般

『南山堂医学大辞典』（南山堂　平成十年）
「人口動態統計」厚生省大臣官房統計情報部編（平成十一年度版）
「新生児死亡の歴史的変遷」藤田利治（『周産期医学』第29巻第12号　平成十一年）
『ME用語辞典』日本エム・イー学会編（コロナ社　平成十一年）

ME機器に関する橋本武次氏所蔵の論文

「分娩時に於ける胎児心音の監視装置」橋本武次（『月刊M・A・C』医事日報社　昭和三十六年）
「胎児心音監視装置」小林隆、橋本武次、藤井仁、武井徳郎（『産婦人科治療』永井書店　第3巻第2号　昭和三十六年）
「胎児心音監視装置」（『櫻蔭』東京大学医学部産婦人科教室　第十二号　昭和三十六年）
「胎児心電計」小林隆、橋本武次、藤井仁、武井徳郎（『月刊M・A・C』第2巻第12号　昭和三十六年）
「胎児心電図」小林隆、武井徳郎、橋本武次（『呼吸と循環』医学書院　第11巻第3号　昭和三十八年）
「分娩監視の現況」小林隆、藤井仁、堀口貞夫、武井徳郎、橋本武次、田中亮（『産婦人科治療』第6巻第4号　昭和三十八年）
「胎児心音計、心電計」橋本武次（『医学のあゆみ』医歯薬出版　第45巻第13号　昭和三十八年）
「分娩監視装置の進歩のために」座談会（『産科と婦人科』第30巻第11号　昭和三十八年）
「分娩の胎児と新生児に及ぼす影響」橋本武次（『メディカルエレクトロタイムス』第8巻第3

号　昭和四十一年）

ＭＥ機器に関する藤井仁氏所蔵の論文

「分娩室に於けるエレクトロニクスの応用」藤井仁（『助産婦』日本助産婦会雑誌第16巻第11号　昭和三十七年）

「分娩監視の現況」小林隆、藤井仁、堀口貞夫、武井徳郎、橋本武次、田中亮（『産婦人科治療』第6巻第4号　昭和三十八年）

「胎児心電図の臨床的応用」藤井仁（『医学のあゆみ』第45巻第13号　昭和三十八年）

「胎児心拍数計」藤井仁（『産科と婦人科』第31巻第11号　昭和三十九年）

「本邦における分娩監視装置の進歩と現況」小林隆、坂元正一、藤井仁、武井徳郎、穂垣正暢、井上毅（『メディカルエレクトロタイムス』別冊　昭和四十一年、四十二年）

「ＭＥによる産婦人学の進歩」坂元正一、武井徳郎、加賀谷武、本多洋、藤井仁、井上毅、穂垣正暢、天野和彦（『産婦人科治療』第14巻第2号　昭和四十二年）

「ＭＥによる分娩監理」坂元正一、藤井仁（『産婦人科治療』第14巻第5号　昭和四十二年）

「胎児切迫仮死を定義づける諸因子について」坂元正一、藤井仁、武井徳郎、堀口貞夫、天野和彦、榊光彦、Ｓ・ウスマン（『産科と婦人科』第34巻第6号　昭和四十二年）

「分娩監視装置の試作について」坂元正一、武井徳郎、穂垣正暢、藤井仁ほか（『医用電子と生体工学』コロナ社　第6巻第4号　昭和四十三年）

「実地臨床における産科ＭＥ」坂元正一、藤井仁他（『助産婦雑誌』第24巻第7号～第26巻第3号　昭和四十五年～四十七年）

「Fetal Distress」藤井仁（『産婦人科の実際』第21巻第1号　昭和四十七年）

「臨床用分娩監視装置　日母委員会要望仕様解説」坂元正一、藤井仁（『産婦人科の実際』第

21巻第7号　昭和四十七年）
「胎児心拍数の臨床的意義」藤井仁、堀口貞夫、坂元正一（『産婦人科の世界』医学の世界社　第20巻第10号　昭和四十三年）

世相関係

『現代経済を考える』伊東光晴著（岩波書店　昭和四十八年）
『昭和史の瞬間　上・下』朝日ジャーナル編（朝日新聞社　昭和四十九年）
『一億人の昭和50年史』毎日グラフ別冊（毎日新聞社　昭和五十年）
『ドキュメント昭和史7　安保と高度成長』山田宗睦編（平凡社　昭和五十年）
『ドキュメント昭和史8　問われる戦後』伊東光晴編（平凡社　昭和五十年）
『一億人の昭和史⑦　高度成長の軌跡』（毎日新聞社　昭和五十一年）
『ずばり東京』開高健著（文藝春秋　昭和五十七年）
『昭和経済史　中』安藤良雄ほか著・有沢広巳監修（日本経済新聞社　平成六年）
『戦後値段史年表』週刊朝日編（朝日新聞社　平成七年）
『空からの民俗学』宮本常一著（岩波書店　平成十三年）

注・ここに掲載した参考図書は公刊された単行本および論文のみとしました。実際には「皇太子ご夫妻の10年」①～㉒（『女性自身』昭和四十三年九月二日号～昭和四十四年二月三日号）をはじめ、雑誌・新聞のほうが圧倒的に多いのですが、これらをすべて列記すると煩雑にわたるためすべて省略しました。『』は単行本、「」は論文をあらわします。

単行本　『皇太子誕生』二〇〇一年十一月文藝春秋刊

美智子《みちこ》さまご出産秘話《しゅつさんひわ》　朝日文庫

2019年10月30日　第1刷発行

著　者　奥野修司《おくのしゅうじ》

発行者　三宮博信
発行所　朝日新聞出版
〒104-8011　東京都中央区築地5-3-2
電話　03-5541-8832（編集）
03-5540-7793（販売）
印刷製本　大日本印刷株式会社

Published in Japan by Asahi Shimbun Publications Inc.
定価はカバーに表示してあります

ISBN978-4-02-261990-7
落丁・乱丁の場合は弊社業務部（電話 03-5540-7800）へご連絡ください。
送料弊社負担にてお取り替えいたします。